データサイエンスや AI の学びにおいては，関連する基礎的な概念の理解に加えて，それらの背景にある数理的知識の理解ならびプログラミングによる知識の実践の両方が重要となります．現実の課題解決や価値創造においては，数理とプログラミングが両輪となり駆動されることで，数理・データサイエンス・AI の知識を真に活用することができるようになります．そのため本書では，データサイエンスや AI の基礎となるデータ解析の考え方や代表的な手法について，それらの数理的背景も含めて理解するとともに，Python プログラミングによりそれらの手法を実際に手を動かしながら実装することで理解を深めるような構成としました．これにより，数理的知識にしっかりと裏打ちされた骨太で真に応用力のある数理・データサイエンス・AI のスキルを習得することを目指します．

　データ解析の手法は，線形代数学，確率・統計学，解析学などの数学に立脚しています．そのため，本書の読者として，主に大学初年次・2 年次に学ぶこれらの数学基礎を学んだことのある高等教育機関の学生ならびに社会人を想定しています．数学に加えて統計学や分野としての機械学習・データマイニングは，本書の内容と深く関連しています．先のモデルカリキュラムの学修項目にも含まれる，統計学の統計的推定や検定・時系列分析，決定木・サポートベクターマシン・アンサンブル学習・深層学習などの機械学習手法については，本書の内容に含まれません．これらの学修項目については，本書を通した学びと相補的になるよう必要に応じて別途学ぶことを勧めます．これらの関連分野の知識を並行して学びながら，本書を読み進めたい方のために，巻末の「さらに勉強するために」に参考文献を挙げています．

　本書は，高等教育機関で開講される授業の教科書として，導入の第 1 章以降の各章が 1 回分の授業の内容となることを想定しています．Python プログラミングを既習の場合は，第 2 章と第 3 章の内容は簡単な復習に留めることができます．第 4 章以降は，データ解析の基本的な考え方や代表的な手法を理解するための講義ならびにそれらを実データを用いながら実際にプログラムとして実装することで理解を深め応用力を身につけるための演習を併せて授業を進めます．学習にあたっては p.5 に記したサポートページを併せてご活用ください．

　末筆ながら，本書の執筆を提案して頂いた東京大学出版会の小暮明氏（当時），本書を大変丁寧に編集して頂いた同出版会の岸純青氏ならびに編集部の方々に心より感謝申し上げます．本書の草稿に対して，専門的知見から有益なご助言を頂いた，磯沼大氏，堤瑛美子氏に心より感謝申し上げます．また，姫野穂乃花氏，原光太朗氏，森柾人氏には本書の草稿を大変丁寧にご確認頂き，社会人や学生の視点から適切なご意見を頂きましたこと，心より感謝を申し上げます．本書がデータ解析の入門のための教科書として，数理・データサイエンス・AI をこれから学ぶ方々ならびに教授する方々の一助となれば幸いです．

　2024 年 4 月

森　純一郎

まえがき

　データサイエンスや人工知能（AI）を担う人材を幅広く育成するために，全国の高等教育機関で現在，数理・データサイエンス・AI 教育が進められています．そのような教育の推進の中心を担っている数理・データサイエンス・AI 教育強化拠点コンソーシアムでは，「リテラシーレベル」と「応用基礎レベル」のモデルカリキュラムを公表しています．特に「応用基礎レベル」では，数理・データサイエンス・AI を活用するための基礎的な知識・スキルの習得，さらにそれらの専門分野への応用基礎力を習得することが目標とされています．本書はこのような背景のもと，同応用基礎レベルの主たる学修項目を，数理・データサイエンス・AI で重要となるプログラミングとデータ解析の基礎を主軸として体系的に学ぶための教科書です．

　2021 年 3 月に公表（2024 年 2 月に改訂）された「数理・データサイエンス・AI（応用基礎レベル）モデルカリキュラム」[1] では，その学修目標が次のように記されています．"数理・データサイエンス・AI 教育（リテラシーレベル）の教育を補完的・発展的に学び，データから意味を抽出し，現場にフィードバックする能力，AI を活用し課題解決につなげる基礎能力を修得すること．そして，自らの専門分野に数理・データサイエンス・AI を応用するための大局的な視点を獲得すること．" このような学修目標のもと，同モデルカリキュラムは『データサイエンス基礎』，『データエンジニアリング基礎』，『AI 基礎』の 3 つの分類から構成されており，それぞれの分類はさらに細分化された学修項目を含みます．それらのうち，本書は特に数理・データサイエンス・AI の基礎となるデータ解析の点から，『データサイエンス基礎』の「分析設計」，「データ観察」，「データ分析」，「データ可視化」ならびに『AI 基礎』の「機械学習の基礎と展望」を網羅する教科書となっています．

　本書は，東京大学において全学の学部生・大学院生を対象に開講されている 2 つの授業，「Python プログラミング入門」と「データマイニング概論」，において実際に学生が学んでいる内容に基づいて全体を構成・執筆しました．同授業は，同大学の数理・情報教育研究センターが提供する数理・データサイエンス教育の学部横断型プログラムの構成科目となっており，2018 年の開講以来，文理を問わずこれまで数多くの学生がプログラミングやデータサイエンスの基礎を学んできています．同授業の内容は，先のモデルカリキュラムの関連する学修項目を反映したものとなっています．加えて，学生が将来国内のみならず世界で活躍できる人材として成長するための礎となるべき知識を学んでほしいとの思いから，関連分野の教育において先進的な諸外国の大学の実際の授業内容を調査した上でシラバスの設計を行いました．このような設計思想は，本書の内容にも反映されています．

---

1)　http://www.mi.u-tokyo.ac.jp/consortium/model_ouyoukiso.html

Python
データ解析入門

Introduction to
Data Analysis
with **Python**

Junichiro MORI
森 純一郎 著

東京大学出版会

Introduction to Data Analysis with Python

Junichiro MORI

University of Tokyo Press, 2024
ISBN978-4-13-062466-4

第 **1** 章

データ解析を学ぶ

1.1 はじめに

　情報端末・機器，インターネット，ウェブなど情報通信技術の発展と普及によりさまざまなデータが生み出され，その量は爆発的に増加しています．特に，膨大で多様なデータはビッグデータと呼ばれ，それらのデータを処理・分析し，データから価値を創造するための技術であるデータサイエンスの重要性が高まっています[1]．データサイエンスにおいて，データ解析はデータに潜む規則や構造を捉えるためのさまざまな手法を提供し，そこから得られた結果を適切に解釈することでデータに基づいた問題解決や意思決定の支援を行うことを可能にします．

　本書では，データ解析の基礎となる代表的な手法[2]について，それらの数理的背景も含めて理解するとともに，Python プログラミング言語を用いてそれらの手法を実際に手を動かしながら実装することで理解を深めます．これにより，数理的知識にしっかりと裏打ちされた骨太で真に応用力のあるデータ解析の基本的なスキルを習得することを目指します．本書の読者として，大学初年次・2 年次の数学基礎を学んだことのある高等教育機関の学生ならびに社会人を想定しています．

---

　1)　データサイエンスのスキルを備えた人材をデータサイエンティストと呼びます．データサイエンティストは，数学，計算科学，統計学を土台にして，専門家と適切にコミュニケーションを図りながらデータを分析し，分析結果を意思決定者に対してわかりやすく伝え問題解決を支援します．
　2)　本書で学ぶデータ解析の手法は，多変量解析，データマイニング，機械学習などの関連分野にも共通する基礎的な手法になっています．

表 1.1　本書の構成と前提となる数学知識

第 1 章 データ解析を学ぶ	
第 2 章 Python の基礎	
第 3 章 Python のモジュール	
第 4 章 データ分析の基礎	
第 5 章 テキストデータの分析 　ベクトル	第 6 章 ネットワークデータの分析 　行列
第 7 章 機械学習の基礎	
教師なし学習	教師あり学習
第 8 章 クラスタリング 　確率分布 第 9 章 主成分分析 　固有値・固有ベクトル	第 10 章 線形回帰 第 12 章 ロジスティック回帰 　多変数関数，偏微分，勾配ベクトル， 　逆行列，最尤法
第 11 章 モデル選択	
第 13 章 ニューラルネットワークの基礎	

1.2　本書の構成

本書は表 1.1 に示す全 13 章からなります．各章の内容は以下のとおりです．

第 1 章では，データ解析の概要および本書の学習の進め方や学修目標について確認します．第 2 章では，Python プログラミング言語の基礎を学びます．続いて第 3 章では，データ解析において用いられることの多い Python の代表的なモジュールとして，NumPy, pandas, matplotlib の各モジュールの使い方について学びます．第 2 章と第 3 章で学習する内容は，以降の各章のプログラミング演習の基礎となるものです．

第 4 章では，データ解析の基礎として，データの基本的な表現およびデータの収集から前処理までの一連の基本的な処理について学びます．第 5 章では，テキストデータを例として，データのベクトルによる表現と演算に基づく基本的な処理について学びます．第 6 章では，データの関係を表したネットワークデータを例として，データのベクトルと行列による表現と演算に基づく基本的な処理について学びます．第 5 章と第 6 章で学習するベクトルや行列によるデータの表現と処理は，以降の各章の内容であるデータ解析の具

体的な各手法の基礎となるものです．

第6章までに学んだ内容を基礎として，以降まず第7章では，データ解析に用いられる機械学習の基本となる考え方について学びます．第8章では，類似した特徴を持つデータをまとめてグループ分けを行うための手法であるクラスタリングについて学びます．第9章では，データの圧縮や可視化に応用することができる次元削減の手法の1つとして主成分分析について学びます．第8章と第9章で学ぶクラスタリングと主成分分析は，機械学習の教師なし学習のタスクに利用することができます．第10章では，機械学習の教師あり学習のタスクのうち，入力に対して連続値を予測する回帰のタスクの基礎となる手法である線形回帰について学びます．第11章では，機械学習のモデル選択の基礎について学びます．第12章では，教師あり学習のタスクのうち，入力に対して離散値を予測する分類のタスクの基礎となる手法であるロジスティック回帰について学びます．最後に第13章では，ニューラルネットワークの基礎について学びます．

本書の内容は，大学初年次・2年次で学ぶ数学の知識，特に線形代数学，確率・統計学，解析学（微分）の知識を前提にしています．具体的に各章では，表 1.1 中に示すような数学の知識を前提として説明を行います 3)．

1.3 データサイエンス教育に関するスキルセットとの対応

データサイエンスや人工知能（AI）を担う人材を幅広く育成するために，全国の高等教育機関で現在，数理・データサイエンス・AI教育が進められています．また，高等学校における情報科目や社会人のリスキリングを通して幅広い人がそのような教育の学びの機会を得るに至っています．このような背景のもと，同教育の展開を推進する数理・データサイエンス・AI教育強化拠点コンソーシアム 4)では，「データサイエンス教育に関するスキルセット及び学修目標」5)を公表しています．スキルセットは，データサイエンスの習

---

3) 数学の知識としてたとえば，東京大学の数理・情報教育研究センターではデータサイエンスのための数学基礎を説明した教材を以下で公開しています．
http://www.mi.u-tokyo.ac.jp/6university_consortium.html
4) http://www.mi.u-tokyo.ac.jp/consortium/
5) http://www.mi.u-tokyo.ac.jp/consortium/model_curriculum.html

表 **1.2**　本書の内容とデータサイエンス教育に関するスキルセットとの対応

本書の章番号	スキルセットの小項目
4	種々のデータ，基本統計量，相関関係，分布の統計グラフ，オープンデータ，表形式のデータ，データクレンジング，外れ値・異常値・欠損値，データ加工
5	テキストデータの数値化，テキスト分析
6	グラフィカルモデル，その他のデータ形式
7	モデル作成
8	クラスタリング
9	主成分分析
10	回帰分析，モデル評価指標
11	正則化法とモデル選択，非線形モデリング，訓練データとテストデータ
12	回帰分析（ロジスティック回帰），非線形モデリング，モデル評価指標
13	ニューラルネットワークの仕組み

得すべきスキルや理解すべき概念のセットとなっており，大分類・中分類・小分類からなる階層構造で整理されています．小項目にはスキルや概念のイメージを文章でまとめたものである学修目標の記述が併せて整理されており，本書を通してそれらのスキルや概念を学ぶ際の学修目標としても活用することができます．

　表 1.2 は，スキルセットの大分類「データの記述・可視化」，「データの取得・管理・加工」，「モデリングと評価」について，それらの代表的な小項目と本書の各章で扱う内容との対応を示しています [6]．なお，第 2 章と第 3 章で扱う内容である Python プログラミングについては，大分類「計算基礎」の小分類「プログラミング」に対応します．

1.4　学習の進め方

　本書では各章において，本文中の説明による概念や手法の理解と実データを用いたプログラミング演習を併せて学習を進めます．まず，本文中の説明を通してデータ解析の基礎となる考え方や代表的な手法について，それらの基盤となる数理的知識も含めて理解します．次に続くプログラミング演習では，本文中の説明で学んだ概念や手法について，実際に手を動かしながらプ

---

6)　大分類は他に「統計基礎」，「数学基礎」，「計算基礎」があります．

ログラムとして実装することで理解を深めます．また，実データを扱うことにより，データ解析を実問題の解決に活用するための応用スキルを身につけます．

本文中では，Python のプログラミング環境であるノートブック[7]においてプログラムを入力するコードセルを次のように表します．

コード 1.1 ノートブックのコードセル

```
5 + 3
```

コードセルの実行結果は次のように表します．

実行結果
```
8
```

プログラミング演習では，データ解析の具体的な手法の手続きを Python プログラムの関数として実装することがあります．本文中では，関数の定義を次のように表します．行頭の数字は行番号を表します．

プログラム 1.1 関数 addition: 2 つの値の足し算を計算

```
1  def addition(x, y):
2      return x + y
```

また，定義した関数の説明は，行番号に対応させて次のように表します．

プログラムの説明
2 x の値と y の値を足した値を返す

本文中のコードセルや関数定義をまとめたファイルは，ノートブックとして以下の本書のサポートページで配布されています．

- https://pythondsbook.github.io/

たとえば，Colaboratory のサービス[8]を用いることで，ブラウザ上でノートブックを開き，プログラムを実行することができます．

---

7) 付録に示すように Jupyter ノートブックや Colab ノートブックなどの環境があります．
8) Colaboratory の使い方は付録を参照してください．

1.5　記号表

本書では以下の表記法を用います.

数学記号と関数

記号	意味
x	スカラー
$\mathbb{R}$	実数の集合
$\{1, 2, \ldots, n\}$	1 から n までの整数を要素とする集合
$[a, b]$	a から b までの実数の閉区間
$\in$	集合に対する元の帰属関係
$\exp(x)$	指数関数 e^x
$\log(x)$	x の自然対数
$f : \mathcal{X} \to \mathcal{Y}$	集合 $\mathcal{X}$（定義域）から集合 $\mathcal{Y}$（値域）への写像
$f(\cdot)$	関数
$f(\boldsymbol{x}; \boldsymbol{\theta})$	パラメータ $\boldsymbol{\theta}$ を持つ関数

ベクトル

記号	意味
$\boldsymbol{x}$	ベクトル（基本的には列ベクトル）
x_i	ベクトル $\boldsymbol{x}$ の i 番目の要素
$\boldsymbol{x}^\top$	ベクトルの転置

行列

記号	意味
$\boldsymbol{X}$	行列
$X_{i,j}$	行列 $\boldsymbol{X}$ の i 行 j 列の要素
$\boldsymbol{X}_{i,:}$ または $\boldsymbol{X}_i$	行列 $\boldsymbol{X}$ の i 行（行ベクトル）
$\boldsymbol{X}^\top$	行列 $\boldsymbol{X}$ の転置
$\boldsymbol{X}^{-1}$	正方行列 $\boldsymbol{X}$ の逆行列
$\boldsymbol{I}$	単位行列

ベクトルと行列の演算

記号	意味
$\boldsymbol{x} \cdot \boldsymbol{y}$ または $\boldsymbol{x}^\top \boldsymbol{y}$	ベクトル $\boldsymbol{x}$ とベクトル $\boldsymbol{y}$ の内積
$\|\boldsymbol{x}\| \triangleq \|\boldsymbol{x}\|_2$	ベクトル $\boldsymbol{x}$ の l_2 ノルム
$\det(\boldsymbol{X})$	正方行列 $\boldsymbol{X}$ の行列式
$\boldsymbol{X}_i \boldsymbol{x}$	行列 $\boldsymbol{X}$ の i 行ベクトルとベクトル $\boldsymbol{x}$ の内積
$\boldsymbol{X}\boldsymbol{x}$	行列 $\boldsymbol{X}$ とベクトル $\boldsymbol{x}$ の積
$\boldsymbol{X}\boldsymbol{Y}$	行列 $\boldsymbol{X}$ と行列 $\boldsymbol{Y}$ の積

偏微分

記号	意味
$\dfrac{\partial f}{\partial x}$	関数 $f : \mathbb{R} \to \mathbb{R}$ のスカラー x に関する偏微分
$\dfrac{\partial f}{\partial \boldsymbol{x}} \triangleq \left(\dfrac{\partial f}{\partial x_1}, \dfrac{\partial f}{\partial x_2}, \dots, \dfrac{\partial f}{\partial x_n} \right)^\top$	関数 $f : \mathbb{R}^n \to \mathbb{R}$ のベクトル $\boldsymbol{x} \in \mathbb{R}^n$ に関する偏微分
$\nabla f \vert_{\boldsymbol{x}_t} \triangleq \dfrac{\partial f}{\partial \boldsymbol{x}} \Big\vert_{\boldsymbol{x}_t}$	関数 $f : \mathbb{R}^n \to \mathbb{R}$ のある点 $\boldsymbol{x}_t$ での勾配

確率

記号	意味
$P(X)$	離散型の確率変数の確率分布
$P(Y\vert X)$	条件付き確率
$p(x; \boldsymbol{\theta})$	パラメータ $\boldsymbol{\theta}$ を持つ確率密度関数

データ

記号	意味
$x^{(i)}$	変数 x の i 番目の値（スカラー）
$\boldsymbol{x}^{(i)}$	データセットの i 番目の事例（ベクトル）
$y^{(i)}$	データセットの i 番目のラベル
$\mathcal{D} = \{\boldsymbol{x}^{(i)}\}_{i=1}^m$	m 個の事例からなるデータセット
$\mathcal{D} = \{(\boldsymbol{x}^{(i)}, y^{(i)})\}_{i=1}^m$	m 個の事例とラベルの組みからなるデータセット

プログラムの実行環境

本書のプログラミング演習を行うためには Python のプログラミング環境が必要となります．たとえば，Colaboratory（略称「Colab」）[9]は，ブラウザ上で Python のプログラミング環境を提供し，Colab ノートブックと呼ばれる環境により対話的に Python のプログラムを記述し実行できます．Colabの利用方法については付録を参照してください [10].

本書のプログラムは以下の実行環境で動作を確認しています．

- Python: 3.10.12
- pandas: 1.5.3
- NumPy: 1.23.5
- matplotlib: 3.7.1
- scikit-learn: 1.2.2

本書のプログラムは以下の Github のレポジトリで公開されています．

- https://github.com/PythonDSBook/notebooks

本書では，プログラミング演習で用いる Python のモジュールの主要な関数，クラス，メソッドなどについて，それらの文中における出現箇所の脚注に API リファレンスを参照できるような表記を付しています．たとえば，NumPy ライブラリの配列の sum メソッドは numpy.ndarray.sum のように表記され，これをウェブ検索することで公式のマニュアルからその詳細な仕様を確認することができます．

---

9) https://colab.research.google.com/
10) Colab は，Google LLC（グーグル）が提供するサービスです．

第2章

Python の基礎

本章では Python プログラミング言語の基礎を学びます．具体的には Python の基本的な文法として，算術演算，変数と関数の定義と使い方，条件分岐や繰り返し処理などの制御構造の定義と使い方，リストや辞書などのデータ構造の定義と使い方について学びます．本章の学習を通して Python の基本的な文法を理解した上で，簡単な計算の手続きを Python のプログラムとして実装できるようになることを目標とします．

2.1 Python プログラミング言語

Python [1]は，「The Zen of Python」（Python の禅）という設計思想のもと，シンプルさや読みやすさを重視して開発されたプログラミング言語です [2]．Python は現在，データサイエンスや科学技術計算などで幅広く活用されている汎用的なプログラミング言語の 1 つです．Python のプログラムは作成後，プログラムを適切な単位ごとに解釈・実行するインタプリタと呼ばれる処理系によって即座に実行することができます [3]．Python のプログラムを作成して実行するための環境（プログラミング環境）として IDLE [4]，IPython [5]，Jupyter Notebook [6]（Jupyter ノートブック）や Colaboratory [7]（Colab ノートブック）などがあります．以降では，Python のプログラミング環境

---

1) https://www.python.jp/index.html
2) プログラミング言語として，Python はスクリプト言語に大別されます．
3) より正確には Python のプログラムは中間的な表現に変換され，解釈・実行されています．
4) https://docs.python.org/3/library/idle.html
5) https://ipython.org/
6) https://jupyter.org/
7) https://colab.research.google.com/

であるノートブックにおいてコードセルに簡単なプログラムを入力して実行していくことで，Python の基本的な文法を学んでいきます.

2.2 算術演算

表 2.1 算術演算子

演算子	意味
**	べき
*, /, //, %	掛け算，割り算，整数除算，整数除算の余り
+, -	足し算，引き算

Python では表 2.1 に示す算術演算子を用いて四則演算やべき乗の演算を行うことができます．割り算（除算），整数除算（小数部分を切り捨てた整数値である商を計算），整数除算の余り（剰余）は，それぞれ/, //, %の演算子を用いて演算を行います．べき乗の演算は演算子**を用いて行います.

Python のプログラムでは，コード中の # 以降から行末までの内容はプログラムの実行時に無視される**コメント**として扱われます．コメントは行頭や行の途中にも挿入できます．以下に算術演算を行う例を挙げます．コード内にはコメントでプログラムの説明を記述しています.

コード **2.1** 足し算
```
5 + 3 #5 たす 3
```

コード **2.2** 引き算
```
8 - 4 #8 ひく 4
```

コード **2.3** 掛け算
```
4 * 6 #4 かける 6
```

コード **2.4** 割り算
```
24 / 5 #24 わる 5
```

コード **2.5** 整数除算
```
24 // 5 #24 わる 5 の商
```

コード **2.6** 整数除算の余り

```
24 % 5 #24 わる 5 の余り
```

コード **2.7** べき乗

```
2 ** 10 #2 の 10 乗
```

2.2.1 式と値

1 + 1 は，1 という定数と+という演算子から構成される**式**になっています．一般にプログラミング言語の式は，定数，演算子，変数，関数などから構成されます．式を実行すると，それに対応する**値**（式の値）が得られます．値が得られることを期待して式を実行することを，**式を評価する**といいます．式の値にはさまざまな種類[8]があります．後述する，整数，実数，真理値，リスト，文字列，辞書などは式の値であり，Python ではこれらの式の値は**オブジェクト**にもなっています．

2.2.2 整数と実数

小数点の付かない数を**整数**，小数点の付く数を**実数**（浮動小数点数）と呼びます．+, -, *, //, %, **の演算子を用いた演算では，整数同士の演算の場合は式の値は整数となります．一方，整数と実数の演算や実数同士の演算の場合は式の値は実数となります．演算子/を用いた演算では，式の値は必ず実数となります．次の式の値は整数の 2 となります．

コード **2.8** 整数同士の演算

```
1 + 1
```

一方，次の式の値は実数の 2.0 となります．

コード **2.9** 整数と実数の演算

```
1 + 1.0
```

同じ数でも整数と実数では表示が異なりますが，それらの比較を行うと同

---

8) 式の値（オブジェクト）の種類を表す情報を型と呼びます．関数 type を用いると，型を確認できます．たとえば，type(1) とすると整数の型を表す int が返ります．一方，type(1.0) とすると浮動小数点の型を表す float が返ります．

じ数の整数と実数は等しいものとして評価されます．次の式の値は True（等しいと判定された）となります．==は 2 つの値が等しいかを判定する演算子です．

コード **2.10**　2 つの値が等しいかを判定

```
1 + 1 == 1 + 1.0
```

Python では，プログラムを実行するコンピュータのメモリの許容範囲内においては，いくらでも大きな整数を扱うことができます．次の式の値は 1267650600228229401496703205376 となります．

コード **2.11**　2 の 100 乗の計算

```
2 ** 100
```

非常に大きいあるいは非常に小さい実数は 10 のべきとともに表示されます（べき表示）．次の式の値は 1.0715086071862673e+301 となり，e+301 は 10 の 301 乗を表します．

コード **2.12**　2 の 1000 乗の計算

```
2.0 ** 1000
```

次の式の値は 9.332636185032189e-302 となり，e-302 は 10 の −302 乗を表します．

コード **2.13**　2 の −1000 乗の計算

```
2.0 ** -1000
```

実数（浮動小数点数）は，無限に小さくなりうる値であっても有限のビット数で表現可能な数値に「丸め」られます．これにより数値の丸めによる誤差が蓄積することで，演算において数値誤差が発生することがあります．

2.2.3　演算子の評価順序

式の演算子を評価する際，掛け算や割り算は足し算や引き算よりも先に評価されます．次の式の値は-2 となります．

コード **2.14**　演算子の評価順序

```
4 - 3 * 2
```

このとき，丸括弧を使うことで式の評価の順序を指定できます．以下では，まず 4 − 3 が評価され，次に 1 * 2 が評価されるため，式の値は 2 となります．

コード **2.15** 丸括弧による演算子の評価順序の指定

```
(4 - 3) * 2
```

2 つの式に対して「式 演算子 式」という形で用いられる演算子を**二項演算子**と呼びます．演算子+と−は二項演算子の他，**単項演算子**として用いることができます．単項演算子は 1 つの式に対して「演算子 式」という形で用いられます．次の式の値は 1 となります．

コード **2.16** 単項演算子としての+

```
+1
```

同様に，次の式の値は−1 となります．

コード **2.17** 単項演算子としての−

```
-1
```

算術演算子の評価の優先順位は演算子の結合方向に基づきます．まず，二項演算子のべき演算子**が最も強く結合します．**は右の方から計算され，このことを「右に結合する」と表します．次に，単項演算子の+と−が強く結合します [9]．その次に，二項演算子の*, /, //, %が強く結合します．これらの演算子は左の方から計算され，このことを「左に結合する」と表します．最後に，二項演算子の+と−が最も弱く結合します．これらの演算子は左に結合します．

以下では，まず**の右の方から計算を行い，3 ** 1 が評価され，次に 2 ** 3 が評価されます（右に結合）．続いて 6 * 4 が評価され，次に 24 / 8 が評価されます（左に結合）．次に 5 + 3 が評価され，最後に 8 − 3 が評価されます（左に結合）．式の値は 5.0 となります．

コード **2.18** 演算子の結合方向と評価順序

```
5 + 3 - 6 * 4 / 2 ** 3 ** 1
```

---

9)　**は，左側にある単項演算子よりも強い結合優先順位となりますが，2 ** -3 のように**の右側に単項演算子がある場合は，単項演算子の方が強い結合優先順位となります．

演算子と数の間や演算子と変数の間には空白（半角の空白）を入れることが
できます．**や//のように複数の記号からなる演算子の途中に空白を入れる
ことはできません．

2.3 変数

2.3.1 変数の定義
変数を用いて次のように値に名前を付けることができます．

> 変数 = 式

以下では，5 + 3 という式の値に x という名前を付けています．=により，値
に名前を付ける構文を**変数定義**と呼びます．

コード **2.19** 変数定義
```
x = 5 + 3
```

　変数を構成する文字列である**変数名**には英文字，数字，アンダーバーを含
めることができます．ただし，変数名は数字で始まらない，大文字と小文字
は区別される，予約語は使えない，という決まりがあります．**予約語**は，プ
ログラムの構文や演算子の記述に用いられる特別な文字列を指します [10]．

2.3.2 変数の参照
　定義された変数は式の中で参照できます．以下では，先の変数 x を含む
x + 1 という式を評価していますが，その際，変数 x を名前とする値（変数
の値）をもとに式を評価します．これにより，次の式の値は 8 + 1 を計算す
ることで 9 になります．

コード **2.20** 変数の参照
```
x + 1
```

---

[10]　たとえば Python のバージョン 3.10 では，False, None, True, and, as, assert, async,
await, break, class, continue, def, del, elif, else, except, finally, for, from,
global, if, import, in, is, lambda, match, nonlocal, not, or, pass, raise, return,
try, while, with, yield が予約語となっています．

　同じ名前の変数を再定義することもできます．変数を再定義した場合は，その変数を名前とする新たな値をもとに式が評価されます．以下では，変数 x を再定義することで，式の値は 6 になります．

コード **2.21** 変数の再定義と参照

```
x = 5
x + 1
```

2.3.3 代入文

　=を用いて値に名前を付ける変数定義の構文は**代入文**と呼ばれ，代入文を実行することを**代入**と呼びます．代入文は，=の右辺の式の値を左辺に割り当てる文となります．このとき，左辺が変数の場合，代入文は変数定義となります．代入文では，右辺の式を評価し，その結果の値を左辺に割り当てるため，次のように右辺の式に含まれる変数に代入をするということもできます．以下では，変数 x の値は 8 となります．

コード **2.22** 代入文

```
x = 5
x = x + 3
x
```

2.4 関数

2.4.1 関数の定義

　あらかじめ定められた処理を行う手続きのことを**関数**と呼びます．たとえば，よく使うような処理を関数としてまとめておくことで，それらの処理を再利用することができます．関数は次のように def から始まる構文で定義します．

```
def 関数名 ( 引数 1, 引数 2, ⋯):
    関数定義の本体
```

　以下では，2 つの値を受け取り，それらの和を計算して返す関数を定義し

ています．def に続く文字列は定義する関数の名前である関数名となってお
り，ここでは addition を関数名とします．

コード **2.23** 関数の定義

```
def addition(x, y):
    return x + y
```

　関数が呼び出されたときに受け取る式の値を指し示す変数を**引数**（または**仮
引数**）と呼びます．上記の関数では，関数名に続く丸括弧の中の x と y とい
う引数にそれぞれ値が代入されます．:に続く部分は，関数定義の本体であ
り，定義する関数が実際に行う処理を記述します．関数定義の本体の行頭に
は空白を挿入します [11]．

　return から始まる構文を **return 文**と呼びます．return 文では，return
の後にある式の値（**返り値**または**戻り値**）を，関数を呼び出した元に返しま
す．上記の関数では引数 x と y の値の和を計算した結果を返り値として返し
ています．return 文により関数が値を返すことで関数は終了します．return
の後に式がない場合は，関数は None という特別な値を返します．これは，関
数が何も返さないことを表します．また，関数定義の本体の処理で return 文
が実行されなかった場合も関数は None を返します．

2.4.2　関数の呼び出し

　定義した関数は，呼び出して使用できます．関数で定義した仮引数は，関
数を呼び出す際の引数（**実引数**）の式の値と紐付けされることになります．以
下では，先に定義した関数 addition に 2 と 5 − 3 という値を実引数として
指定して呼び出し，その返り値をもとに演算を行っています．関数の返り値
となる 4 に 2 を掛けることで式の値は 8 となります [12]．

コード **2.24** 関数の呼び出し

```
2 * addition(2, 5 - 3)
```

---

11)　このような行頭の空白をインデントと呼びます．Python では，インデントとして半角の空
　　白文字 4 つが広く使われています．後述するように，Python ではインデントの数によってプロ
　　グラムの入れ子の構造を指定します．
12)　式の中の関数の呼び出しは，他の演算子よりも強い結合優先順位となります．

2.4.3 ローカル変数

Python では，関数の中で定義された変数は，その関数の中で利用可能な変数である**ローカル変数**となります．関数の引数もまたローカル変数となります．関数の外で同じ名前の変数を定義しても，それは関数の中で定義したローカル変数とは別の変数として扱われます．関数の外で定義される変数を**グローバル変数**と呼び，関数の中でも参照できます．以下では，引数 a と b のそれぞれの値の 2 乗和を変数 c に代入し，c の値の平方根を計算して返す関数を定義しています．関数の中の変数 c はローカル変数となっています．

コード **2.25** ローカル変数

```python
def pythagorean(a, b):
    c = a ** 2 + b ** 2
    return c ** 0.5
```

2.4.4 組み込み関数

Python には，**組み込み関数**と呼ばれる，事前に定義された関数が用意されています．たとえば，組み込み関数の print を用いると，引数に与えた値を出力する（印字する）ことができます．関数 print には任意の数の引数を与えることができます．以下では，関数 print を用いて変数の値を出力しています．プログラムを実行すると，10 20 のように空白文字で区切られた 2 つの変数の値が出力されます．

コード **2.26** 組み込み関数 print

```python
x = 10
y = 20
print(x, y)
```

関数 print の f 文字列（フォーマット済み文字列リテラル）を用いると，次のように小数点以下の桁数を指定して変数の値を出力することができます．以下では，変数 pi の小数点以下 2 桁までの値 3.14 を出力します．

コード **2.27** 出力する値の桁数の指定

```python
pi = 3.14159265
print(f'{pi:.2f}')
```

2.5　if 文と条件分岐

2.5.1　真理値

True または False で表される値を**真理値**と呼びます．True は真であること，False は偽であることを表します．以下では，変数 x に 10 を代入し，比較の二項演算子 > を用いて x の値を 0 と比較しています．x の値である 10 は 0 より大きいので，この式の値は True（真である）となります．一方，変数 x に-10 を代入した場合は，同式の値は False（偽である）となります．

コード **2.28**　真理値

```
x = 10
x > 0
```

2.5.2　比較演算子

表 **2.2**　比較演算子

演算子	意味
a == b	a と b は等しい
a != b	a と b は等しくない
a <= b	a は b 以下
a < b	a は b より小さい
a >= b	a は b 以上
a > b	a は b より大きい

　表 2.2 に示す二項演算子を用いて，2 つの値が等しいかどうかや 2 つの値の大小の比較を行うことができます．これらの二項演算子を**比較演算子**と呼びます．比較の結果の値は，True か False の真理値となります．たとえば，比較演算子 != では，両側の式の値が等しくなければ True，等しければ False となります．以下では，変数 x に 20 を，変数 y に 10 をそれぞれ代入し，比較演算子 == により，x と y の値が等しいかを判定しています．式の値は False（x の値と y の値は等しくない）となります．

コード **2.29**　比較演算子

```
x = 20
y = 10
x == y
```

以下では，比較演算子>=により，x の値は y の値以上かを判定しています．
式の値は True（x の値は y の値以上である）となります．

コード **2.30**　比較演算子

```
x >= y
```

表 **2.3**　論理演算子

演算子	意味
not	否定（でない）
and	連言（かつ）
or	選言（または）

　比較演算子による式の評価結果の真理値は，表 2.3 に示す not, and, or
の演算子により組み合わせることができます．これらの演算子を**論理演算子**
（ブール演算子）と呼びます．not は単項演算子であり，真理値を逆にします
（True は False に，False は True になります）．and と or は二項演算子で
す．and では両側の式の値が True であるとき，True となります．or では
両側の式のどちらかの値が True であるとき，True となります．

　比較演算子と論理演算子を組み合わせて，式の値が True または False と
なるさまざまな条件をつくることができます．以下では，変数 x の値が変数
y の値より大きく，かつ変数 x の値が変数 z の値より大きければ True とな
る条件をつくっています．式の値は True となります．

コード **2.31**　論理演算子

```
x = 30
y = 20
z = 10
x > y and x > z
```

2.5.3　if 文

if 文と条件により，次のように条件分岐を行うことができます．

```
if 条件 1:
    条件 1 が成り立つときの処理
elif 条件 2:
    条件 1 が成り立たず条件 2 が成り立つときの処理
elif 条件 3:
    条件 1 と条件 2 が成り立たず条件 3 が成り立つときの処理
else:
    条件 1，条件 2，条件 3 がいずれも成り立たないときの処理
```

次の関数 maximum は，3 つの引数 x，y，z の値（異なる実数とする）の中で最も大きい値を返します．

コード **2.32** if 文による条件分岐

```
def maximum(x, y, z):
    if x > y and x > z:
        return x
    elif y > z:
        return y
    else:
        return z
```

if や elif の後には条件となる式を与え，条件が成り立つ（式の値が True となる）ときにのみ処理を行う，という条件分岐を行うことができます．上記では，if の条件 x > y and x > z（x が y と z より大きい）が成り立てば，: に続く部分の return x が実行されます．ここで，return x は if よりも右にインデントされており，if の条件が成り立つときにのみ実行されるプログラム文のグループに属していることを表します．条件 x > y and x > z が成り立たないときは，次に elif の条件 y > z が成り立つかを考えます．条件が成り立てば，: に続く部分の return y が実行されます．if の条件が成り立っていれば elif の条件は確認されません．条件 y > z が成り立たないときは，最後に else と : に続く部分の処理 return z が実行されます．この処理は if，elif のどちらの条件も成り立たなかったときにのみ実行されます．

elif を使わずに，次のように複数の if 文をインデントにより入れ子の構造にして条件分岐を行うこともできます．

```
if 条件 1:
    条件 1 が成り立つときの処理
else:
    if 条件 2:
        条件 1 が成り立たず条件 2 が成り立つときの処理
    else:
        if 条件 3:
            条件 1 と条件 2 が成り立たず条件 3 が成り立つときの処理
        else:
            条件 1，条件 2，条件 3 がいずれも成り立たないときの処理
```

2.5.4 インデント

先の例のように関数の中に if 文があり，if 文の中に return 文がある，というように一般にプログラムの構造は階層的になります．**インデント**はこのような階層的な入れ子構造を表すために使われます．インデントが右に進み，以降のプログラムの文（プログラム文）が下部の構造となるとき，インデントのレベルが進む（深くなる）といいます．インデントが左に戻りプログラム文が元の構造となるときは，インデントのレベルが戻る（浅くなる）といいます．同じインデントのプログラム文は同じグループに属することになります．

Colab ノートブックのコードセルでは Tab を入力すると半角の空白 2 つがインデントとして挿入されます．以降，本書ではスペースの都合上，半角の空白 2 つをインデントとしてプログラムを記述する場合もあります．なお，Python のコーディングスタイルに関するガイドライン（コーディング規約）である PEP8 では，4 つの空白文字をインデントの単位とすることが提案されています．

2.6 リスト

2.6.1 リストの作成

リストは任意の式の値（オブジェクト）を要素として構成されるデータで

す．リストを構成する値を要素としてカンマ区切りで並べ，それらを角括弧
[,] で囲んだ式により新たなリストを作成できます．以下では，0 から 9 ま
での数値を要素とするリストを作成し，変数 digits に代入しています．

コード **2.33**　リストの作成

```
digits = [0, 1, 2, 3, 4, 5, 6, 7, 8, 9]
```

次のように，リストの要素が 1 つもない空リストを作成することもできます．

コード **2.34**　空リストの作成

```
empty_lst = []
```

次のように，in 演算子を用いて右辺のリストに左辺の要素が含まれるかを
判定できます [13]．このとき，判定の結果はリストに要素が含まれているとき
に True，含まれていないときに False となります．次の式の値は True と
なります．

コード **2.35**　リストの要素の検索

```
1 in digits
```

2.6.2　リストの要素取得

(a)　インデックス

リストの各要素は先頭から順に，0 から始まる番号となる**インデックス**（添
字）が付けられています．インデックスを用いて次のようにリストの任意の
要素を取得できます．

リスト [インデックス]

以下では，インデックスを用いてリスト lst（変数 lst に代入されたリス
ト）の先頭から 2 番目の要素 20 を取得しています．インデックスは 0 から
始まるため，リストの先頭の要素のインデックスは 0，2 番目の要素のイン
デックスは 1 となります．リストの n 番目の要素を取得するには，インデッ
クス $n - 1$ を指定します．

---

13)　in 演算子は，左辺の要素がリストに含まれるかどうかを，リストの要素を最初から順に調べ
　　ることで判定しています．そのため，判定にはリストの要素数に比例した時間がかかります．

コード **2.36** リストのインデックス

```
lst = [10, 20, 30, 40, 50]
lst[1]
```

リストの要素のインデックスはリストの index メソッド [14] を用いて取得できます．以下では，リスト lst の要素 20 のインデックスである 1 が返ります．

コード **2.37** リストの index メソッド

```
lst.index(20)
```

リストの終端の要素からは -1 から始まるインデックスの負数が順番に対応することになります．リスト lst の終端の要素 50 のインデックスは-1，終端から 2 番目の要素 40 のインデックスは-2 となります．

コード **2.38** リストのインデックスの負数

```
lst[-1]
```

式の値をインデックスにすることもできます．以下では，式 1 + 1 の値 2 がインデックスとなり，リスト lst の要素 30 を取得します．

コード **2.39** 式によるインデックスの指定

```
lst[1 + 1]
```

リストの要素の数（リストの長さ）以上のインデックスを指定することはできません．リストの長さは Python の組み込み関数 len を用いて取得できます．以下では，リスト lst の長さである 5 が返ります．

コード **2.40** リストの要素の数

```
len(lst)
```

(b) スライス

リストでは要素の範囲を指定して複数の要素を取得する**スライス**と呼ばれる操作を行うことができます．取得する範囲の始まりの要素に対応するインデックスを s，終わりの要素に対応するインデックスを t とすると，スライスでは次のようにリストから複数の要素を取得します．

---

14) メソッドについては後述します．

```
リスト [s:t+1]
```

　以下では，先のリスト 1st からスライスにより要素 [20，30，40]（それ
ぞれインデックスは 1，2，3）を取得しています．このとき，インデックス
4 の要素 1st[4] は取得していないことに注意します．

コード **2.41**　リストのスライス

```
1st[1:4]
```

　スライスではリストの先頭要素のインデックス（インデックス 0）の指定
を省略できます．以下では，先のリスト 1st からスライスにより要素 [10，
20，30] を取得しています．

コード **2.42**　リストの先頭要素からのスライス

```
1st[:3]
```

同様に，スライスではリストの終端要素のインデックスの指定を省略できま
す．以下では，先のリスト 1st からスライスにより要素 [40，50] を取得し
ています．

コード **2.43**　リストの終端要素までのスライス

```
1st[3:]
```

2.6.3　リストの要素の更新

　インデックスで指定したリストの要素の値は，次のように代入により更新
できます．

```
リスト [インデックス] = 式
```

　以下では，リスト 1st のインデックス 2 に対応する要素に 0 を代入して値
を更新しています．その結果，1st は [10，20，0，40，50] となります．

コード **2.44**　リストの要素の更新

```
1st[2] = 0
```

2.6.4　リストの要素追加

リストはオブジェクトの1つです[15]．リストに対して append メソッドを呼び出すと，次のようにリストの終端に新たな要素を追加できます．関数の呼び出しと同様に，ここではメソッドを呼び出す際に引数を指定しています．

> リスト.append(式)

以下では，先のリスト lst の終端に新たな要素として 60 を追加しています．これによりリスト lst の要素数は1つ増えることになります．要素は繰り返し追加できます．

コード **2.45**　リストの要素追加
```
lst.append(60)
```

2.6.5　リストの要素の数え上げ

リストに対して count メソッドを呼び出すと，次のようにリストの要素のうち，指定した値に合致する要素の数を取得できます．以下では，リスト numbers について，値が1である要素の数3が返ります．

コード **2.46**　リストの要素の数え上げ
```
numbers = [1, 3, 0, 6, 1, 4, 1, 8, 3, 3]
numbers.count(1)
```

2.6.6　リストのリスト

リストでは，さまざまなオブジェクトを要素とすることができます．また，異なる種類のオブジェクトを要素として混在させることもできます．リストそれ自体もオブジェクトであり，リストの要素にリストを用いることができます．リストの入れ子構造を多重リストと呼びます．次のリスト lsts は3

---

15)　Python はオブジェクト指向言語でもあります．オブジェクト指向言語において，すべてのデータは「オブジェクト」として扱われます．オブジェクトはデータ構造とそれを処理するための手続きをまとめたもので，そのような手続きのことをメソッドと呼びます．また，メソッドを使ってオブジェクトを操作することを「オブジェクトのメソッドを呼び出す」といいます．

つのリスト [1，2，3]，[4，5，6]，[7，8，9] を要素とする二重リスト
になっています．内側のそれぞれのリストは数値を要素としています．

コード **2.47** リストのリスト
```
lsts = [[1, 2, 3], [4, 5, 6], [7, 8, 9]]
```

多重リストの要素の取り出しは複数のインデックスを組み合わせて行いま
す．以下では，リスト lsts から要素の取得を行っています．まず，lsts の
内側の先頭のリストをインデックス lsts[0] で指定し取得しています．これ
により，リスト [1，2，3] が取得されます．

コード **2.48** リストのリストの要素取得
```
lsts[0]
```

続いて以下では，リスト [1，2，3] の先頭から 2 番目の要素をインデック
ス lsts[0][1] で指定し取得しています．これにより，2 が取得されます．

コード **2.49** リストのリストの要素取得
```
lsts[0][1]
```

2.6.7　タプル

タプルはリストと同じように任意の式の値（オブジェクト）を要素として
構成されるデータです．要素をカンマ区切りで並べ，それらを丸括弧 (,) で
囲んだ式により新たなタプルを作成できます．以下では，0 から 9 までの数
値を要素とするタプルを作成し，変数 tpl に代入しています．

コード **2.50** タプルの作成
```
tpl = (0, 1, 2, 3, 4, 5, 6, 7, 8, 9)
```

次のように，要素が 1 つもない空タプルを作成することもできます．

コード **2.51** 空タプルの作成
```
empty_tpl = ()
```

次のように要素が 1 つのタプルを作成することもできます [16].

コード **2.52**　要素が 1 つのタプルの作成
```
sol = (1,)
```

リストと同様にタプルでもインデックスやスライスの操作により要素を取得できます.

コード **2.53**　インデックスによるタプルの要素取得
```
tpl[1]
```

コード **2.54**　スライスによるタプルの要素取得
```
tpl[2:3]
```

ただしリストと異なり，タプルでは一度作成した要素を変更できません. このようなオブジェクトを変更不可能なオブジェクトと呼びます. そのため，タプルでは要素の値の更新や要素の追加などの操作ができません. 変更不可能なオブジェクトであるというタプルの特性により，タプルはリストよりも効率よく処理することができます. たとえば，要素を変更する必要がない場合はリストの代わりとしてタプルを使うこともできます.

2.7　文字列

2.7.1　文字列の作成

文字の並びから構成されるオブジェクトを**文字列**と呼びます. 文字列は，文字の並びを引用符’, ’（または", "）で囲むことで作成できます. 以下では，文字列’Programming’ を変数 word に代入しています.

コード **2.55**　文字列の作成
```
word = 'Programming'
```

---

16)　要素の後にカンマが必要になります. タプルを作成する際の丸括弧は省略可能であるため，カンマがないとタプル内の 1 つの要素を式として記述したものと同じになります.

2.7.2　文字列の取得

インデックスを指定してリストの要素を取得したのと同様に，インデックスを指定して文字列を構成する文字を取得できます．以下では，文字列'Programming'の先頭の文字'P' を取得しています．このとき，取得した文字は長さが 1 の文字列のオブジェクトとなります．

コード 2.56　インデックスによる文字の取得

```
word[0]
```

また，スライス操作により要素の範囲を指定してリストの要素を取得したのと同様に，スライス操作により文字列の一部分（部分文字列）を取得できます．以下では，文字列'Programming' の先頭から 7 文字目までの部分文字列'Program' を取得しています．

コード 2.57　スライスによる部分文字列の取得

```
word[0:7]
```

文字列はタプルと同様に変更不可能なオブジェクトであるため，取得した文字や部分文字列を更新して元の文字列を変更することはできません．

2.7.3　空文字列

次のように引用符で何も囲まずに文字列を作成すると，長さが 0 の文字列（空文字列）となります．

コード 2.58　空文字列

```
blank = ''
```

文字列のスライス操作において，指定したインデックスの範囲に文字列が存在しない場合，スライス操作の結果は空文字列となります．

2.7.4　文字列の長さ

組み込み関数 len を用いて文字列の長さを取得できます．以下では，変数word の値の文字列の長さである 11 が返ります．

コード **2.59** 文字列の長さ

```
len(word)
```

2.7.5 文字列の連結

+演算子を用いて，文字列同士を連結できます．以下では，文字列 ’データ’ と ’解析’ を連結して変数 word に代入しています．変数 word の値は文字列 ’データ解析’ となります．

コード **2.60** 文字列の連結

```
word = 'データ' + '解析'
```

2.7.6 文字列の比較

比較演算子を用いて文字列同士を比較できます．たとえば，比較演算子==では両側の文字列が等しいかを判定します．また，比較演算子<では両側の文字列について，それぞれの先頭の文字から順に辞書式に基づく比較を行い大小を判定します．以下では，文字列 ’apple’ と文字列 ’Apple’ は先頭の文字が大文字と小文字で異なるため等しくないと判定されます．また，辞書式の順番に基づき，文字列 ’apple’ は文字列 ’banana’ より小さいと判定されます．

コード **2.61** 等号による文字列の比較

```
'apple' == 'Apple'
```

コード **2.62** 不等号による文字列の比較

```
'apple' < 'banana'
```

2.7.7 文字列の検索

in 演算子を用いて，右辺の文字列に左辺の文字列が含まれるかを判定できます．次の式の値は，文字列 ’Program’ が文字列 ’Programming’ に含まれているので True となります．

コード **2.63** 文字列の検索

```
'Program' in 'Programming'
```

2.8　for 文と繰り返し

2.8.1　リストの繰り返し処理

for 文を用いると，次のようにリストの各要素に対してあらかじめ定められた処理を繰り返して適用できます．for の後の変数に対して，in [17]の後のリストの各要素の値が先頭から順番に代入され，:に続く部分の処理がリストの要素の数だけ繰り返し実行されます．ここで，処理を記述するプログラム文は for よりも右にインデントされており，for 文による繰り返しの間のみ実行されることを表します．

```
for 変数 in リスト:
    リストの各要素に対する処理
```

以下では，まず，変数 lst にリストを代入し，変数 s に数値 0 を代入しています．for 文では，リスト lst の各要素の値が先頭から順番に変数 x に代入され，s の値に x の値を加えた値を s に代入するという処理が繰り返されます．for 文による繰り返し処理の結果，s の値はリスト lst のすべての要素の値の総和である 15 となります．

コード **2.64**　リストの要素の繰り返し処理

```
lst = [1, 2, 3, 4, 5]
s = 0
for x in lst:
    s = s + x
print(s)
```

2.8.2　関数 enumerate による繰り返し処理

関数 enumerate と for 文を用いると，次のようにリストの各要素とその要素のインデックスも併せて処理を繰り返して適用できます．for の後の最初の変数には数値 0 から始まる整数値が順番に代入され，それと併せて 2 番目

---

17)　for 文における in は，リストが要素を含むかを判定する in 演算子とは異なる働きをしています．

の変数には in の後の関数 enumerate の引数に与えたリストの各要素の値が
先頭から順番に代入されます.

```
for 変数 1, 変数 2 in enumerate(引数):
    指定された回数繰り返す処理
```

以下では，for 文でリスト lst の各要素の値が先頭から順番に変数 x に代
入されるとともに，その要素のインデックスが変数 i に 0 から順番に代入さ
れます.

コード **2.65** リストの要素とインデックスの繰り返し処理

```
lst = [1, 2, 3, 4, 5]
for i, x in enumerate(lst):
    print(i, x)
```

2.8.3 関数 range による繰り返し処理

関数 range と for 文を用いると，次のように繰り返しの回数を指定して処
理を行うことができます. for の後の変数には，数値 0 から始まり，in の後
の関数 range の引数に与えた式の値から 1 を引いた値までの整数値が順番に
代入されます. これにより，:に続く部分の処理が任意の回数だけ繰り返し実
行できます.

```
for 変数 in range(引数):
    指定された回数繰り返す処理
```

関数 range には，range(引数 1, 引数 2) のように 2 つの引数を与えること
もできます. この場合は，引数 1 に与えた値から始まり，引数 2 に与えた値
から 1 を引いた値までの整数値が順番に for の後の変数に代入されます.

以下では，まず，変数 s に数値 0 を，変数 n に数値 10 を代入しています.
for 文では，関数 range の引数で指定した 1 から n（n + 1 の値から 1 を引
いた値）の値が順番に変数 x に代入され，s の値に x の値を加えた値を s に
代入するという処理が繰り返されます. for 文による繰り返し処理の結果，s
の値は数値 1 から 10 までの和である 55 となります.

コード **2.66** 関数 range による繰り返し処理

```
s = 0
n = 10
for x in range(1, n + 1):
    s = s + x
print(s)
```

　関数 range と for 文を用いて，次のようにリストの各要素に対する繰り返し処理を行うこともできます．for 文では，数値 0 から始まり，関数 range の引数に与えた値であるリスト lst の長さ len(lst) から 1 を引いた値までの整数値が変数 i に順番に代入されます．for 文の中の繰り返し処理では，この変数の値をリストのインデックスとして使用してリストの要素を取得しています．

コード **2.67** 関数 range によるリストの要素の繰り返し処理

```
lst = [1, 2, 3, 4, 5]
s = 0
for i in range(len(lst)):
    s = s + lst[i]
print(s)
```

2.8.4　for 文の入れ子

　複数の for 文をインデントにより入れ子の構造にして，多重の繰り返しを行うことができます．以下では，for 文を二重の入れ子にして，二重リスト lst の内側の各リストの，すべての要素の総和の値を変数 s に代入しています．

コード **2.68** for 文の入れ子による二重の繰り返し処理

```
lst = [[1, 2, 3], [4, 5, 6], [7, 8, 9]]
s = 0
for i in range(len(lst)):
    for j in range(len(lst[i])):
        s = s + lst[i][j]
print(s)
```

　まず，最初の for 文では，数値 0 から始まり，リスト lst の長さ len(lst) から 1 を引いた値までの整数値が変数 i に順番に代入されます．次の for では，数値 0 から始まり，リスト lst[i] の長さ len(lst[i]) から 1 を引い

た値までの整数値が変数 j に順番に代入されます．ここで，リスト lst[i] は二重リストの内側の各リストに対応しています．2 番目の for 文の中では，内側の各リストの各要素の値 lst[i][j] を変数 s の値に加えた上で s に代入するという処理が繰り返されます．2 番目の for 文は最初の for 文よりも右にインデントされており，外側の for 文の繰り返し処理として内側の for 文による繰り返し処理が毎回実行されることを表します．for 文の二重の入れ子による繰り返し処理の結果，s の値は 45 となります．

2.9 辞書

2.9.1 辞書の作成

辞書は，キーとそれに対応するバリューのペアを要素として構成されるデータです．辞書を構成するキーとバリューをコロンでつないでペアを作り，それらのペアをカンマ区切りで並べたものを波括弧 {, } で囲んだ式により新たな辞書を作成できます．バリューには任意のオブジェクトを指定できますが，キーには数値，文字列，タプルなどの変更不可能なオブジェクトを指定します．キーには文字列が使用されることが多いです．以下では，'name' と 'age' と 'country' の 3 つのキーを持つ辞書 dic（変数 dic に代入された辞書）を作成しています．ここで，キー 'name' に対応するバリューは 'Tom'，キー 'age' に対応するバリューは 60，キー 'country' に対応するバリューは 'USA' となっています．

コード **2.69** 辞書の作成

```
dic = {'name' : 'Tom', 'age' : 60, 'country' : 'USA'}
```

次のように，キーとバリューが 1 つもない空の辞書を作成することもできます．

コード **2.70** 空の辞書の作成

```
empty_dic = {}
```

2.9.2　辞書のバリューの取得

辞書に登録されているキーを用いて，次のようにそのキーに対応するバリューを取得できます．

> 辞書 [キー]

以下では，先の辞書 dic のキー 'name' に対応するバリューである 'Tom' を取得しています．

コード **2.71**　辞書のバリューの取得
```
dic['name']
```

辞書に登録されていないキーを指定するとエラー（KeyError）になります．in 演算子を用いることで，次のように右辺の辞書に左辺のキーが登録されているかを判定できます．次の式の値は辞書にキーが登録されているときに True，されていないときに False となります．

コード **2.72**　辞書のキーの検索
```
'city' in dic
```

2.9.3　辞書のバリューの更新

辞書のバリューは代入により更新できます．以下では，先の辞書 dic のキー 'age' に対応するバリューの値に 5 を加えてバリューの値を更新しています．この結果，dic['age'] の値は 65 となります．

コード **2.73**　辞書のバリューの更新
```
dic['age'] = dic['age'] + 5
```

2.9.4　辞書のキーとバリューの追加

辞書に対して新たなキーとバリューを指定して追加できます．以下では，先の辞書 dic に新たなキー 'city' とそれに対応するバリューである 'NY' を追加しています．

コード **2.74** 辞書のキーとバリューの追加

```
dic['city'] = 'NY'
```

2.9.5 for 文と辞書

辞書もまたオブジェクトの1つです．辞書オブジェクトの keys メソッドを使うと，辞書に登録されているすべてのキーの一覧を取得できます．keys メソッドは，次のように for 文と組み合わせて使うことができます．以下では，for 文において keys メソッドを辞書 dic に対して呼び出すことで，辞書 dic に登録されている各キーの値が for 文の繰り返しごとに変数 k に代入されます．for 文の中の繰り返し処理では関数 print を用いて，キーとそれに対応するバリューの値を出力しています．for 文の in の後で.keys()を省略して dic として記述することもできます．

コード **2.75** 辞書のキーの繰り返し処理

```
for k in dic.keys():
    print(k, dic[k])
```

同様に，辞書オブジェクトの values メソッドを使うと辞書に登録されているバリューの一覧を取得できます．また，辞書オブジェクトの items メソッドを使うと辞書に登録されているキーとバリューのペアの一覧を取得できます．keys メソッドと同様に values メソッドも items メソッドも for 文と組み合わせて使うことができます．以下では，for 文において items メソッドを辞書 dic に対して呼び出すことで，辞書 dic に登録されているキーとバリューの各ペアがタプルとして取得され，for 文の繰り返しごとに，キーは変数 k に，バリューは変数 v にそれぞれ代入されます[18]．for 文の中の繰り返し処理では関数 print を用いて，キーとそれに対応するバリューの値を出力しています．

コード **2.76** 辞書のキーとバリューの繰り返し処理

```
for k, v in dic.items():
    print(k, v)
```

---

[18] 複数の変数などを並べて指定して，タプルやリストのすべての要素を一度の操作で変数に代入することを多重代入と呼びます．

2.10　プログラムの作成

　算術演算，変数，関数，条件分岐，リスト，繰り返し，辞書などを使って Python のプログラムを作成してみましょう．以下の関数 my_mean は，引数 L に与えられたリストの要素の値の平均値を返します．

プログラム **2.1**　関数 my_mean: リストの要素の値の平均値を計算

```
1  def my_mean(L):
2      s = 0
3      for x in L:
4          s = s + x
5      return s / len(L)
```

プログラムの説明

　2　リスト L のすべての要素の総和の値を代入する変数 s（最初は 0 を代入）
3~4　L の各要素の値を先頭から順番に変数 x に代入
　　　　s の値に x の値を加えた値で s の値を更新
　5　s の値をリストの長さ len(L) で割る

　以下の関数 my_variance は，引数 L に与えられたリストの要素の値の標本分散を返します．

プログラム **2.2**　関数 my_variance: リストの要素の値の標本分散を計算

```
1  def my_variance(L):
2      s = 0
3      mean = my_mean(L)
4      for x in L:
5          s = s + (x - mean) ** 2
6      return s / len(L)
```

プログラムの説明

　2　リスト L のすべての要素について平均値との差の 2 乗和の値を代入する
　　　　変数 s（最初は 0 を代入）
　3　関数 my_mean を呼び出し，L の要素の平均値を変数 mean に代入
4~5　L の各要素の値を先頭から順番に変数 x に代入
　　　　x と mean の差を 2 乗した値を s に加えた値で s の値を更新
　6　s の値をリストの長さ len(L) で割る

　以下の関数 my_max，関数 my_min は，それぞれ引数 L に与えられたリストの要素の最大値，最小値を返します．

プログラム **2.3**　関数 my_max: リストの要素の最大値を計算

```
1  def my_max(L):
2      m = L[0]
3      for i in range(1, len(L)):
4          if L[i] > m:
5              m = L[i]
6      return m
```

プログラムの説明

　2　リストの要素の最大値を代入する変数 m
　　　最初はリストの先頭要素の値を仮の最大値とする
3〜5　1 から len(L)-1 までの値を順番に変数 i に代入
　　　リストの要素 L[i] の値と m の値を比較
　　　L[i] の方が大きければ，L[i] を新たに仮の最大値とする

プログラム **2.4**　関数 my_min: リストの要素の最小値を計算

```
1  def my_min(L):
2      m = L[0]
3      for i in range(1, len(L)):
4          if L[i] < m:
5              m = L[i]
6      return m
```

プログラムの説明

　2　リストの要素の最小値を代入する変数 m
　　　最初はリストの先頭要素の値を仮の最小値とする
3〜5　1 から len(L)-1 までの値を順番に変数 i に代入
　　　リストの要素 L[i] の値と m の値を比較
　　　L[i] の方が小さければ，L[i] を新たに仮の最小値とする

　以下の関数 my_describe は，引数 L に与えられたリストを上記の関数
my_mean, my_variance, my_max, my_min を用いて処理した結果を辞書とし
て返します．辞書のキーは平均値，標本分散，最大値，最小値を表す'mean',
'variance', 'max', 'min' とし，それぞれのキーに対応するバリューを上
記の各関数の返り値とします．

プログラム **2.5**　関数 my_describe: 記述統計量の計算

```
1  def my_describe(L):
2      return {
3          'mean' : my_mean(L),
4          'variance' : my_variance(L),
5          'max' : my_max(L),
6          'min' : my_min(L)
7      }
```

　　数値の要素からなるリスト data を関数 my_describe に与えると，次のような結果が返ります．

コード **2.77**　関数 my_describe の実行

```
data = [2, 5, 4, 3, 6, 1, 7, 0, 9, 8]
my_describe(data)
```

実行結果

```
{'mean': 4.5, 'variance': 8.25, 'max': 9, 'min': 0}
```

　　以下では，具体的なデータとして都道府県の人口データ [19)] を処理し [20)]，各都道府県の総人口を要素とするリスト population_data を作成し [21)]，関数 my_describe に与えます．

コード **2.78**　都道府県の人口データの処理

```
import pandas as pd
URL = (
    'https://www.nstac.go.jp/sys/files/SSDSE-E-2022v2.csv'
)
df = pd.read_csv(URL, skiprows=[0, 1, 3],
                 encoding='shift_jis')
population_data = df['総人口'].tolist()
my_describe(population_data)
```

人口データの統計量として次のような結果が返ります．

実行結果

```
{'mean': 2683959.5531914895, 'variance': 7654466967507.226,
'max': 14047594, 'min': 553407}
```

演習問題

問 **1**　　組み込み関数の sorted にリストを与えると，リストの要素を昇順に並び替えた新たなリストを返します．引数に与えられたリストの要素の値の中央値を返す関数 my_median を実装してください．

---

19)　第 4 章で扱う教育用標準データセット（https://www.nstac.go.jp/use/literacy/ssdse/）の基本素材（SSDSE-E）から取得した 2022 年の統計データを利用します．
20)　処理に用いている Python の pandas ライブラリについては次章で説明します．
21)　Python では，プログラムの行の終端にバックスラッシュがある場合は，後続する行とつなげて同一の行を構成します．また，丸括弧，角括弧，波括弧内の式はバックスラッシュを使わずに 1 行以上の行に分割して記述することができます．

第 **3** 章

Python のモジュール

本章では Python のモジュールの使い方を学びます．具体的には，モジュールの基本的な使い方を学んだ上で，データ解析のためによく用いられる代表的なモジュールである NumPy, pandas, Matplotlib の使い方について学びます．本章の学習を通して，これらのモジュールの基本的な使い方を理解した上で，Python を用いてデータの読み込み，データの集計や抽出，データの可視化などの基本的な処理ができるようになることを目標とします．

3.1 モジュール

3.1.1 モジュールの使い方

Python ではプログラミング言語の処理系の上に，さまざまなライブラリ（汎用性のある複数のプログラムを他のプログラムから再利用可能な形でまとめたもの）が開発されています．このようなプログラムの集合をモジュールと呼びます [1]．ライブラリを利用するには，次のように import 文を用いてライブラリをあらかじめインポートします．

─── ライブラリのインポート ───

```
import ライブラリ名
```

インポートしたライブラリで定義されている関数や値は，次のようにプログラム中から利用できるようになります．

---

1) Python では複数のモジュールを階層的にまとめたものをパッケージと呼び，パッケージをあらかじめインストールすることでパッケージ内のモジュールが利用できるようになります．

―――――― ライブラリの関数・値の利用 ――――――

ライブラリ名.関数名

ライブラリ名.値

　以下では，数理統計の計算を行う機能をまとめた statistics ライブラリ [2)]
をインポートしています．同ライブラリの関数 mean を使用して，リストの
要素の平均値を計算しています．

コード **3.1**　statistics ライブラリの利用

```
import statistics
data = [2, 5, 4, 3, 6, 1, 7, 0, 9, 8]
statistics.mean(data)
```

実行結果

4.5

　from と import 文を用いることで，ライブラリの関数を，そのライブラリ
名を先頭に付けずに次のように利用することができます．from の後ろにはイ
ンポートするライブラリ名を，import の後には使用する関数や値を指定し
ます．関数や値は，カンマ区切りで複数指定できます．

コード **3.2**　from と import 文によるライブラリの関数の利用

```
from statistics import mean
mean(data)
```

　Colab ノートブックでは，statistics ライブラリのように Python の標準的
なライブラリがすでに利用可能になっています．たとえば，math ライブラリ
は数学関連の機能を提供します．また，NumPy ライブラリを使うことで数
値計算を効率的に行うことができます．NumPy ライブラリの上には，デー
タ可視化のためのライブラリである Matplotlib やデータ分析のためのライブ
ラリである pandas が構築されています．さらに Python では，これらのラ
イブラリを用いてソフトウェアのフレームワーク（ソフトウェアを開発す
るための一般的な機能や手本となるプログラムをまとめたもの）が構築されて
います．たとえば，scikit-learn は機械学習のためのフレームワークです．

---

2)　Python のバージョン 3.4 以降で利用可能です．

　import と as 文を用いることで，インポートするライブラリに別名（省略形）を与えることができます．たとえば，pandas, matplotlib.pyplot, numpy のライブラリ名は，慣例として次のようにそれぞれ pd, plt, np と省略されることがあります．

コード **3.3** import と as 文によるライブラリ名の別名定義

```
import pandas as pd
import matplotlib.pyplot as plt
import numpy as np
```

　別名を与えてライブラリをインポートした場合は，ライブラリで定義されている関数や値は，次のようにその別名をもとにプログラム中から利用できるようになります．

コード **3.4** ライブラリの別名による関数・値の利用の例

```
np.array([1, 2, 3, 4]) # NumPy ライブラリの array 関数
np.pi # NumPy ライブラリの円周率の値
```

3.1.2　モジュールのインストール

　プログラミング環境で利用可能になっていないライブラリについては，インポートする前にライブラリをインストールしておく必要があります．ノートブックでは，ユーティリティである pip コマンドを用いてライブラリをインストールすることができます．次のように，! に続けて pip install とライブラリ名をコードセルに入力して実行すると，指定したライブラリが実行環境にインストールされます．

コード **3.5** ライブラリのインストール

```
!pip install ライブラリ名
```

なお，Colab ノートブックでは，このようにして新たにインストールしたライブラリは実行環境であるランタイムを終了すると利用できなくなります．そのため，Colab ノートブックの標準環境で利用可能になっていないライブラリについては，ランタイムを起動するたびにインストールが必要になります．

3.2 pandas ライブラリ

3.2.1 pandas のインポート

pandas ライブラリ 3)（以下，pandas）は，NumPy ライブラリの上に構築されたデータ分析のためのライブラリです．pandas では，データ 4)を効率的に格納し操作するための機能が提供されています．pandas は次のようにインポートして使用できます．ここでは，ライブラリ名の別名を **pd** としてインポートします．

コード **3.6** pandas のインポート

```
import pandas as pd
```

3.2.2 データフレームの作成

pandas では，データをシリーズ（Series），あるいはデータフレーム（DataFrame）のオブジェクトとして保持します．シリーズオブジェクトは辞書のキーに相当するインデックスが付与された要素の集合からなるデータとなっています．pandas の関数 **Series** 5)を用いて，次のようにリストからシリーズを作成できます．

コード **3.7** シリーズの作成

```
ser = pd.Series([2, 5, 4, 3])
ser
```

  実行結果
```
0    2
1    5
2    4
3    3
dtype: int64
```

---

3) https://pandas.pydata.org/
4) ここでは，表計算ソフトのスプレッドシートのように要素の集合が行と列からなる表形式で表されているものをデータと考えます．
5) pandas.Series

データフレームオブジェクトは行と複数の列からなる表形式のデータとなっています. pandas の関数 DataFrame [6]を用いて, 次のようにリストのリストからデータフレームを作成できます.

コード **3.8** データフレームの作成

```
df = pd.DataFrame([[1, 2, 3], [4, 5, 6]])
print(df)
```

実行結果

```
   0  1  2
0  1  2  3
1  4  5  6
```

データフレームは, 辞書のリスト, シリーズの辞書, 2 次元の NumPy 配列などからも作成できます. また, pandas の関数 read_csv [7]を用いて, CSV 形式 (データの要素をカンマで区切って表した形式) のファイルを読み込むことでデータフレームを作成できます.

以下では, 教育用標準データセットのうち, さまざまな分野の都道府県別データを集めたデータセットである基本素材 (SSDSE-E) の CSV ファイルを読み込んでいます. 関数 read_csv の引数 skiprows には, 読み飛ばす行の番号 (0 から始まる) をリストで指定しています. 引数 encoding にはファイルの文字コード (ここでは shift_jis) を指定しています.

コード **3.9** CSV ファイルからデータフレームの作成

```
URL = (
    'https://www.nstac.go.jp/sys/files/SSDSE-E-2022v2.csv'
)
df = pd.read_csv(URL, skiprows=[0, 1, 3],
                 encoding='shift_jis')
df
```

CSV ファイルを読み込むと図 3.1 のようなデータフレームが作成されます. pandas では, データの行はインデックス, 列はカラムという情報で管理されています. 各行に付けられる 0 から始まる番号または任意のラベルがインデックスになります. インデックスの情報は次のようにデータフレームの

---

6) pandas.DataFrame

7) pandas.read_csv

	地域コード	都道府県	総人口	日本人人口	15歳未満人口	15〜64歳人口	65歳以上人口	外国人人口	出生数
0	R01000	北海道	5224614	5151366	555804	2945727	1664023	34321	29523
1	R02000	青森県	1237984	1224334	129112	676167	412943	5409	6837
2	R03000	岩手県	1210534	1194745	132447	658816	404359	6937	6718
3	R04000	宮城県	2301996	2242701	268428	1346845	638984	19453	14480
4	R05000	秋田県	959502	950192	92673	500687	357568	3651	4499
5	R06000	山形県	1068027	1056617	120086	578819	359554	7149	6217

図 3.1　コード 3.9 の実行結果

index 属性[8]で確認できます．行数が 47 であり，行には 0 から始まるインデックスが付けられていることがわかります．

コード **3.10**　データフレームのインデックスの情報

```
df.index
```

実行結果
```
RangeIndex(start=0, stop=47, step=1)
```

各列に付けられる 0 から始まる番号または任意のラベルがカラムになります．カラムの情報は次のようにデータフレームの **columns** 属性[9]で確認できます．

コード **3.11**　データフレームのカラムの情報

```
df.columns
```

実行結果
```
Index(['地域コード', '都道府県', '総人口', '日本人人口',
'15 歳 未 満 人 口', '15〜64 歳 人 口', '65 歳 以 上 人 口', ...,
'消費支出（二人以上の世帯）', '食料費（二人以上の世帯）',
'住居費（二人以上の世帯）', '教養娯楽費（二人以上の世帯）'],
dtype='object')
```

---

8)　pandas.DataFrame.index
9)　pandas.DataFrame.columns

	地域コード	都道府県	総人口	日本人人口	15歳未満人口	15〜64歳人口	65歳以上人口	外国人人口	出生数
44	R45000	宮崎県	1069576	1047871	139773	568255	344543	6474	7720
45	R46000	鹿児島県	1588256	1545763	205381	832194	505891	10037	11638
46	R47000	沖縄県	1467480	1424749	243246	871154	324708	18157	14943

3 rows × 92 columns

図 **3.2** コード 3.12 の実行結果

3.2.3 行と列の抽出

(a) 行の抽出

データフレームに対して，0 から始まる行の位置をスライスとして指定することで任意の行を抽出できます．以下では，先のデータフレーム df に対して，スライスにより図 3.2 に示すような終端 3 行を抽出しています．

コード **3.12** データフレームの行の抽出

```
df[44:47]
```

(b) 列の抽出

データフレームに対して，列名を文字列として添字指定することで，その列をシリーズとして抽出できます．列名が Python の変数の命名規則に従う文字列で表される場合は，「データフレーム名.列名」のようにデータフレームオブジェクトの属性として列名を指定することで列を抽出できます [10]．以下では，先のデータフレーム df の「総人口」の列を抽出しています．

コード **3.13** データフレームの列の抽出

```
df['総人口']
```

実行結果
```
0        5224614
1        1237984
...      ...
45       1588256
46       1467480
Name: 総人口, dtype: int64
```

---

10) オブジェクトの属性はオブジェクト内の変数のようなものです．オブジェクトの属性は「オブジェクト.属性」という式で参照できます．

	都道府県	総人口	出生数
0	北海道	5224614	29523
1	青森県	1237984	6837
2	岩手県	1210534	6718
3	宮城県	2301996	14480

図 3.3 コード 3.14 の実行結果の一部

　データフレームに対して，列名の文字列を要素とするリストを添字指定することで，指定した列をデータフレームとして抽出できます．以下では，先のデータフレーム df から図 3.3 に示すような「都道府県」と「総人口」と「出生数」の列を抽出しています．

コード **3.14** データフレームの複数の列の抽出
```
df[['都道府県', '総人口', '出生数']]
```

(c) 条件抽出

　データフレームに対して，列と条件を組み合わせて添字指定することで，条件に合致した行を抽出できます．条件と論理演算子を組み合わせて複数の条件を作ることもできます．このとき，論理演算子として，and, or, not の代わりにそれぞれ &, |, ~ の記号を用います．

　以下では，先のデータフレーム df から「総人口」の列の値が 1500000 以下かつ「出生数」の列の値が 10000 以上という条件を作成し，それらの条件に合致する図 3.4 に示す行を抽出しています．ここで，それぞれの条件の式を評価した結果は，真理値を値とするシリーズオブジェクトとなります．さらに，論理演算子 & により両方の条件が True となるような行を抽出していることになります．

コード **3.15** データフレームの行の条件抽出
```
df[(df['総人口'] <= 1500000) & (df['出生数'] >= 10000)]
```

(d) 行と列の抽出

　データフレームの loc 属性を用いて，行のインデックスと列名を指定して任意の行と列を抽出できます．複数の行・列は行のインデックスのリスト，列

	地域コード	都道府県	総人口	日本人人口	15歳未満人口	15〜64歳人口	65歳以上人口	外国人人口	出生数
24	R25000	滋賀県	1413610	1359501	191369	824781	365311	28704	10437
46	R47000	沖縄県	1467480	1424749	243246	871154	324708	18157	14943

2 rows × 92 columns

図 **3.4**　コード 3.15 の実行結果

	都道府県	総人口	出生数
12	東京都	14047594	99661
26	大阪府	8837685	61878

図 **3.5**　コード 3.16 の実行結果

名のリストでそれぞれ指定します．以下では，先のデータフレーム df から図 3.5 に示すようなインデックスが 12 と 26 の行の「都道府県」，「総人口」，「出生数」の列を抽出しています．

コード **3.16**　データフレームの行と列の条件抽出

```
df.loc[[12, 26], ['都道府県', '総人口', '出生数']]
```

(e)　値の更新

抽出したデータフレームの行や列の値は，次のように代入により更新できます．

コード **3.17**　データフレームの行と列の値の更新

```
df.loc[[12, 26], ['総人口', '出生数']] = 0
```

3.3　NumPy ライブラリ

3.3.1　NumPy のインポート

NumPy ライブラリ [11]（以下，NumPy）では，**配列**というデータ構造により，データを効率的に操作するための機能が提供されています．また，配列に対するさまざまな操作を行うための関数も提供されています．NumPy

---

11)　https://numpy.org/

は以下のようにインポートして使用できます（別名を np としてインポート
しています）.

コード **3.18** NumPy のインポート

```
import numpy as np
```

3.3.2　配列の作成

NumPyでは,データを多次元配列のオブジェクトとして扱います. NumPy
の関数 array [12)]を用いて,次のようにリストやタプルから配列のオブジェ
クトを作成できます. 変数 array_1d, array_2d にはそれぞれ,リストから
作成された1次元の配列,リストのリストから作成された2次元の配列が代
入されます. 変数 array_1d, array_2d の値は array(...) で表される配列
のオブジェクトになっています.

コード **3.19**　1 次元配列の作成

```
array_1d = np.array([1, 2, 3, 4])
array_1d
```

実行結果

```
array([1, 2, 3, 4])
```

コード **3.20**　2 次元配列の作成

```
array_2d = np.array([[1, 2, 3], [4, 5, 6]])
array_2d
```

実行結果

```
array([[1, 2, 3],
       [4, 5, 6]])
```

配列には,整数,浮動小数点,文字列,真理値などさまざまな種類の値を
要素とすることができますが,リストと異なり,配列では異なる種類の値を
要素として混在させることはできません [13)].

---

12)　`numpy.array`
13)　配列の要素の種類を明示的に設定するには,配列の作成時に dtype 引数に配列の要素の型を
　　　指定します.

3.3.3 配列の形状

配列オブジェクトの ndim 属性 [14] により，配列の次元を確認できます．また，配列オブジェクトの shape 属性 [15] により，配列の形状を確認できます．形状は配列の各次元の要素の数を表し，タプルで表されます．先の配列 array_1d の次元は 1，形状は (4,) となります．また，先の配列 array_2d の次元は 2，形状は (2, 3) となります．

コード **3.21** 配列の次元と形状

```
print('次元数:', array_1d.ndim, '形状:', array_1d.shape)
print('次元数:', array_2d.ndim, '形状:', array_2d.shape)
```

実行結果
```
次元数: 1 形状: (4,)
次元数: 2 形状: (2, 3)
```

配列オブジェクトの reshape メソッド [16] により，配列の形状を変換する [17] ことができます．以下では，配列 array_1d を (2, 2) の形状の配列に，配列 array_2d を (1, 6) の形状の配列にそれぞれ変換しています．変換後の配列の形状の 1 つの値が決まっているとき，残りの形状の値を-1 と指定すると変換前の配列の形状から推測された値が自動的に指定されます．

コード **3.22** 配列の形状の変換

```
array_1d.reshape(2, 2)
```

実行結果
```
array([[1, 2],
       [3, 4]])
```

コード **3.23** 配列の形状の変換

```
array_2d.reshape(1, -1)
```

実行結果
```
array([[1, 2, 3, 4, 5, 6]])
```

---

14) numpy.ndarray.ndim
15) numpy.ndarray.shape
16) numpy.ndarray.reshape
17) reshape メソッドは元の配列オブジェクトを参照するビューを返します．

3.3.4　関数による配列の作成

NumPy の関数 arange [18] により，任意の開始値，終了値（終了値は配列の要素に含まない），刻み幅（省略した場合は 1）を指定して配列を作成できます．以下では，開始値 0，終了値 10，刻み幅 1 として，0 から 9 までの値を要素とする配列を作成しています．

コード **3.24**　関数 arange による配列の作成

```
np.arange(0, 10, 1)
```

実行結果

```
array([0, 1, 2, 3, 4, 5, 6, 7, 8, 9])
```

NumPy の関数 zeros [19] により，0 の値を要素とする配列を作成できます．以下では，5 つの 0 の値を要素とする配列を作成しています．

コード **3.25**　関数 zeros による 1 次元配列の作成

```
np.zeros(5)
```

実行結果

```
array([0., 0., 0., 0., 0.])
```

多次元の配列を作成する場合は，関数 zeros にタプルで配列の形状を与えます．以下では，0 の値を要素とする形状 (3, 3) の 2 次元配列を作成しています．

コード **3.26**　関数 zeros による 2 次元配列の作成

```
np.zeros((3, 3))
```

実行結果

```
array([[0., 0., 0.],
       [0., 0., 0.],
       [0., 0., 0.]])
```

同様に，関数 ones [20] により，1 の値を要素とする配列を作成できます．以下では，1 の値を要素とする形状 (3, 3) の 2 次元配列を作成しています．

---

18)　numpy.arange
19)　numpy.zeros
20)　numpy.ones

コード **3.27** 関数 ones による 2 次元配列の作成

```
np.ones((3, 3))
```

実行結果
```
array([[1., 1., 1.],
       [1., 1., 1.],
       [1., 1., 1.]])
```

3.3.5 配列の要素の取得

リストと同様に，インデックスやスライスを用いて配列の要素を取得できます．以下では，先の 1 次元配列 array_1d の先頭要素の 1 と終端要素の 4 をそれぞれ取得しています．

コード **3.28** 1 次元配列の先頭要素の取得

```
array_1d[0]
```

コード **3.29** 1 次元配列の終端要素の取得

```
array_1d[-1]
```

以下では，array_1d の先頭から 2 番目までの要素を取得しています．

コード **3.30** スライスによる 1 次元配列の要素の取得

```
array_1d[0:2]
```

実行結果
```
array([1, 2])
```

2 次元配列では，次のように行に対応するインデックスと列に対応するインデックスを添字指定して要素を取得できます．以下では，先の 2 次元配列 array_2d の先頭行（インデックスは 0）と先頭から 3 番目の列（インデックスは 2）に対応する要素 3 を取得しています．

コード **3.31** 2 次元配列の要素の取得

```
array_2d[0, 2]
```

実行結果
```
3
```

このとき，`array_2d[0][2]` のようにインデックスを添字指定することもできます．同様に，スライスを用いて 2 次元配列の任意の行と列の要素を取得できます．以下では，`array_2d` の先頭から 2 番目までの行と先頭から 2 番目までの列に対応する要素を 2 次元配列として取得しています．

コード **3.32** スライスによる 2 次元配列の要素の取得

```
array_2d[0:2, 0:2]
```

実行結果
```
array([[1, 2],
       [4, 5]])
```

インデックスやスライスで取得した配列の要素の値は代入により更新できます．

3.3.6   インデックス参照による配列の要素の取得

(a)   ファンシーインデックス参照

配列では，整数値を要素とするリストあるいは配列を添字指定することで，整数値をインデックスとして指定された並びの順で要素を取得できます．このような操作をファンシーインデックス参照と呼びます．以下では，`array_1d` の要素をインデックスが 3, 1, 2 の順に取得しています．

コード **3.33** ファンシーインデックス参照

```
array_1d[[3, 1, 2]]
```

実行結果
```
array([4, 2, 3])
```

インデックス参照では元の配列のコピーが返るため，取得した配列の要素を変更しても元の配列には変更は反映されません．

(b)   ブールインデックス参照

配列に比較演算子を用いると，配列の要素ごとに比較演算を行った結果を要素とする新たな配列を返します．以下では，先の配列 `array_1d` の各要素について値が 3 未満であれば `True`，そうでなければ `False` を要素とする配列が返ります．

コード **3.34** 配列の比較演算

```
array_1d < 3
```

実行結果
```
array([ True, True, False, False])
```

このような **True** また **False** の真理値を要素とする配列を添字指定することで，インデックス参照により次のように配列から **True** に対応する要素からなる配列を取得できます．このような操作をブールインデックス参照と呼びます．

コード **3.35** ブールインデックス参照

```
array_1d[array_1d < 3]
```

実行結果
```
array([1, 2])
```

3.3.7 配列の算術演算

数値と配列の算術演算は，配列の要素ごとに数値と算術演算を行った結果を要素とする新たな配列を返します．以下では，先の配列 **array_1d** の各要素の値を 2 倍した値を要素とする配列が返ります．

コード **3.36** 数値と配列の算術演算

```
2 * array_1d
```

実行結果
```
array([2, 4, 6, 8])
```

配列と配列の算術演算は，2 つの配列の対応する要素ごとに算術演算をした新たな配列を返します．以下では，先の配列 **array_1d** と **array_1d** の対応する要素同士の積を要素とする配列が返ります．

コード **3.37** 配列同士の算術演算

```
array_1d * array_1d
```

実行結果
```
array([ 1,  4,  9, 16])
```

同様に以下では，先の配列 array_2d と array_2d の対応する要素同士の和を要素とする配列が返ります．

コード **3.38**　配列同士の算術演算

```
array_2d + array_2d
```

実行結果
```
array([[ 2,  4,  6],
       [ 8, 10, 12]])
```

3.3.8　ユニバーサル関数

NumPy には，ユニバーサル関数と呼ばれる配列の各要素に操作を適用可能な関数の集合が準備されています．配列をユニバーサル関数に与えると，配列の要素ごとに関数の操作を適用した結果を要素とする新たな配列を返します．以下では，累乗を計算するユニバーサル関数 power [21]により，先の配列 array_1d の各要素の値を 2 乗した値を要素とする配列が返ります．

コード **3.39**　ユニバーサル関数による配列の操作

```
np.power(array_1d, 2)
```

実行結果
```
array([ 1,  4,  9, 16])
```

3.3.9　ブロードキャスト

コード 3.36 に示した数値と配列の算術演算は，配列 array_1d の形状 (4,) と同じ形状で要素の値がすべて 2 の配列を用意して，次のように配列同士の演算を行っていると考えることができます．

コード **3.40**　コード 3.36 を配列同士の演算として解釈

```
np.array([2, 2, 2, 2]) * array_1d
```

このように形状の異なる配列同士の演算を行う際に，配列の形状が自動的に変換されることをブロードキャストと呼びます．

以下では，形状が (3,) の配列 np.array([2, 2, 2]) と形状が (2, 3) の

---

21)　numpy.power

先の配列 `array_2d` の演算において，`np.array([2, 2, 2])` は，`np.array`
`([[2, 2, 2], [2, 2, 2]])` のように形状が (2, 3) にブロードキャスト
されることで `array_2d` との対応する要素同士で演算が行われます．

コード **3.41**　ブロードキャストによる配列同士の演算

```
np.array([2, 2, 2]) * array_2d
```

実行結果
```
array([[ 2,  4,  6],
       [ 8, 10, 12]])
```

3.4　Matplotlib ライブラリ

3.4.1　Matplotlib のインポート

Matplotlib ライブラリ [22]（以下，Matplotlib）は，NumPy ライブラリ
の上に構築されたデータ可視化のためのライブラリです．Matplotlib に含ま
れている pyplot モジュール（以下，pyplot）では，基本的なグラフを描画す
るための機能が提供されています．Matplotlib の pyplot は，以下のように
インポートして使用できます（別名を `plt` としてインポートしています）．

コード **3.42**　Matplotlib の pyplot のインポート

```
import matplotlib.pyplot as plt
```

3.4.2　散布図の描画

pyplot の関数 `scatter` [23]を用いて散布図を描画できます．関数 `scatter`
には，散布図の点の横軸の座標を表す配列，縦軸の座標を表す配列をそれぞ
れ指定します．配列の代わりにリストや pandas のシリーズを指定すること
もできます．

以下では，NumPy の関数 `arange` を用いて配列 `x1`，配列 `y1` を作成して
います（NumPy をあらかじめインポートしておきます）．2 つの配列を関数

---

22)　https://matplotlib.org/
23)　matplotlib.pyplot.scatter

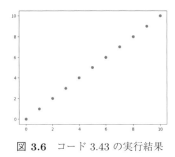

図 **3.6**　コード 3.43 の実行結果

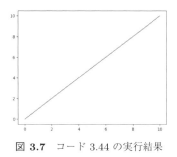

図 **3.7**　コード 3.44 の実行結果

scatter に指定し，pyplot の関数 show [24])を用いて図 3.6 に示すような散布図を描画します．

コード **3.43**　散布図の描画

```
x1 = np.arange(0, 11)
y1 = np.arange(0, 11)
plt.scatter(x1, y1)
plt.show()
```

関数 scatter では，散布図の点の色（引数 color または c），点の形状（引数 marker），点の大きさ（引数 s），点の透明度（引数 alpha）などをそれぞれ引数に指定して描画できます [25)]．

3.4.3　線グラフの描画

pyplot の関数 plot [26)]を用いて線グラフを描画できます．関数 plot では，配列で指定された座標を線でつないだグラフを描画します．配列の代わりにリストや pandas のシリーズを指定することもできます．配列を 1 つだけ指定すると配列のインデックスを横軸の座標の値，インデックスに対応した配列の要素の値を縦軸の座標の値として，それらの座標を線でつないだグラフを描画します．以下では，先の配列 x1 と y1 を関数 plot に指定し，関数 show を用いて図 3.7 に示すような線グラフの図を描画しています．

---

24)　matplotlib.pyplot.show
25)　たとえば，plt.scatter(x1, y1, c='red', marker='*') のように指定すると，点を赤の星印で描画します．
26)　matplotlib.pyplot.plot

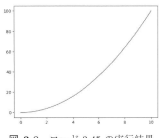

図 **3.8** コード 3.45 の実行結果

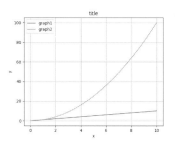

図 **3.9** コード 3.46 の実行結果

コード **3.44** 線グラフの描画

```
plt.plot(x1, y1)
plt.show()
```

関数 plot では，グラフの線の色（引数 color または c），線の形状（引数 linestyle または ls），点の形状（引数 marker）などをそれぞれ引数に指定して描画できます [27]．

関数 plot で線グラフを描画する際，座標を増やすことにより任意の曲線のグラフを描画できます．以下では，まず横軸の座標を表す配列 x2 を作成し，その各要素を 2 乗した値をもとに，縦軸の座標を表す配列 y2 を作成しています．これらの配列で表される座標を線でつなぐことにより図 3.8 に示すような曲線のグラフを描画できます．

コード **3.45** 曲線のグラフの描画

```
x2 = np.arange(0, 10.1, 0.1)
y2 = x2 ** 2
plt.plot(x2, y2)
plt.show()
```

3.4.4 グラフの情報の描画

グラフを描画する際に，次の関数を使うことで，タイトル，軸のラベル，グリッド，凡例などの情報を含めて描画することができます．関数 title [28] に

---

27) たとえば，plt.plot(x1, y1, c='blue', ls='dashed') のように指定すると，線を青の破線で描画します．

28) matplotlib.pyplot.title

はタイトルを文字列で指定します．関数 xlabel [29)] には横軸のラベルを文字列で指定します．同様に，関数 ylabel [30)] には縦軸のラベルを文字列で指定します．関数 grid [31)] に True を指定することでグリッドを表示します．関数 plot の label 引数にグラフのラベルを文字列で指定し，関数 legend [32)] でグラフの凡例を表示します．以下を実行すると，図 3.9 に示すようにこれらの情報がグラフとともに描画されます．

コード **3.46**　グラフの情報の描画

```
plt.plot(x1, y1, label='graph1')
plt.plot(x2, y2, label='graph2')
plt.title('title')
plt.xlabel('x')
plt.ylabel('y')
plt.grid(True)
plt.legend()
plt.show()
```

演習問題

問 1　以下の関数 $f(x)$ は，入力 x の値に対して 0 から 1 の間の値 $(0 < f(x) < 1)$ を出力するような関数です．関数中の $\exp(\cdot)$ はネイピア数 e を底とする指数関数 e^x を表し，NumPy のユニバーサル関数 exp [33)] で計算することができます．

$$f(x) = \frac{1}{1 + \exp(-x)}$$

関数の入力として，たとえば次のように 10 から -10 の範囲の値を要素とする配列を作成した上で，関数 $f(x)$ に対応するグラフを描画するプログラムを実装してください．その際，適切に設定したグラフのタイトルと横軸と縦軸のラベルを併せて描画するようにしてください．

コード **3.47**　関数の入力を表す配列の作成

```
x = np.arange(-10, 10.1, 0.1)
```

---

29)　matplotlib.pyplot.xlabel
30)　matplotlib.pyplot.ylabel
31)　matplotlib.pyplot.grid
32)　matplotlib.pyplot.legend
33)　numpy.exp

第4章

データ分析の基礎

本章ではデータ分析の基礎について学びます. まず, データの表現の仕方とデータの種類について整理します. 次に, データの収集について学んだ上で, データを観察してその特徴を理解するための方法として記述統計量の計算や可視化について学びます. 最後に, 実際にデータ解析を行うにあたり, 前処理として必要となる欠損値や外れ値の処理などのデータの整形と加工について学びます. 本章の学習を通して, データ解析を行う準備となるデータの収集から前処理までの一連の基本的な処理について理解し, 実データに対してそれらの処理を実際に適用することができるようになることを目標とします.

4.1 データとは

4.1.1 データの表現

図 4.1 は, 独立行政法人統計センターがデータサイエンス教育のための汎用素材として公開している統計データである, 教育用標準データセット (SSDSE) の基本素材 (SSDSE-E) に収録されているデータを示しています. 同データは, さまざまな調査により収集された都道府県別の統計データをまとめたものになっています. たとえば, 総人口の統計データは国勢調査のデータが, 家計の消費支出のデータは家計調査のデータがそれぞれもとになっています. 統計データがどのような調査に基づき収集されたものであるかは「SSDSE-基本素材の解説」[1]で確認することができます.

SSDSE-E のデータでは, 各都道府県を対象として, 各種調査により得られ

---

1) https://www.nstac.go.jp/sys/files/kaisetsu-E-2022v2.pdf

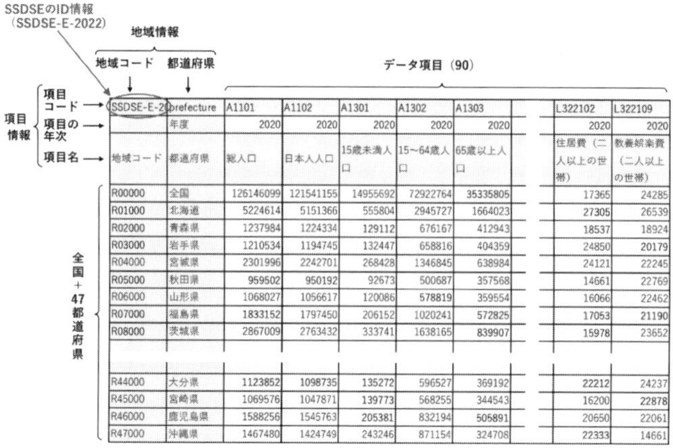

SSDSE-E-20	prefecture	A1101	A1102	A1301	A1302	A1303		L322102	L322109
	年度	2020	2020	2020	2020	2020		2020	2020
地域コード	都道府県	総人口	日本人人口	15歳未満人口	15~64歳人口	65歳以上人口		住居費（二人以上の世帯）	教養娯楽費（二人以上の世帯）
R00000	全国	126146099	121541155	14955692	72922764	35335805		17365	24285
R01000	北海道	5224614	5151366	555804	2945727	1664023		27305	26539
R02000	青森県	1237984	1224334	129112	676167	412943		18537	18924
R03000	岩手県	1210534	1194745	132447	658816	404359		24850	20179
R04000	宮城県	2301996	2242701	268428	1346845	638984		24121	22245
R05000	秋田県	959502	950192	92673	500687	357568		14661	22769
R06000	山形県	1068027	1056617	120086	578819	359554		16066	22462
R07000	福島県	1833152	1797450	206152	1020241	572825		17053	21190
R08000	茨城県	2867009	2763432	333741	1638165	839907		15978	23652
R44000	大分県	1123852	1098735	135272	596527	369192		22212	24237
R45000	宮崎県	1069576	1047871	139773	568255	344543		16200	22878
R46000	鹿児島県	1588256	1545763	205381	832194	505891		20650	22061
R47000	沖縄県	1467480	1424749	243246	871154	324708		22333	14661

図 4.1　教育用標準データセットの基本素材（SSDSE-E）（独立行政法人統計センター「SSDSE-基本素材の解説」より引用）

たデータがまとめられています．このように，調査あるいは実験による観測によって，その対象に関する数値や属性などの観測値をまとめたものを**データ**と呼びます．データは一般に，個々の観測対象について項目ごとに観測値がまとめられます．たとえば，SSDSE-E のデータでは，各都道府県について総人口，消費支出などの項目の値がまとめられています．このように，ある時点における観測対象の項目をまとめたデータは**クロスセクションデータ**と呼ばれ，各観測対象に対応する行と各項目に対応する列からなるテーブル（表）の形式で表すことができます．このとき，行をレコード，サンプル，標本などと呼ぶこともあります．また，列を変数，属性，特徴などと呼ぶこともあります．本章においては，データの項目を変数として呼ぶこともあります．

4.1.2　データの種類

(a)　量的データと質的データ

データはその性質によっていくつかの種類に分けられます．SSDSE-E のデータの「総人口」の項目のように定量的な値で表されるものを**量的データ**と呼びます．一方，「都道府県」の項目の値は 47 都道府県名のいずれかであり，定量的な観測値ではありません．このように，対象があるカテゴリに属していることや，ある状態にあることを表すデータを**質的データ**と呼びます．量

的データには，長さ，重さ，温度，西暦など対象の値を数値で測定できるものが含まれます．量的データには，連続的な値を持つ**連続データ**と離散的な値を持つ**離散データ**があります．質的データには，都道府県，天気，ランキングなど対象の値をカテゴリや状態で表すものが含まれます．

(b) 尺度水準

尺度水準の性質により，質的データは名義尺度と順序尺度のデータに，量的データは間隔尺度と比例尺度のデータにそれぞれ分けられます．**名義尺度**のデータでは，対象の値が数値や属性の集合（たとえば，都道府県や天気）で表されますが，それらは順序関係や大小関係を持ちません．**順序尺度**のデータでは，対象の値が順序関係を持った数値や属性の集合（たとえば，ランキング）で表されます．**間隔尺度**のデータでは，対象の値が順序関係に加えて，それらの差に意味を持つ数値の集合（たとえば，温度や西暦）で表されます．**比例尺度**のデータでは，対象の値が順序関係と差に加えて，それらの比に意味を持つ数値の集合（たとえば，長さや重さ）で表されます．

(c) 非構造化データ

行と列からなる表形式で表すことができるデータは**構造化データ**に分類されます [2]．一方，テキスト，画像，音声，動画などのデータはそれぞれの表現形式があり，必ずしも対象が表形式で表されていません．このようなデータを**非構造化データ**と呼びます．非構造化データを処理して構造化データとして表すこともできます．たとえば画像のデータであれば，画像を構成する各画素の値の情報をもとにデータを表形式で表すことができます．また，第5章で説明するようにテキストの集合を表形式で表すこともできます．

4.2 データの収集

4.2.1 データ分析と問題解決

現在の状態と目標とすべき状態の差を一般に「問題」と呼びます．そのような差を解消するために解決策を立て，実行することを**問題解決**と呼びます．問題解決では，問題に関してまず検証可能な形の課題を設定します．次に，

---

2) 大規模な構造データは，データを複数の表（テーブル）として管理する関係データベースで処理することもあります．

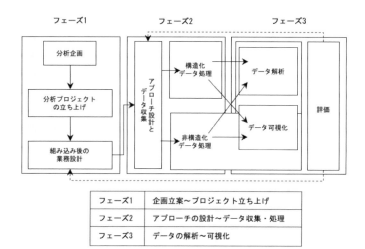

図 **4.2**　データサイエンティストの業務のフェーズ（情報処理推進機構（IPA）「データサ
　イエンティストのためのタスクリスト」をもとに改編）

その課題に対する仮説を設定し，調査や実験などの計画を立案し実行します．
データ分析による問題解決では，必要となるデータを収集し，この問題解決
のプロセスを実行していきます．

　情報処理推進機構（IPA）は「データサイエンティストのためのタスクリス
ト」[3]において，データサイエンティストの業務をフェーズに分けて整理して
まとめています（図 4.2）．最初のフェーズ 1 は，分析企画から始まります．
どのような問題を解決したいかに基づき，取り組むべき課題を決定し，分析
プロジェクトを立ち上げます．次のフェーズ 2 では，どのようにデータ分析
を進めるかのアプローチ設計を行います．アプローチ設計では，分析の目的
を踏まえて，必要なデータやデータ処理の方針を決定し，それに基づき具体
的なデータの収集を行います．フェーズ 3 では，それまでのフェーズで準備
したデータの解析および可視化を行います．以下では，データ解析の前段階
となるデータ収集，データの観察と理解，データの整形と加工についてそれ
ぞれ具体的に説明します．

---

3)　https://www.ipa.go.jp/jinzai/skill-standard/plus-it-ui/itssplus/data_science.
html

4.2.2 データ収集の方法

分析に必要なデータが存在しない，あるいは不十分である場合は，調査や実験によってデータの**収集**を行う方法があります．たとえば，SSDSE の統計データはさまざまな調査により集められたデータがもとになっています．また，測定や試験などの実験や現象の観測を通してデータを集めることもできます．調査や実験を通して，ある目的のもとで独自に収集したデータを **1次データ**と呼びます．しかし，調査や実験によって自らデータ収集を行うには多大な費用や時間が必要となることがあります．データ分析においては，分析の目的に合致したデータがすでに存在する場合は，自らデータ収集を行う代わりにそれらの既存のデータを利活用することも多く行われます．そのようなデータには行政・研究機関，企業や個人などの第三者が調査や実験を行い収集したデータがあります．このようなデータを **2次データ**と呼びます．また，複数のデータを整形・加工して利用しやすい形でまとめられたデータを **3次データ**と呼びます．SSDSE は国や行政機関が収集して公開している2次データをまとめた3次データとなっています．

調査や実験などある目的を持って収集するデータに対して，データが集まる仕組みを構築し，その上でデータを収集することも考えられます．そのようなデータに**ログデータ**があります．たとえば，ウェブサイトやアプリでは利用者のアクセス，閲覧，検索，購買などの行動データをログデータとして集めることができます [4]．また，実世界では携帯電話の GPS 機能や携帯電話と基地局との接続情報により，利用者の位置データや行動データをログデータとして集めることができます．近年の IoT センサにより，分散された膨大な機器の稼働状況をログデータとして集めることも可能になりました．この他，ウェブの情報を自動的に収集するウェブクローラーやそれらの情報から特定のデータを抽出するスクレイピングを用いることで，膨大なウェブの情報からデータを収集することもできます [5]．

---

4) 収集したデータが個人情報を含む場合は，あらかじめ利用目的を公表しておくか，または取得後速やかに利用目的を本人に知らせ同意を取る必要があります．同意された目的以外の目的にデータを利用することはできません．

5) データの収集にあたっては，ウェブサイトの利用規約に従うとともに著作権法を遵守するよう十分留意する必要があります．

4.2.3　データ収集の留意点

収集するデータの偏りを**バイアス**と呼びます．特に，調査や実験において観測したものと観測しなかったものの間の性質の差によって生じるバイアスを**選択バイアス**と呼びます．また，調査や実験の方法によって生じるバイアスを**情報バイアス**と呼びます．たとえば，調査における観測者の先入観，観測対象の過少申告や過剰反応などは情報バイアスとなることがあります．

調査や実験において観測された値と真の値の差を**誤差**と呼びます．特に，偶然に生じるような誤差を**偶然誤差**と呼びます．偶然誤差は観測したデータのばらつきに対応します．一方，系統的に発生する一定の傾向を持つ誤差を**系統誤差**と呼びます．データの収集においては，データのバイアスや誤差に十分留意します．

4.2.4　データセット

ウェブ上では，さまざまなデータが利用しやすい形にまとめられたデータセットとして公開されています．たとえば，政府統計のポータルサイトである「e-Stat」[6)]では，国内のさまざまな統計データを検索して入手することができます．教育用標準データセットのもとになっている「統計でみる都道府県・市区町村のすがた（社会・人口統計体系)」のデータ[7)]も e-Stat において閲覧やダウンロードすることができます．また，e-Stat の統計ダッシュボード[8)]では，統計データをグラフとして可視化しながら閲覧することができます．

同様の機能は，産業構造や人口動態，人流などのデータを可視化するシステムである地域経済分析システム（RESAS）の利活用サイト RESAS Portal[9)]でも提供されています．また，RESAS のサマリーサイトからは地域経済に関する官民のさまざまなデータをダウンロードすることができます．

公開されているデータの形式には，データの観測値を「，（カンマ)」で区切って表した CSV 形式，データの観測値をその種類を示すタグとともに表し

---

6)　https://www.e-stat.go.jp/
7)　https://www.e-stat.go.jp/regional-statistics/ssdsview
8)　https://dashboard.e-stat.go.jp/
9)　https://resas-portal.go.jp/

たXML形式などがあります．XML形式はウェブAPIを用いてウェブサービスからデータを取得する際にも利用されます．**ウェブAPI**は，ウェブ上で公開されている情報や機能の一部をプログラムから呼び出して利用するための仕様であり，APIを公開しているウェブサーバに対してリクエストを送信すると，その結果を機械処理可能なXML形式やJSON形式[10]の文字列で取得できます．e-Stat[11]やRESAS[12]においてもウェブAPIが提供されており，効率的にデータの収集を行うことができます．

ウェブ上の公開データをダウンロードしたり，ウェブAPIでデータを取得したりする際は，そのデータの公開元，データの収集方法や内容などの検証を行い，データの信憑性を確認することが重要です．たとえば，調査から得られたデータであれば，誰が行ったものか，全数調査か標本調査か，誰・何を対象としたものか，いつの時点のものか，どの地域を対象としたものか，分類の定義はどうなっているのか，などを検証します．

4.3 データの観察と理解

収集したデータを実際に処理するにあたっては，まず対象のデータを観察し，その特徴を理解した上で処理を行います．たとえば，度数分布やヒストグラムを用いることで，データの値がどのように散らばっているかを視覚的に把握することができます．また，データの記述統計量を計算して数量化することにより，データの散らばり方の特徴をより客観的に記述することができます．

4.3.1 ヒストグラム

データのとりうる値を複数の**階級**に分け[13]，各階級に含まれる値を数えた**度数**を表にまとめたものを**度数分布表**と呼びます．各階級の値の範囲を階

---

10) JSON（JavaScript Object Notation）は JavaScript のオブジェクト記法に基づくデータ
の記述形式です．

11) https://www.e-stat.go.jp/api/

12) https://opendata.resas-portal.go.jp/

13) 階級の数には一般にデータのサンプルの数の平方根が採用されることがあります．この他に，
スタージェスの公式により階級の数を決定する方法もあります．

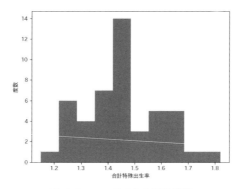

図 4.3　コード 4.3 の実行結果

級幅，各階級を代表する値を階級値と呼びます．一般にはその階級の上限値
と下限値の中間値を階級値とします．度数（または全体の度数の総和に占め
る度数の割合）を棒の長さとして表し，それらの棒を並べたグラフで表した
ものを**ヒストグラム**と呼びます．階級幅は一般に等しくとりますが，階級幅
を変えることもあります [14]．

　度数分布表を作成し，ヒストグラムとして可視化することで，データの値
がどのように散らばっているかを視覚的に把握することができます．たとえ
ば，試験の得点データの値は一般に中央付近に山（単峰性）がある形に散ら
ばります．データの散らばり方の傾向はこの他にも，山が長い裾を持ったよ
うなもの，複数の山（多峰性）があるもの [15] などさまざまな形があります．

　以下では，SSDSE-E のデータからデータフレームを作成し，「合計特殊出生
率」の項目についてヒストグラムを可視化しています．まず，Matplotlib を日
本語での表示に対応させる japanize_matplotlib モジュールをインストールし
てインポートしておきます．ヒストグラムは Matplotlib の pyplot モジュー
ルの関数 hist [16] を用いて描画しています．ここでは，関数 hist にデータ
フレーム df の列（シリーズ）を指定しています [17]．階級の数は，関数 hist

---

14) 階級幅を変える場合は，棒の面積が度数に比例するようにし，それらの面積の和が全体で 1
　となるように縦軸の値を設定します．
15) 多峰性のように異なる性質のデータが混ざっている場合は，性質ごとにデータを分けた上で
　分析を行うことがあります．このことを層別といいます．
16) `matplotlib.pyplot.hist`
17) データフレームの hist メソッドを用いて，`df[' 合計特殊出生率']`.hist() のように pyplot
　モジュールの関数 hist を呼び出すこともできます．

の引数 bins に指定できます（デフォルトは 10）．

コード **4.1** japanize_matplotlib のインストール

```
!pip install japanize_matplotlib
```

コード **4.2** csv ファイルの読み込みとデータフレームの作成

```
import matplotlib.pyplot as plt
import japanize_matplotlib
import pandas as pd
URL = (
    'https://www.nstac.go.jp/sys/files/SSDSE-E-2022v2.csv'
)
df = pd.read_csv(URL, skiprows=[0, 1, 3],
                 encoding='shift_jis')
```

コード **4.3** ヒストグラムの描画

```
plt.hist(df['合計特殊出生率'])
plt.xlabel('合計特殊出生率')
plt.ylabel('度数')
plt.show()
```

プログラムを実行すると図 4.3 に示すようなヒストグラムが描画されます．ヒストグラムの中央付近の階級に最も多い 14 個のサンプルがあることがわかります [18]．

4.3.2　記述統計量

データの散らばり方の特徴を記述する統計量を**記述統計量**と呼びます．記述統計量のうち，**平均値**，**中央値**，**最頻値**（データの中でも最も頻繁に現れる値）など，全体のデータを代表するような値を**代表値**と呼びます [19] [20]．また，データの散らばり方の特徴を定量的に表す指標を**散らばりの尺度**と呼

---

[18]　関数 hist は各階級の度数を要素とする配列と階級の境界値を要素とする配列を返り値として返します．これにより，度数や階級幅の情報を取得することができます．ここでは，階級の境界値は [1.15, 1.217, 1.284, 1.351, 1.418, 1.485, 1.552, 1.619, 1.686, 1.753, 1.82] となります．

[19]　平均値は量的データに，中央値は量的データと順序尺度データに，最頻値は量的データと質的データにそれぞれ用いることができます．

[20]　実データでは，平均値，中央値，最頻値は異なる値であることが多いです．たとえば，データが右に長く裾を持った形で散らばっている場合は，一般に平均値は外れ値の影響を受けて大きくなり，中央値，最頻値の順に値が小さくなる傾向があります．

び，そのような尺度として**分散**や**標準偏差**があります[21]．

　データの変数 x の m 個の値 $x^{(1)}, \ldots, x^{(m)}$ について，それらの総和を m で割った値を x の値の**平均値** $\bar{x}$ と呼び，次のように計算できます．

$$\bar{x} = \frac{1}{m} \sum_{i=1}^{m} x^{(i)}$$

x の値の標本分散 s^2 は，平均値 $\bar{x}$ を用いて次のように計算できます．

$$s^2 = \frac{1}{m} \sum_{i=1}^{m} (x^{(i)} - \bar{x})^2$$

標本分散は変数の各値 $x^{(i)}$ と平均値 $\bar{x}$ との差（平均値からの偏差）の 2 乗を平均したものとなっています．標本標準偏差は標本分散 s^2 の平方根 $\sqrt{s^2}$ として計算できます．データの散らばりが大きい（小さい）ほど分散や標準偏差の値は大きく（小さく）なります．

　データの値を小さい順に並び替え，4 等分したときの分割点を四分位点と呼びます[22]．最初の分位点から順に，**第 1 四分位数**，**第 2 四分位数**，**第 3 四分位数**と呼びます．分位点がデータの値の間に位置する場合は，その両端の値の平均値を分位数とします．第 2 四分位数は中央値に対応します．第 3 四分位数と第 1 四分位数の差を**四分位範囲**と呼びます．また，データの値の最大値と最小値の差を単に**範囲**（レンジ）と呼びます．最大値，最小値，第 1 四分位数，第 2 四分位数（中央値），第 3 四分位数をデータの**五数要約**と呼びます．分散や標準偏差はデータのすべての値をもとに計算した散らばりの尺度であり，データが平均値のまわりにどれくらい集中しているかの度合いを表しています．一方，四分位範囲や範囲は，データの散らばりの度合いを分位数，最大値，最小値といったデータの代表的な値をもとに表しています．

　以下では，SSDSE-E のデータの「合計特殊出生率」の項目について，記述統計量を計算しています．データフレームの describe メソッド[23]を用いると，指定した列の記述統計量（mean（平均値），std（標本標準偏差），min

---

21)　分散や標準偏差は量的データに用いることができます．
22)　四分位点の求め方にはいくつか方法があり，方法によっては異なる値となることがあります．
23)　`pandas.DataFrame.describe`

（最小値），25%（第1四分位数），50%（第2四分位数（中央値）），75%（第3四分位数），max（最大値））を計算できます [24]．

コード **4.4** データフレームの `describe` メソッドによる記述統計量の計算

```
df['合計特殊出生率'].describe()
```

実行結果
```
count    47.000000
mean      1.454894
std       0.140633
min       1.150000
25%       1.380000
50%       1.460000
75%       1.545000
max       1.820000
Name: 合計特殊出生率, dtype: float64
```

4.3.3 箱ひげ図

五数要約は図 4.4 に示すような**箱ひげ図**として可視化することができます．箱ひげ図は，五数要約をもとにデータの散らばり方の傾向を「箱」と「ひげ」により表したものです．これにより，散らばり方の特徴を容易に把握することができます．箱ひげ図では，データの値の第1四分位数から第3四分位数の範囲（四分位範囲）を箱として，中央値で箱を仕切ります．第1四分位数（$Q1$）と第3四分位数（$Q3$）からそれぞれ四分位範囲（IQR）の 1.5 倍の値（$Q1 - 1.5 \times IQR$ と $Q3 + 1.5 \times IQR$）をヒゲとして表します．ヒゲの外にあるデータの値は外れ値として白丸で表します [25]．

以下では，Matplotlib の pyplot モジュールの関数 boxplot [26]を用いて，SSDSE-E のデータの「合計特殊出生率」の項目について箱ひげ図を描画しています．ここでは，関数 boxplot にデータフレーム df の列（シリーズ）を指定しています [27]．複数の箱ひげ図を並べて描画することもできます．デー

---

24) 平均値，標本標準偏差，最小値，中央値，最大値はそれぞれデータフレームの mean, std, min, median, max の各メソッドを用いて計算することもできます．
25) 外れ値を考慮せず，単純にデータの値の最大値，最小値をヒゲとして表す方法もあります．
26) `matplotlib.pyplot.boxplot`
27) データフレームの boxplot メソッドを用いて，`df.boxplot(['合計特殊出生率'])` のようにして箱ひげ図を描画することもできます．

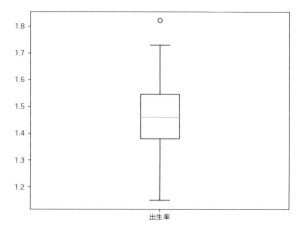

図 **4.4** コード 4.5 の実行結果

タフレームの場合は複数の列を boxplot に指定します．引数 labels には各箱ひげ図のラベル名を指定します．

コード **4.5** 箱ひげ図の描画

```
plt.boxplot(df['合計特殊出生率'], labels = ['出生率'])
plt.show()
```

プログラムを実行すると，図 4.4 に示すような箱ひげ図が描画されます．箱ひげ図の上端のヒゲの外側に白丸があり，外れ値が 1 つあることがわかります．外れ値については後述します．

4.3.4 散布図と相関係数

(a) 散布図

複数の変数からなるデータでは，ヒストグラムや記述統計量などによる各変数の特徴の観察に加えて，変数間の関係の特徴を観察することもデータの特徴を理解するため重要となります．特にデータの 2 つの量的変数について，各変数を座標軸としてそれらの変数の値を座標とする点を平面上に可視化したものを**散布図**と呼びます．散布図により，データの変数同士がどのような関係になっているかを視覚的に把握することができます．散布図の上でデータの散らばり方が何らかの傾向を持っていれば，変数間に関係がありそうだ

と推測ができます.

　以下では,まず,SSDSE-E のデータの「保育所等数」と「総人口」の項目をもとに,データフレーム df に各都道府県の人口 1 万人あたりの「保育所等数」の列を作成しています.その上で,Matplotlib の pyplot モジュールの関数 scatter [28] を用いて,「出生率」と「保育所等数」の関係を散布図として可視化しています.散布図では,「出生率」,「保育所等数」それぞれの平均値をデータフレームの mean メソッド [29] で計算し,それらの値に対応する破線 [30] を関数 axhline [31] を用いて描画しています.

コード 4.6　データフレームの列の作成

```
df['保育所等数'] = df['保育所等数（詳細票）']*10000 / df['総人口']
```

コード 4.7　散布図の描画

```
plt.scatter(df['合計特殊出生率'], df['保育所等数'])
plt.axvline(df['合計特殊出生率'].mean(), color='gray',
            linestyle='dashed')
plt.axhline(df['保育所等数'].mean(), color='gray',
            linestyle='dashed')
plt.xlabel('出生率')
plt.ylabel('保育所等数（1万人あたり）')
plt.show()
```

　プログラムを実行すると図 4.5 に示すような散布図が描画されます.散布図の点は,破線で分割される左下と右上の区画に散らばっており,都道府県の「出生率」と「保育所等数」の間の関係に右上がりの傾向があることがわかります.

　(b)　相関係数

　2 つの変数間の関係のことを,一般に相関関係と呼びます.散布図において 2 つの変数の間に直線関係に近い傾向が見られるときに「相関関係がある」といいます.このとき,一方の変数の増加につれて他方の変数も増加する場合,**正の相関**があるといいます.逆に,一方の変数の増加が他方の変数の減少と対応している場合,**負の相関**があるといいます.

---

28)　matplotlib.pyplot.scatter
29)　pandas.DataFrame.mean
30)　線の色は引数 color に,線の形状は引数 linestyle にそれぞれ指定できます.
31)　matplotlib.pyplot.axhline

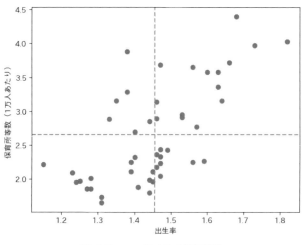

図 4.5　コード 4.7 の実行結果

相関の程度を示す指標に**相関係数**があります．2 つの変数 x と y の相関係数 r は，それらの変数の標本標準偏差 s_x と s_y およびそれらの変数間の標本共分散 s_{xy} を用いて次のように計算できます．

$$r = \frac{s_{xy}}{s_x s_y}$$

ここで，標本共分散 s_{xy} は各変数の偏差の積を平均したものであり，データが m 個のサンプルからなる場合，次のように計算できます．

$$s_{xy} = \frac{1}{m} \sum_{i=1}^{m} (x^{(i)} - \bar{x})(y^{(i)} - \bar{y})$$

相関係数の値は -1 から 1 の範囲となります．また，相関係数の符号は共分散の符号によって決まり，各変数の偏差がともに正，またはともに負であるほど共分散は正となり，正の相関となります．このとき，データを散布図で可視化すると右上がりの傾向となり，相関係数の値が 1 に近くなるほど直線関係に近い傾向となります．一方，各変数の偏差の符号が異なるほど共分散は負となり，負の相関となります．このとき，データを散布図で可視化すると右下がりの傾向となり，相関係数の値が -1 に近くなるほど直線関係に近い傾向となります．

　データのすべての変数間の組み合わせについて相関係数を計算し，行と列からなる表形式で並べたものを相関係数行列と呼びます．以下では，データフレームの corr メソッド[32]を用いてデータフレームの指定した列間の相関係数を計算し，図 4.6 に示すような相関係数行列を作成しています．「出生率」と人口 1 万人あたりの「保育所等数」の相関係数の値は約 0.67 となります．

コード **4.8**　相関係数行列の計算

```
df[['合計特殊出生率', '保育所等数']].corr()
```

	合計特殊出生率	保育所等数
合計特殊出生率	1.000000	0.673857
保育所等数	0.673857	1.000000

図 **4.6**　コード 4.8 の実行結果

　2 つの変数それぞれと相関が強い別の共通の変数がある場合に，共通の変数を間に挟んだ結果として観察される 2 つの変数の相関関係を**疑似相関**（見かけ上の相関）と呼びます．疑似相関はデータの誤った解釈につながることがあるため注意が必要です[33]．

　変数間に相関関係があることは，必ずしもそれらの変数間に因果関係（原因と結果の関係）があることにはなりません[34]．また，相関関係は変数間の直線的な関係ですが，因果関係には直線のような単純な関係の他にも複雑な関係が含まれます．そのため，変数間に因果関係があっても相関係数の絶対値は小さくなることもあります．

4.4　データの整形と加工

　収集したデータをもとに実際の解析を行う前に，データの整形や加工が必要なことがあります．先の IPA の「データサイエンティストのためのタスクリスト」では，データ収集に続く過程として「データ加工」が挙げられています．実際の解析処理の前に行うこれらの処理はデータの**前処理**とも呼ばれます．

---

32)　`pandas.DataFrame.corr`
33)　共通の変数が既知の場合，その影響を除いた相関の指標として偏相関係数があります．
34)　因果関係を正しく把握するためには因果推論という分析が必要になります．

　以下では，具体的なデータをもとにデータの整形と加工の処理を概観していきます．データとして，SSDSE の市区町村（SSDSE-A）を用います．同データはさまざまな分野の市区町村別の統計データをまとめたものになっています．統計データがどのような調査に基づき収集されたものであるかは「SSDSE-市区町村の解説」で確認することができます[35]．まず，SSDSE-A のデータに含まれる 1741 市区町村の「都道府県」，「市区町村」，「総人口」，「65 歳以上人口」の項目からなるデータフレーム df を作成します．ここでは，pandas ライブラリがすでにインポートされているものとします．

コード **4.9**　csv ファイルの読み込みとデータフレームの作成

```
URL = 'https://www.nstac.go.jp/sys/files/SSDSE-A-2022.csv'
df = pd.read_csv(URL, skiprows=[0, 1],
                 encoding='shift_jis')
df = df[['都道府県', '市区町村', '総人口', '65歳以上人口']]
```

4.4.1　データの並び替え

　データの整形や加工においてデータの値を並び替えることで，データの特徴を把握しやすくなります．データフレームの sort_values メソッド[36]を呼び出すと，指定した列の値に基づいてデータフレームの行を並び替えることができます．並び替えの優先順に列名を要素とするリストにより複数の列を指定することができます．以下では，データフレーム df の「総人口」の列の値に基づいて行を昇順に並び替えた図 4.7 に示すようなデータフレームが返ります．降順に並び替える場合は，sort_values メソッドの引数 ascending に False を指定します．

コード **4.10**　データフレームの行の並び替え

```
df.sort_values(['総人口'])
```

4.4.2　欠損値の処理

　データの中で観測できておらず欠損している値を**欠損値**と呼びます．データの欠損は，データ収集の不完全性，データ収集の過程における誤り，データ

---

35)　https://www.nstac.go.jp/sys/files/kaisetsu-A-2022.pdf
36)　pandas.DataFrame.sort_values

	都道府県	市区町村	総人口	65歳以上人口
401	福島県	双葉町	0	0
687	東京都	青ヶ島村	169	31
685	東京都	御蔵島村	323	58
681	東京都	利島村	327	80
1731	沖縄県	渡名喜村	346	143
...	...	...	...	...
1468	福岡県	福岡市	1612392	338930
0	北海道	札幌市	1973395	541242
984	愛知県	名古屋市	2332176	566154
1112	大阪府	大阪市	2752412	676821
689	神奈川県	横浜市	3777491	920583

1741 rows × 4 columns

図 **4.7** コード 4.10 の実行結果

保護のための秘匿化などさまざまな理由で発生します．収集したデータの処理にあたっては欠損値の有無を確認し，必要に応じて欠損値の処理を行います．欠損値の処理においては，まずデータを観察し，その発生パターン（たとえば，特定の変数にのみ発生しているのか，他の変数の影響を受けているかなど）を十分に理解した上で処理の方針を立てます[37]．

　欠損値の処理として，欠損値の除去や補完があります．データが観測対象（行）と変数（列）の表形式で表されている場合，欠損値の除去では欠損値を含む行（あるいは列）を除く処理を行います．単純な欠損値の補完では，欠損値を定数や類似する行の値で補完をします．また，欠損値を含む変数について，その変数の非欠損値の平均値，中央値，最頻値などの代表値を用いて欠損値を補完する方法もあります．この他に統計的な方法をもとに，欠損値を含む変数の確率分布を仮定し，確率分布に従って欠損値を推定する処理（最尤法）や他の変数から欠損値を推定する処理（回帰分析）も考えられます．欠損値の補完によってデータに偏りが生じないように複数の補完によりデータセットを構築し，それらのデータセットを統合して最終的に欠損値を補完す

---

37) 欠損値の発生は，完全にランダムに発生している欠損（Missing completely at randam, MCAR），他の変数に依存してランダムに発生している欠損（Missing at random, MAR），非ランダムに発生している欠損（Missing not at random, NMAR）に分類することができます．

る方法（多重代入法）もあります．欠損値を含むことに意味がある場合は，た
とえば欠損値を含むことを表す変数を新たにデータに作成し，欠損値を含ん
だまま処理を行うこともあります．

　先にSSDSE-Aのデータを総人口の値で並び替えた際に，「総人口」および
「65歳以上人口」の値が0である市区町村のデータが1件含まれていること
がわかりました．以下では，データフレームの行の条件抽出を用いて「総人
口」または「65歳以上人口」の列の値が0に合致する行を抽出しています．

コード **4.11**　データフレームの行の条件抽出

```
df[(df['総人口'] == 0) | (df['65歳以上人口'] == 0)]
```

	都道府県	市区町村	総人口	65歳以上人口
401	福島県	双葉町	0	0

図 **4.8**　コード 4.11 の実行結果

　ここでは，市区町村の人口の値は0より大きいと仮定し，欠損値と同様の
扱いをして処理を行うこととします．以下では，値がないことを表すNone
で「総人口」および「65歳以上人口」の0の値を置き換えています[38]．データフレームのdropnaメソッド[39]を呼び出すと，欠損値を含む行を除去した
データフレームを返します[40]．ここでは，dropnaメソッドの引数inplace
にTrueを指定することで，元のデータフレームの欠損値を含む行を除去し
ています．

コード **4.12**　欠損値を含む行の除去

```
df.loc[df['総人口'] == 0, '総人口'] = None
df.loc[df['65歳以上人口'] == 0, '65歳以上人口'] = None
df.dropna(inplace=True)
```

　データフレームにはこの他にも欠損値を処理するためのメソッドが複数用
意されています．たとえば，isnullメソッド[41]を用いると欠損値が含まれ

---

38)　pandasのシリーズやデータフレームでは，データに欠損値（たとえば，空の値）が含まれる
　　場合，欠損値は NaN と表されます．
39)　pandas.DataFrame.dropna
40)　dropna メソッドの引数 axis に 1 を指定すると欠損値を含む列を除去したデータフレームを
　　返します．
41)　pandas.DataFrame.isnull

	都道府県	市区町村	総人口	65歳以上人口	高齢化率
492	群馬県	南牧村	1611.0	1051.0	65.238982
877	長野県	天龍村	1178.0	732.0	62.139219
490	群馬県	神流町	1645.0	1011.0	61.458967
378	福島県	金山町	1862.0	1134.0	60.902256
1217	奈良県	御杖村	1479.0	891.0	60.243408
...	...	...	...	...	...
629	東京都	港区	260486.0	42546.0	16.333315
627	東京都	千代田区	66680.0	10852.0	16.274745
628	東京都	中央区	169179.0	24683.0	14.589872
688	東京都	小笠原村	2929.0	413.0	14.100376
400	福島県	大熊町	847.0	87.0	10.271547

1740 rows × 5 columns

図 **4.9** コード 4.14 の実行結果

ているかを判定することができます．また，`fillna` メソッド [42)] を用いると
欠損値をさまざまな方法で補完することができます．

4.4.3 外れ値の処理

ここまで処理したデータフレームをもとに，市区町村の高齢化率のデータ
を処理することを考えます．まず，以下のように各市区町村の「高齢化率」
（総人口に占める 65 歳以上人口の割合）を表す列をデータフレーム `df` に新
たに作成します．

コード **4.13** データフレームの列の作成

```
df['高齢化率'] = df['65歳以上人口'] * 100 / df['総人口']
```

以下では，データフレーム `df` の「高齢化率」の列の値に基づいて行を降順
に並び替えた図 4.9 に示すようなデータフレームを返しています．

コード **4.14** データフレームの行の並び替え

```
df.sort_values(['高齢化率'], ascending=False)
```

ここで，この高齢化率のデータを次のように箱ひげ図として可視化すると，
図 4.10 に示すようにヒゲの外側の白丸で示される外れ値が含まれていること
がわかります．

---

42) `pandas.DataFrame.fillna`

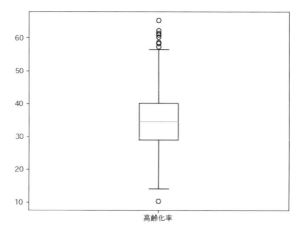

図 **4.10**　コード 4.15 の実行結果

コード **4.15**　箱ひげ図の描画

```
plt.boxplot(df['高齢化率'], labels=['高齢化率'])
plt.show()
```

　箱ひげ図では，データの値の四分位数をもとに上限値と下限値を定め，上限値以上または下限値以下の値を外れ値とみなしています．このように，データの中で他の値から大きく異なり外れた値を**外れ値**と呼びます．

　以下では，箱ひげ図における外れ値の定義をもとに，市区町村の高齢化率のデータの値の上限値と下限値を外れ値の境界値として計算しています [43]．

コード **4.16**　外れ値の境界値の計算

```
c = '高齢化率'
q1 = df[c].quantile(0.25)
q3 = df[c].quantile(0.75)
iqr = q3 - q1
lower = q1 - 1.5 * iqr
upper = q3 + 1.5 * iqr
print(f'{lower:.2f}, {upper:.2f}')
```

　実行結果
12.20, 56.77

---

43)　関数 print の f 文字列を用いて変数の小数点以下 2 桁（.2f）までの値を出力するように指定しています．

	都道府県	市区町村	総人口	65歳以上人口	高齢化率
378	福島県	金山町	1862.0	1134.0	60.902256
400	福島県	大熊町	847.0	87.0	10.271547
405	福島県	飯舘村	1318.0	755.0	57.283763
490	群馬県	神流町	1645.0	1011.0	61.458967
492	群馬県	南牧村	1611.0	1051.0	65.238982
877	長野県	天龍村	1178.0	732.0	62.139219
1217	奈良県	御杖村	1479.0	891.0	60.243408
1234	奈良県	東吉野村	1502.0	875.0	58.255659
1452	高知県	大豊町	3252.0	1907.0	58.640836

図 **4.11** コード 4.17 の実行結果

データフレームの quantile メソッド [44)] を呼び出すと，指定した列の値の分位数（0.25 は第 1 四分位数，0.75 は第 3 四分位数）を求めることができます．

　以下では，外れ値の境界値をもとに，データフレームの行の条件抽出を用いて外れ値を含む行を抽出しています．

コード **4.17** 外れ値を含む行の条件抽出

```
df[(df[c] < lower) | (df[c] > upper)]
```

プログラムを実行すると，図 4.11 に示すように外れ値を含む行からなるデータフレームが抽出されます．

　具体的にこれらの外れ値をどのように処理するかについては，欠損値の処理と同様に，まずデータを観察し，その発生パターンを十分に理解した上で処理の方針を立てます．外れ値の処理として，単純には外れ値をデータから除去することが考えられます．また，外れ値を含むことに意味がある場合は，たとえば外れ値を含むことを表す変数をデータに新たに作成し，外れ値を含んだまま処理を行うこともあります．この他に，変数を値の区間ごとに分けてグループ化して新たに離散的な変数とし，外れ値を含む区間を設けることで，外れ値を含んだまま処理を行うこともあります．また，外れ値を含む変

---

44)　pandas.DataFrame.quantile

数を変換する（たとえば，対数化などの変換）ことで，元の変数の外れ値を許容したまま処理を行うこともあります．データの外れ値の判定には，データの分布の情報を用いる方法もあります．たとえば，データが正規分布に従うとき，データの値の平均値と標準偏差をもとに外れ値の判定をすることができます [45]．

4.4.4　その他の前処理

実際のデータ解析にあたっては，データの性質に応じて次のような前処理を行うことがあります．

- 標準化とスケーリング：異なる値の範囲を持つ変数について，それらの特徴を共通化することでデータを扱いやすくします．データの各変数を平均値が 0，分散が 1 になるように変換することを**標準化**と呼びます．また，min-max 正規化では，各変数の最小値と最大値が共通となるように変換します．

- 数量化：質的データを数値として処理できるように数量化します．値の種類ごとに新たに 2 値の変数を作成する **one-hot エンコーディング**や値を数値で置き換えた**ラベルエンコーディング**などの方法があります．

- 名寄せ：たとえば，日付，時刻，住所などを表す文字列で同一の対象の表記が異なっている**表記揺れ**がある場合，表記を統一する**名寄せ**を行います．

- 変数の変換：変数の分布の形状の変換や連続値から離散値への変更を行うことによりデータを扱いやすくします．

- 変数の作成・削除：変数を新たに作成，または不要な変数の削除を行います．

演習問題

問 1　SSDSE-A のデータから項目を 1 つ選択し，その項目について記述統計量を計算してください．また，その項目についてヒストグラムと箱ひげ図を可視化してください．

問 2　SSDSE-A のデータから項目を 2 つ選択し，必要に応じて各項目の外れ値の処理をした上で，それらの項目間の相関係数を計算してください．また，それらの項目について散布図を可視化してください．

---

45)　データが平均値 μ，標準偏差 σ の正規分布に従うとき，$\mu \pm 3\sigma$ の範囲には全体の約 99.73% のデータが含まれます．

第 5 章

テキストデータの分析

　本章では，テキストデータ分析の基礎について学びます．特にテキストデータを例として，データのベクトルによる表現と処理の方法について学びます．まず，テキストデータについて概観した上で，テキストを分割する処理である分かち書きと形態素解析について学びます．次に，単語を特徴としてテキストをベクトルとして表現する方法を学びます．最後に，テキスト間の類似度をベクトルの演算に基づき計算することを学びます．

　プログラミング演習では，実際のテキストデータを用いて，ベクトルとして表現したテキスト間の類似度を計算する処理を実装します．本章の学習を通して，データ解析の基礎となるデータのベクトルによる表現とベクトルの演算に基づくデータの基本的な処理について理解し，実データに対してそれらの処理を実際に適用することができるようになることを目標とします．

5.1　テキストデータ

　文字列からなるデータをテキストデータ（以降，テキスト）と呼びます．テキストには，私たちが普段，読み書きや会話に使用している自然言語（たとえば，英語や日本語）で記述されたものが多くあります．コンピュータによる自然言語の処理と理解を目的とした研究・技術は**自然言語処理**と呼ばれ，情報検索，情報抽出，文書自動分類，文書自動要約，機械翻訳，質問応答システム，対話システム，自然言語生成などさまざまな領域において現在活用されています．

　自然言語処理では，目的に応じて収集・加工されたテキストの集合である**コーパス**を活用した解析を多く行います．コーパスには，話し言葉・会話コーパ

ス，新聞記事コーパス，ウェブページコーパスなどさまざまなものがあります [1]．大規模な注釈付与コーパスは，近年の統計的機械学習のアプローチに基づく自然言語処理において広く活用されています．

　自然言語処理によるテキストの処理はさまざまな段階を含みます．形態素解析では，文を単語に分割し，各語に品詞や活用形を付与する処理を行います．構文解析では，文の語句間の修飾関係を解析する処理を行います．この他，文の項と述語の関係を解析する述語項構造解析，文間の関係を解析する文脈解析，文をまたがった語句の関係を解析する照応解析，文や節の間の意味的な関係を解析する談話構造解析などの処理もあります．以下では，テキストの基本的な処理として，分かち書きと形態素解析について考えます．

5.2　テキストの分かち書きと形態素解析

　テキストをトークンと呼ばれる表現要素の最小単位の集合に分割する処理のことを**分かち書き**と呼びます．トークンは単語に限らずテキストを構成する記号や数字であることもあります．英語の場合は，テキストをスペースやカンマで区切ることで単純な分かち書きを行うことができます．一方，たとえば日本語のように句読点以外はスペースやカンマのような明確な区切りのない言語の場合は，何らかの処理によりテキストを分割する必要があります．

　テキストをトークンに分割し，各トークンに品詞や語形・活用形などの情報を付与する処理を**形態素解析**と呼びます．**形態素**は意味を持つ表現要素の最小単位であり，語は 1 つ以上の形態素から構成されます．直感的には，形態素は，名詞，動詞，形容詞，副詞，前置詞などの品詞や語形・活用形などの文法的役割を表しています．形態素を表すタグのことを品詞（Part of Speech，POS）タグと呼びます．たとえば名詞であれば，単数名詞は NN，複数名詞は NNS，固有名詞は NP という POS タグでそれぞれ表されます．

　実際に形態素解析を行うには，与えられたトークンの系列に対してもっと

---

[1]　特に，コーパスに対して言語的な解釈に関する情報が付与されたものを注釈付き（タグ付き）コーパスと呼びます．言語的な解釈には，単語区切り，品詞，語義，固有表現，構文などの情報が含まれます．たとえば，英語新聞記事のコーパスである Penn Treebank には語の品詞や構文情報が付与されています．

もらしい POS タグの系列を予測するという系列ラベリングの問題を解くことになります [2]. たとえば,「Time flies like an arrow」というトークンの系列に対しては,「名詞-動詞-前置詞-冠詞-名詞」,「動詞-名詞-前置詞-冠詞-名詞」,「名詞-名詞-動詞-冠詞-名詞」などの POS タグの複数の系列が考えられます. これに対して, 現実的な語用に基づき「Time flies like an arrow」が「光陰矢の如し」という文意になることを考えれば,「名詞-動詞-前置詞-冠詞-名詞」がもっともらしい POS タグの系列となります [3].

以下では, Python で実装された形態素解析器である Janome [4] を使った形態素解析の例を示します. まず, janome パッケージをインストールします.

コード **5.1** Janome のインストール

```
!pip install janome
```

以下では, janome パッケージに含まれる tokenizer モジュールの `Tokenizer` オブジェクトの `tokenize` メソッドを用いて, テキストを形態素解析しています. `tokenize` メソッドにテキストを文字列として渡して呼び出すと, `Token` オブジェクトの集合を返します. `Token` オブジェクトの集合を for 文により繰り返し処理することにより, テキスト中の形態素(以降では単語と呼びます)の情報を取得することができます. `Token` オブジェクトには, 単語の表層形, 品詞, 品詞の細分類, 活用型, 活用形, 原形, 読み, 発音などの情報が含まれています.

コード **5.2** 形態素解析の実行

```
from janome.tokenizer import Tokenizer
t = Tokenizer()
text = '文化史上より見たる日本の数学'
for token in t.tokenize(text):
  print(token)
```

---

2) 系列のような構造を学習することを構造学習と呼びます. たとえば, 確率モデルを用いた構造学習では, 観測 x が与えられたときの構造 y の条件付き確率 $p(y|x)$ が最大となる構造を求める問題を解くことになります. 特に, 形態素解析の系列ラベリング問題のような構造学習では, 隠れマルコフモデルや条件付き確率場などの機械学習の手法が用いられます.

3) 日本語の形態素解析では, 単語辞書と連接可能性辞書という 2 種類の辞書を用いて, 単語辞書にマッチする文字列の要素をノード, 文字列の前後に連接しうる文字列へのつながりをエッジとして, 文をエッジで接続されたノードの系列として表します.

4) https://mocobeta.github.io/janome/

　形態素解析を実行すると，入力したテキストが次のように単語に分かち書きされます．このとき，たとえば「文化」という単語について，品詞が「名詞」であり，読みが「ブンカ」であるということがわかります．

実行結果
```
文化    名詞,一般,*,*,*,*,文化,ブンカ,ブンカ
史上    名詞,一般,*,*,*,*,史上,シジョウ,シジョー
より    助詞,格助詞,一般,*,*,*,より,ヨリ,ヨリ
見   動詞,自立,*,*,一段,連用形,見る,ミ,ミ
たる    助動詞,*,*,*,文語・ナリ,体言接続,たり,タル,タル
日本    名詞,固有名詞,地域,国,*,*,日本,ニッポン,ニッポン
の   助詞,連体化,*,*,*,*,の,ノ,ノ
数学    名詞,一般,*,*,*,*,数学,スウガク,スーガク
```

　単語の表層形と品詞は，それぞれ Token オブジェクトの surface 属性と part_of_speech 属性で取得することができます．たとえば，次のように先の for 文の繰り返し処理を行うことで，品詞または品詞の細分類に「名詞」が含まれる単語の表層形の情報を取得することができます[5]．

コード 5.3 特定の品詞の単語抽出
```
for token in t.tokenize(text):
  if '名詞' in token.part_of_speech:
    print(token.surface)
```

実行結果
```
文化
史上
日本
数学
```

　Janome は辞書を内包していますが，辞書に登録されていない単語を未定義語（または未知語）と呼びます．人名・地名・組織名などの固有名詞，専門用語，新語・造語は形態素解析の結果において未定義となることがあります．未定義語に対しては，たとえばユーザ定義辞書を手動で更新することやウェブから収集した情報をもとに辞書を自動的に更新することで対応することができます．

---

[5]　Janome の Analyzer と POSKeepFilter を用いて品詞を直接指定して処理することもできます．

5.3 テキストのベクトル表現

　形態素解析の処理により，テキストを分かち書きして単語を抽出すること
ができました．単語を特徴として，テキスト（自然言語で記述された文ある
いは文のまとまりとしての文書）を表すことを考えてみます．具体的に以下
では，テキストをベクトルとして表現することを考えます．

　n 個の実数の組を n **次元数ベクトル**または単に**ベクトル**と呼び，各実数を
ベクトルの**要素**（または**成分**）と呼びます．ベクトルを x で表したとき，ベ
クトル x の i 番目の要素を x_i と表します．ベクトルは次のように，n 個の要
素 $(x_1, x_2, \ldots, x_n)$ を縦に並べた**列ベクトル**で表すことができます．

$$x = \begin{pmatrix} x_1 \\ x_2 \\ \vdots \\ x_n \end{pmatrix}$$

列ベクトルは，次のようにベクトルの要素を横に並べた**行ベクトル**の転置（記
号 ⊤ で表します）として表すこともできます．

$$x = (x_1, x_2, \ldots, x_n)^\top$$

n 個の実数の組全体がなす集合を $\mathbb{R}^n$（n は正の整数）と表し，n 次元座標空間
$\mathbb{R}^n$ と呼びます．x が n 次元数ベクトルであることを $x \in \mathbb{R}^n$ と表し，このと
き x は n 次元の空間 $\mathbb{R}^n$ のある点を示すものとしてみなすことができます．

　テキスト d をベクトル $x^{(d)}$ で表現する方法として，単語をベクトルの各次
元に対応させ，単語の組み合わせとしてテキストを表現することを考えます．
単純化のため，テキストはたかだか 3 種類の単語 a, b, c で表されるとし，単
語 a はベクトルの最初の次元に，単語 b はベクトルの 2 番目の次元に，単語
c はベクトルの 3 番目の次元にそれぞれ対応するものとします．ここで，テ
キストがある単語を含んでいることを 1，含んでいないことを 0 という値で
それぞれ表すとします．テキスト d_1 が単語 a と b を含み，単語 c を含ん
で

いなければ，テキスト d_1 はベクトル $\boldsymbol{x}^{(d_1)} \in \mathbb{R}^3$ として次のように表すことができます．

$$\boldsymbol{x}^{(d_1)} = (1, 1, 0)^\top$$

同様に，テキスト d_2 が単語 a と c を含み，単語 b を含んでいなければ，テキスト d_2 はベクトル $\boldsymbol{x}^{(d_2)} \in \mathbb{R}^3$ として次のように表すことができます．

$$\boldsymbol{x}^{(d_2)} = (1, 0, 1)^\top$$

ベクトルの各次元の値として，テキストが単に単語を含むかどうか（1 か 0 の値）ではなく，単語がテキストに出現する頻度を値とすることも考えられます．このように，単語の出現情報の組み合わせとしてテキストを表現する方法を **bag-of-words** と呼ぶことがあります．bag-of-words によるテキストのベクトル表現では，テキストにおける単語の出現の順番（語順）やテキストの構造などの情報は含まれていません．

　上記の例では，単語をベクトルの次元に対応させることでテキストをベクトルとして表現しました．このとき，単語はテキストの特徴を表しており，ベクトルの各次元はこの特徴に対応していることになります．ベクトルの各次元の値は各特徴の値となっており**特徴量**と呼びます．このように，対象を特徴の組み合わせとして表し，特徴をベクトルの各次元に対応させて表したものを**特徴ベクトル**と呼びます．

5.3.1　特徴ベクトルの重み付け

　テキストの特徴ベクトルによる表現では，特徴としての単語がテキストに出現する頻度を特徴量として考えました．しかし，このような特徴量を用いた場合，テキストによく出現する傾向の高い一般的な単語の特徴量が常に大きい値となってしまい，単語の特徴量が必ずしも対象のテキストの特徴をよく表すことにならない場合があります．

　特徴ベクトルの重み付けでは，特徴ベクトルが表現する対象の特徴をよく表すように特徴量に重み付けを行うことを考えます．対象のテキストの特徴をよく表すように単語の特徴量に重み付けを行う方法として **TF-IDF** 法があります．TF-IDF 法はテキストにおける単語の重要度を，単語の出現頻度である

TF（term frequency）と逆文書出現頻度と呼ばれる IDF（inverse document frequency）という 2 つの尺度で決定する方法です．ここで，N 個のテキストからなるテキストの集合（コーパス）を考えます．コーパス中のテキスト d における単語 t の TF を $tf_{t,d}$，単語 t が出現するコーパス中のテキストの数を文書出現頻度 df_t とするとき，テキスト d における単語 t の特徴量は TF-IDF 法により次のように重み付けをすることができます．

$$tf_{t,d} \times \log(\frac{N}{df_t})$$

$\log(\frac{N}{df_t})$ は単語 t の IDF となっており，単語 t がコーパスの限られたテキストにしか出現しないほど大きな値となります．これにより，TF-IDF 法では単語 t がテキスト d に多く出現し，かつ他のテキストにはあまり出現しないほど，テキスト d における単語 t の重みが大きくなります．これはテキスト中におけるその単語の相対的な重要度を計算していることになり，この単語の重要度を特徴量として用いてテキストを特徴ベクトルとして表すことができます．

5.4　テキストの類似度

5.4.1　単語文書行列

テキスト集合の各テキストを n 個の共通の単語を特徴として特徴ベクトルで表現したとき，テキストの集合は n 次元の空間（ベクトル空間）のベクトルの集合となります．テキストの集合を共通のベクトル空間においてベクトルの集合として表したものを，**ベクトル空間モデル**と呼びます．ベクトル空間の座標軸は各単語に対応し，空間において各テキストはその特徴ベクトルを位置ベクトルとする点として表すことができます．

図 5.1 に示すように，テキストの特徴ベクトルを列ベクトルとして並べて

	テキスト 1	テキスト 2	テキスト 3
単語 1	⋯	⋯	⋯
単語 2	⋯	⋯	⋯
単語 3	⋯	⋯	⋯

図 5.1　単語文書行列

行列として表したものを**単語文書行列**と呼びます [6]．一般に実数を縦横に並べたものを**行列**と呼び，次のように括弧で括って表します．並べられた実数を行列の要素（または成分）と呼びます．

$$\begin{pmatrix} a & b \\ c & d \end{pmatrix}$$

行列の行数が m，列数が n であるとき，その行列を $m \times n$ 行列（または m 行 n 列の行列）と呼び，$m \times n$ を行列のサイズと呼びます．行列を $\boldsymbol{A}$ で表したとき，次のように行列 $\boldsymbol{A}$ の i 番目の行と j 番目の列の要素を $A_{i,j}\ (1 \le i \le m, 1 \le j \le n)$ と表すことにします．

$$\boldsymbol{A} = \begin{pmatrix} A_{1,1} & A_{1,2} & \cdots & A_{1,n} \\ A_{2,1} & A_{2,2} & \cdots & A_{2,n} \\ \vdots & \vdots & \ddots & \vdots \\ A_{m,1} & A_{m,2} & \cdots & A_{m,n} \end{pmatrix}$$

　単語文書行列では各行が単語に，各列がテキスト（文書）に対応しています．行に対応する単語の集合を語彙と呼び，単語文書行列の行数は語彙のサイズとなります．単語文書行列の列数はテキストの数となり，各列はテキストの特徴ベクトルの列ベクトルになっています．行列の要素は各テキストの特徴ベクトルの特徴量に対応しており，たとえば TF-IDF 法により単語（行）のテキスト（列）における重みを要素として考えることができます．

　行列 $\boldsymbol{A}$ の列と行を入れ替えて得られる行列を $\boldsymbol{A}$ の転置（または**転置行列**）と呼び，$\boldsymbol{A}^\top$ と表します．$m \times n$ 行列 $\boldsymbol{A}$ の転置行列 $\boldsymbol{A}^\top$ のサイズは $n \times m$ となり，$\boldsymbol{A}^\top$ の要素 $A_{i,j}^\top$ は $\boldsymbol{A}$ の要素 $A_{j,i}$ と対応します．単語文書行列の転置行列である文書単語行列は，各行がテキスト（文書）に，各列が単語に対応しており，各行はテキストの特徴ベクトルの行ベクトルになっています．

5.4.2　コサイン類似度

　テキストのベクトル表現を用いて，テキスト間の類似度を計算することができます．以下では，そのような類似度としてコサイン類似度を考えます．零でな

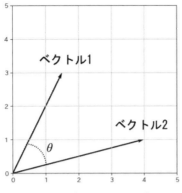

図 5.2 2 次元のベクトル空間

い 2 つのベクトル $\boldsymbol{x} = (x_1, x_2, \ldots, x_n)^\top \in \mathbb{R}^n, \boldsymbol{y} = (y_1, y_2, \ldots, y_n)^\top \in \mathbb{R}^n$ のなす角 θ の余弦 $\cos\theta$ は，次のように計算できます.

$$\cos\theta = \frac{\boldsymbol{x} \cdot \boldsymbol{y}}{\|\boldsymbol{x}\|\|\boldsymbol{y}\|}$$

$\boldsymbol{x} \cdot \boldsymbol{y}$ は $\boldsymbol{x}$ と $\boldsymbol{y}$ の**内積**を表し，次のように計算できます.

$$\boldsymbol{x} \cdot \boldsymbol{y} = x_1 y_1 + x_2 y_2 + \cdots + x_n y_n$$

また，$\|\boldsymbol{x}\|$ はベクトル $\boldsymbol{x}$ の**ノルム**を表し，次のようにベクトルの要素の二乗和の平方根として計算できます.

$$\|\boldsymbol{x}\| = \sqrt{x_1^2 + x_2^2 + \cdots + x_n^2}$$

零でないベクトル $\boldsymbol{x}$ をそのノルム $\|\boldsymbol{x}\|$ で割ることで，ノルムが 1 となるベクトルである**単位ベクトル** $\frac{\boldsymbol{x}}{\|\boldsymbol{x}\|}$ を得る操作を，ベクトルの**正規化**と呼びます. 先の $\cos\theta$ は正規化されたベクトル間の内積としてみることもできます.

　図 5.2 は 2 次元のベクトル空間を表しています. 空間において 2 つのベクトルのなす角 θ が 0 に近づくほどベクトルは互いに同じ向きとなり，$\cos\theta$ の値は 1 に近くなります. 逆に θ が π に近づくほどベクトルは互いに逆の向きとなり，$\cos\theta$ の値は -1 に近くなります. このように，ベクトル空間における 2 つのベクトルがなす角の余弦（コサイン）により，ベクトルで表された対

象の間の類似性を数量化することができます．このような類似性の尺度を**コ
サイン類似度**と呼びます．

　テキストの特徴ベクトルの特徴量は負の値とならないことを仮定すると，
テキストの特徴ベクトル間のコサイン類似度の値は 1 から 0（1 に近いほど
類似度が大きい）となります．特徴ベクトルで表されたテキスト同士のコサ
イン類似度が高いことは，それらのテキスト同士が関連している（テキスト
を特徴づける単語の重みの傾向が互いに共通している）ことを示します．文
書単語行列では各行は各テキストの特徴ベクトルを表しており，行ベクトル
同士のコサイン類似度を計算することでそれらの行に対応するテキスト間の
関連性を評価することができます．

5.5　プログラミング

　テキストを特徴ベクトルとして表現した上で，テキスト間の類似度を計算
する処理を実際のテキストデータを用いて行ってみましょう．以下では，青
空文庫 [7] のデータを使います．

準備
　青空文庫では著作権が消滅した，あるいは自由に読んでよいとされた作品
のテキストが公開されています．以下では，これらの作品のうち，「自然科学」
の分野に分類されている作品名をテキストデータとして考えます [8]．CSV
ファイルの "words.csv" では「単語」という文字列をヘッダーに対応する先頭
行とし，続いて各行に 1 つの単語が含まれています [9]．単語は形態素解析に
よる品詞分類に名詞を含み，かつ少なくとも 2 つ以上の作品名に含まれるも
のを抽出しました．また，これらの単語を含む作品名を抽出しました．CSV
ファイルの "texts.csv" では「作品名」という文字列をヘッダーに対応する
先頭行とし，続いて各行に 1 つの作品名が，半角の空白文字を区切りとして
分かち書きされた形で含まれています．

---

7)　https://www.aozora.gr.jp/
8)　テキストには文，文のまとまりである文書などさまざまな長さが考えられますが，ここでは
単純化のために作品名という比較的短いテキストを扱うことにします．
9)　CSV ファイルは本書のサポートページから取得可能です．

	作品名
0	「科学 的」 方法 の 適用 され ぬ 場合
1	「霜柱 の 研究」 について
2	『猿・鹿・熊』 の 序
3	『雪 華 図説』 の 研究
4	『雪 華 図説』 の 研究 後日 譚
...	...
203	静岡 地震 被害 見学 記
204	風 に 飄 へる 梧桐 の 実
205	養生 の 心得
206	養生 心得 草
207	黒い 月 の 世界

208 rows × 1 columns

図 **5.3** 作品名のデータフレーム

	単語
0	科学
1	方法
2	的
3	研究
4	霜柱
...	...
106	野草
107	化石
108	霧
109	養生
110	心得

111 rows × 1 columns

図 **5.4** 単語のデータフレーム

　以下のライブラリをインポートした上で，CSV ファイルを読み込み，作品名を含むファイル "texts.csv" からデータフレーム texts_df（図 5.3），単語を含むファイル "words.csv" からデータフレーム words_df（図 5.4）をそれぞれ作成します [10]．

コード **5.4** ライブラリのインポート

```
import pandas as pd
import numpy as np
```

コード **5.5** CSV ファイルを読み込みデータフレームを作成

```
texts_df = pd.read_csv('texts.csv')
words_df = pd.read_csv('words.csv')
```

　データフレームの tolist メソッドを呼び出すことにより，データフレーム texts_df から文字列である作品名を要素とするリスト texts，データフレーム words_df から文字列である単語を要素とするリスト words をそれぞれ作成します．次のようにそれぞれのリストの長さを確認すると，作品は全部で 208 作，単語は全部で 111 単語あります．

---

10)　ここでは，CSV ファイルがプログラムのファイルと同じディレクトリ（フォルダ）にあるとします．

コード **5.6**　データフレームからリストを作成

```
texts = texts_df['作品名'].tolist()
len(texts)
```

実行結果

208

コード **5.7**　データフレームからリストを作成

```
words = words_df['単語'].tolist()
len(words)
```

実行結果

111

　リスト texts の要素であるテキストとしての作品名について，各要素のインデックス（0 から 207）をそのテキストの ID として扱います．たとえば，「芸術 と 数学 及び 科学」というテキストについては，リスト texts 中の対応する要素のインデックスである 167 が同テキストの ID となります．

コード **5.8**　リストの要素のインデックス確認

```
texts.index('芸術　と　数学　及び　科学')
```

実行結果

167

　同様に，リスト words の要素である単語について，各要素のインデックス（0 から 110）をその単語の ID として扱います．たとえば，「芸術」という単語については，リスト words 中の対応する要素のインデックスである 51 が同単語の ID となります．

コード **5.9**　リストの要素のインデックス確認

```
words.index('芸術')
```

実行結果

51

文書出現頻度の計算

各単語の文書出現頻度 DF（document frequency）を計算するため，以下の仕様の関数 compute_df を定義します．DF は，コーパス中で単語が出現するテキストの数に対応します．このとき，ある単語があるテキストに複数回含まれる場合でも，そのテキストに対してその単語は 1 回の出現と考えます．ここでは，リスト texts に含まれるすべての作品名がコーパスであり，ある単語の DF はその単語を含む作品名（リスト texts の要素）の数となります．

引数	texts	テキストを要素とするリスト
	words	単語を要素とするリスト
返り値	df_dict	単語をキー，その単語の DF をバリューとする辞書 [11]

プログラム **5.1**   関数 compute_df: 単語の文書出現頻度を計算

```
1  def compute_df(texts, words):
2    df_dict = {}
3    for word in words:
4      for text in texts:
5        tokens = text.split(' ')
6        if word in tokens:
7          df_dict[word] = df_dict.get(word, 0) + 1
8    return df_dict
```

プログラムの説明

2　単語をキー，その単語の DF をバリューとする辞書 df_dict
3　リスト words の各要素 word（単語）を繰り返し処理
4　リスト texts の各要素 text（テキスト）を繰り返し処理
5　文字列 text を半角空白文字で分割 [12]
　　text を構成する各単語を要素とするリスト tokens
6　tokens が word を要素として含むとき
7　辞書 df_dict のキー word に対応するバリューの値を 1 増やす

以下では，関数 compute_df を呼び出して，その返り値を変数 df に代入しています．その結果，たとえば，単語「芸術」は 3 つの作品名に，単語「数学」は 4 つの作品名に，単語「科学」は 44 つの作品名にそれぞれ出現することがわかります．

---

11)　辞書の get メソッドは，ここでは辞書 df_dict に，キー word がある場合は df_dict[word] を返し，キー word がない場合は 0 を返します．
12)　文字列の split メソッドは，指定された文字列（ここでは半角空白文字）で元の文字列を分割し，分割後の各文字列（ここでは作品名を構成する各単語）を要素とするリストを返します．

コード **5.10** 関数 compute_df の実行

```
df = compute_df(texts, words)
print('芸術', df['芸術'])
print('数学', df['数学'])
print('科学', df['科学'])
```

実行結果

芸 術 3
数 学 4
科 学 44

文書単語行列の計算

文書単語行列を計算するため，以下の仕様の関数 compute_tfidf_matrix を定義します.

引数	texts	テキストを要素とするリスト
	words	単語を要素とするリスト
返り値	tf_idf_matrix	文書単語行列を表す 2 次元配列

プログラム **5.2** 関数 compute_tfidf_matrix: 文書単語行列の計算

```
1  def compute_tfidf_matrix(texts, words):
2    df = compute_df(texts, words)
3    tfidf_matrix = np.zeros((len(texts), len(words)))
4    for i, text in enumerate(texts):
5      tokens = text.split(' ')
6      for j, word in enumerate(words):
7        if word in tokens:
8          tf = tokens.count(word)
9          idf = np.log(len(texts) / df[word])
10         tfidf_matrix[i, j] = tf * idf
11   return tfidf_matrix
```

プログラムの説明

2 単語をキー，その単語の DF をバリューとする辞書 df
3 （テキスト数，単語数）の形状の 2 次元配列 tfidf_matrix
4 リスト texts の各要素 text（テキスト）を繰り返し処理
6 リスト words の各要素 word（単語）を繰り返し処理
8 リスト tokens の count メソッドを用いて指定した値の要素を数え上げ word の出現頻度 TF として変数 tf に代入
9 word の逆文書出現頻度 IDF を計算し変数 idf に代入
10 tfidf_matrix の i 行 j 列要素を text 中の word の TF-IDF 重みで更新

　ここでは，テキストとしての作品名を表す特徴ベクトルの特徴量として，対象のテキストに含まれる単語の TF-IDF 重みを考えます．このような各テキストの特徴ベクトルを行として，テキスト集合全体を文書単語行列として表します．このとき，この行列の行数はテキストの数である 208，列数は単語の数である 111 であり，サイズは 208 × 111 となります．

　2 次元配列 tf_idf_matrix の各行は各テキストの特徴ベクトルに対応し，特徴ベクトルの特徴量はそのテキストに含まれる単語の TF-IDF 重みとします．NumPy の関数 log [13]は引数に与えられた配列の各要素の自然対数の値を計算します．ここでは同関数を用いて，実数の自然対数の値を計算しています．以下では，関数 compute_tfidf_matrix を呼び出して，その返り値を変数 tfidf_matrix に代入しています．

コード **5.11** 関数 compute_tfidf_matrix の実行

```
tfidf_matrix = compute_tfidf_matrix(texts, words)
```

リスト texts の各要素のインデックスは 2 次元配列である tfidf_matrix の行のインデックスに対応しています．また，リスト words の各要素のインデックスは tfidf_matrix の列のインデックスに対応しています．たとえば，作品名「芸術と数学及び科学」に含まれる単語「芸術」，「数学」，「科学」の TF-IDF 重みはそれぞれ約 4.24, 3.95, 1.55 であることがわかります [14]．

コード **5.12** 文書単語行列の要素の取得

```
row = texts.index('芸術 と 数学 及び 科学')
col1 = words.index('芸術')
col2 = words.index('数学')
col3 = words.index('科学')
print(f'{tfidf_matrix[row, col1]:.2f}')
print(f'{tfidf_matrix[row, col2]:.2f}')
print(f'{tfidf_matrix[row, col3]:.2f}')
```

実行結果
```
4.24
3.95
1.55
```

---

13)　numpy.log
14)　関数 print の f 文字列を用いて変数の小数点以下 2 桁（.2f）までの値を出力するように指定しています．

	DF	TF	TF-IDF
芸術	3	1	4.24
数学	4	1	3.95
科学	44	1	1.55

表 **5.1**　各単語の文書出現頻度（DF），単語出現頻度（TF），TF-IDF 重み

2 次元配列 `tfidf_matrix` の各行は対応する作品名のテキストを表す特徴ベクトルとなっており，形状が (111,) の 1 次元配列となります．

コード **5.13**　文書単語行列の行の取得

```
tfidf_matrix[row]
```

実行結果
```
array([1.55334845, ..., 4.23892579,
       ..., 3.95124372, ..., 0.])
```

表 5.1 は，作品名「芸術と数学及び科学」に含まれる単語「芸術」，「数学」，「科学」それぞれの文書出現頻度（DF），単語出現頻度（TF），TF-IDF 重みを示しています．単語「芸術」や「数学」はコーパス中の限られた作品名にしか出現しないため，TF-IDF 重みが大きくなっています．一方，単語「科学」はコーパス中の多くの作品名に出現するため，TF-IDF 重みが小さくなっています．

コサイン類似度の計算

テキストの特徴ベクトル間のコサイン類似度を計算するため，以下の仕様の関数 `compute_cosine_sim` を定義します．

引数	vec1, vec2	ベクトルを表す 1 次元配列
返り値		ベクトル間のコサイン類似度

NumPy の関数 `dot` [15]を用いて，1 次元配列で表されたベクトル間の内積を計算することができます．NumPy の関数 `sqrt` [16]は引数に与えられた配列の各要素の平方根の値を計算します．ここでは同関数を用いて，実数の平方根の値を計算しています [17]．

---

15)　`numpy.dot`
16)　`numpy.sqrt`
17)　$\|x\|\|y\|$ を $\sqrt{(x \cdot x)(y \cdot y)}$ として計算します．

プログラム **5.3**　関数 `compute_cosine_sim`: コサイン類似度の計算

```
1  def compute_cosine_sim(vec1, vec2):
2    return (
3      np.dot(vec1, vec2) /
4      np.sqrt(np.dot(vec1, vec1) * np.dot(vec2, vec2))
5    )
```

プログラムの説明

3　vec1（ベクトル）と vec2（ベクトル）の間の内積
4　vec1（ベクトル）と vec2（ベクトル）のノルムの積

続いて，以下の仕様の関数 `find_similar_texts` を定義します．

引数	input_text	入力のテキストとなる文字列
	tfidf_matrix	文書単語行列を表す 2 次元配列
	texts	テキストを要素とするリスト
返り値	similar_texts	テキストをキー，入力テキストとそのテキストの コサイン類似度をバリューとする辞書

プログラム **5.4**　関数 `find_similar_texts`: 類似テキストの検索

```
1  def find_similar_texts(input_text, tfidf_matrix, texts):
2    input_index = texts.index(input_text)
3    input_vector = tfidf_matrix[input_index]
4    similar_texts = {}
5    for i, tfidf_vector in enumerate(tfidf_matrix):
6      similarity = compute_cosine_sim(
7        input_vector, tfidf_vector
8      )
9      if i != input_index and similarity > 0:
10       similar_texts[texts[i]] = similarity
11   return similar_texts
```

プログラムの説明

2　`input_text`（入力のテキスト）の ID を変数 `input_index` に代入
3　2 次元配列 `tfidf_matrix` の行インデックス `input_index`
　　の行（入力のテキストの特徴ベクトル）を変数 `input_vector` に代入
4　テキストをキー，入力テキストとそのテキストのコサイン類似度を
　　バリューとする辞書 `similar_texts`
5　`tfidf_matrix` の各行（各テキストの特徴ベクトル）を繰り返し処理
6〜8　`input_vector`（入力テキストの特徴ベクトル）と `tfidf_vector`
　　（各テキストの特徴ベクトル）のコサイン類似度を変数 `similarity`
　　に代入
9　処理中のテキストが入力のテキストでない，かつ類似度が正であるとき
10　`texts[i]`（処理中のテキスト）について入力のテキストとの類似度
　　をバリューとして辞書 `similar_texts` を更新

	類似度
数学 と 語学	0.658598
科学 者 と 芸術 家	0.454576
数学 史 の 研究 に 就き て	0.437136
文化 史上 より 見 たる 日本 の 数学	0.410809
和算 の 社会 的 ・ 芸術 的 特性 について	0.386988
漫画 と 科学	0.258914
スポーツ の 科学	0.258914

図 **5.5**　コード 5.14 の実行結果の一部

　以下では，入力の作品名に対応するテキストとして「芸術 と 数学 及び 科学」を指定して関数 find_similar_texts を呼び出して，その返り値を変数 results_dic に代入しています．変数 results_dic の値である辞書からデータフレーム results_df を作成し，「類似度」の列の値に基づき行を降順に並び替えたデータフレームを作成しています．その結果，作品名「芸術と数学及び科学」と類似度が上位の作品名として，図 5.5 に示すような作品名の一覧が示されます．

コード **5.14**　類似テキストの検索

```
input_text = '芸術 と 数学 及び 科学'
results_dic = find_similar_texts(input_text,
                                 tfidfatrix,
                                 texts)
results_df = pd.DataFrame.from_dict(results_dic,
                                    orient='index',
                                    columns=["類似度"])
results_df.sort_values(by='類似度', ascending=False)
```

演習問題

問 1　与えられたテキストに対して形態素解析を行い，あらかじめ指定した品詞の単語を要素とするリストを作成するプログラムを実装してください．

問 2　関数 find_similar_texts に対して，任意のテキストを input_text に入力として与えて呼び出すことができるようにするため，入力したいテキストが与えられたときにその特徴ベクトルを作成するプログラムを実装してください．

第6章

ネットワークデータの分析

本章ではネットワークデータ分析の基礎について学びます．特にネットワーク
データを例として，データ間の関係を行列として表し処理を行う方法について学び
ます．まず，データ間の関係に着目した分析であるネットワーク分析について概観
した上で，ネットワークを行列として表現する方法を学びます．次に，ネットワー
クにおける距離として最短経路の計算方法について学びます．最後に，ネットワー
クの各点の重要度を示す指標である中心性の計算方法について学びます．特に，固
有ベクトル中心性とページランクでは，ベクトルと行列の演算に基づき中心性が計
算できることを学びます．

プログラミング演習では，実際のネットワークデータを用いて，ネットワークの最
短経路の計算や中心性の計算を行う処理を実装します．本章の学習を通して，デー
タのベクトルと行列による表現と演算に基づく基本的な処理について理解し，実デー
タに対してそれらの処理を実際に適用することができるようになることを目標とし
ます．

6.1 ネットワーク分析

前章で扱ったテキストデータは，引用関係やハイパーリンクによる参照など
テキスト間に関係が存在することがあります．このようなデータ間の関係は
総体として，ネットワークの構造を形作ることになります．実際に現実世界
では，社会ネットワーク，物理的ネットワーク，生物学的ネットワークなどさ
まざまなネットワークが存在します．データ間の関係に着目した分析は**ネッ
トワーク分析**と呼ばれ，社会学における社会ネットワーク分析や統計物理学
における複雑ネットワーク，またはネットワーク科学などさまざまな学問分

図 **6.1** ネットワークの例

野において研究が行われています.

6.2 ネットワークの行列表現

　ネットワークの点を頂点あるいは**ノード**と呼びます. また, 点と点をつなぐ線分を**エッジ**あるいは**リンク**と呼びます. 1 本のエッジはそれがつなぐ 2 つのノードの間に関係があることを示しています. ネットワークが n 個のノードと m 個のエッジからなるとき, 個々のノードを v_i $(i = 1, 2, \ldots, n)$, 個々のエッジを e_i $(i = 1, 2, \ldots, m)$ として, ネットワークはノードの集合 $V = \{v_1, v_2, \ldots, v_n\}$ とエッジの集合 $E = \{e_1, e_2, \ldots, e_m\}$ で表すことができます.

　ネットワークの各エッジは $e_k = (v_i, v_j)$ のようにノードのペアとして表すことができ, このとき e_k でつながれたノード v_i と v_j は隣接していると表現します. エッジの方向を考慮したネットワークを**有向ネットワーク**と呼びます. 有向ネットワークでは, 隣接している v_i と v_j の間のつながりを v_i から v_j の方向, v_j から v_i の方向それぞれで区別して扱います. 一方, エッジの方向を考慮しないネットワークを**無向ネットワーク**と呼びます.

　ノード間をつなぐエッジの集合は**隣接行列**として表すことができます. ネットワークのノード数が n のとき, 隣接行列はサイズが $n \times n$ の行列となります. たとえば, 図 6.1 に示すようなネットワークの隣接行列 A は次のように表すことができます.

$$\boldsymbol{A} = \begin{pmatrix} 0 & 1 & 0 & 0 & 1 \\ 1 & 0 & 1 & 1 & 1 \\ 0 & 1 & 0 & 1 & 0 \\ 0 & 1 & 1 & 0 & 1 \\ 1 & 1 & 0 & 1 & 0 \end{pmatrix}$$

図 6.1 に示すような無向ネットワークでは，ノード v_i と v_j が隣接しているとき，隣接行列 $\boldsymbol{A}$ の i 行 j 列の要素 $A_{i,j}$ と j 行 i 列の要素 $A_{j,i}$ の値はともに 1 となります．一方，v_i と v_j が隣接していない場合は，$A_{i,j}$ と $A_{j,i}$ の値はともに 0 となります [1]．無向ネットワークの隣接行列では $A_{i,j} = A_{j,i}$ となり，行列を転置しても元の行列となる**対称行列**となります．

ネットワークが有向ネットワークの場合は，その隣接行列は必ずしも対称行列とならないことがあります．有向ネットワークでは，ノード v_j から v_i の方向のエッジがありそれらのノードが隣接しているとき，隣接行列の i 行 j 列の要素の値を 1 とします．一方，j 行 i 列の要素の値は 0 とします．たとえば，図 6.1 において v_2 から v_1 へ向かう方向がエッジにあるとすると，$A_{1,2} = 1, A_{2,1} = 0$ と表すことになります．

このように隣接行列により，ネットワークのノード間をつなぐエッジの集合をエッジの方向を含めて表すことができます．隣接行列では，ノード間の隣接の有無（1 か 0 か）ではなく，たとえばノードの間の関係の強さをエッジの重みとして表し，隣接行列の要素の値を実数として表すこともできます．このようにエッジが重みを持つネットワークを**重み付きネットワーク**と呼びます．以降では単純化のため，ループも重みもない無向のネットワークを考えます．

6.3 最短経路

ネットワークにおいて，あるノードに隣接するノードを経由しながら他の任意のノードに到達することができる場合，そのネットワークを**連結である**

---

[1] 隣接行列の対角要素はあるノードとそのノード自身とのつながりを表し，そのような特殊なエッジをループと呼びます．

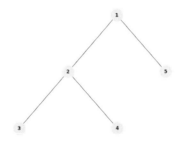

図 **6.2**　幅優先木の例

と呼びます．ネットワークが連結であるとき，任意のノードの間に**経路**あるいはパスが存在します[2]．ノード間の経路は，あるノードから他のノードに至るためのノードの連なりとそれらをつなぐエッジの集合で表すことができ，経路に含まれるエッジの数を**経路長**と呼びます．ノード間の経路長が最小となるような経路を特に**最短路**または**最短経路**と呼び，最短路の経路長はノード間の**距離**となります．

　ネットワークにおけるノード間の距離は，**幅優先探索**と呼ばれるアルゴリズム[3]により計算することができます．幅優先探索では，ネットワークと始点となるノードが与えられたとき，ネットワークのエッジを逐次的に探索しながら，始点となるノードから他のノードへの距離を計算します．このとき，幅優先探索では始点となるノードを根とし，到達可能なノードをすべて含む幅優先木と呼ばれる木構造を構成することで探索を行います．

　幅優先探索の具体的な手続きとして，まず始点となるノードを根としてそれに隣接するノードとエッジを木に追加します．このとき，木に追加されたノードは到達済みとします．到達済みのノードについてその隣接ノードをもとに，未到達であるノードとエッジを木に追加することを逐次的に行う操作を繰り返します．これにより，到達可能なノードをすべて含む幅優先木が構成され，根から各ノードへの木の高さがノード間の距離となります[4]．

---

2)　有向ネットワークではエッジに方向があるため，経路はエッジの方向も考慮した上で決まります．
3)　問題に対する解を正しく求める手順をアルゴリズムと呼びます．
4)　ネットワークが連結でない場合は，幅優先探索は始点となるノードから到達可能なすべてのノードを発見することもできます．

　図 6.1 のネットワークについて，ノード 1 を始点として幅優先探索により構成された幅優先木の例を図 6.2 に示します．まずノード 1 に隣接し未到達のノード 2 と 5 が幅優先木に追加され，次にノード 2 に隣接し未到達のノード 3 と 4 が幅優先木に追加されます．これにより，ノード 1 からノード 2 と 5 までの距離は 1，ノード 1 からノード 3 と 4 までの距離は 2 と計算できます．

　幅優先探索では，幅優先木を構成するためにネットワークを隣接行列の代わりに**隣接リスト**で表現します．以下は，図 6.1 のネットワークを隣接リストとして表現したものを示しています．

　　{1:[2, 5], 2:[1, 3, 4, 5], 3:[2, 4], 4:[2, 3, 5], 5:[1, 2, 4]}

　隣接リストでは，ネットワークの各ノードについてそのノードに隣接しているノードの集合をリストとして表し，それらのリストの集合としてノード間をつなぐエッジの集合を表します．現実のネットワークは一般に，考えられるノードの組み合わせに対して実際に存在するエッジの数が少ない疎なネットワークであることが多く，隣接行列の要素の多くが 0 となります．そのため，ネットワークを隣接リストとして表現することでより効率的にネットワークのデータを保持することができます．

6.4　中心性

　ネットワークの各ノードがどれぐらい重要であるかを示す指標として**中心性**があります．いくつかの中心性はノード間の経路の情報に従って定義されます．**近接中心性**は，対象のノードからその他のノードへの平均的な距離に基づく中心性の指標となっています．近接中心性は対象のノードから他のすべてのノードへの距離の平均の逆数（あるいは他の各ノードへの距離の逆数の和）として計算され，任意のノードへ到達するための距離がより短いほど中心性が大きいと評価されます．**媒介中心性**は，対象のノードがその他の 2 つのノード間の最短経路上にある度合いに基づく中心性となっています．たとえば，社会ネットワークで考えると，近接中心性はネットワーク全体に効率的に情報を伝達できるような人，媒介中心性は他の人同士をネットワーク上で結ぶ橋のような役割を果たしているような人をそれぞれ重要と評価していると考えることができます．

　単純な中心性として**次数中心性**があります．あるノードにつながるエッジの数をそのノードの**次数** [5]と呼び，次数中心性はこの次数を中心性の指標として用いたものになります．次数中心性は，多くのエッジがつながっているノードほどその中心性が大きいと評価することになります．

6.5　固有ベクトル中心性

　次数中心性では，対象のノードに隣接しているすべてのノードを一律に扱い，単純に隣接ノードの数に基づき中心性を評価していました．**固有ベクトル中心性**では，対象のノードに隣接しているノードがより中心的であるほど対象のノードの中心性も大きいと考えます．このことは，たとえば社会ネットワークで考えると，影響力を評価していると考えることができます．

　固有ベクトル中心性を考えるにあたり，連結であるネットワークの各ノードが中心性を表す同一の「ポイント」を最初に持っているとします．その上で，各ノードは隣接しているノードのポイントを受け取るとともに自身のポイントを隣接しているノードへ与えることを繰り返していきます．その結果，隣接しているノードの中心性が大きいノードは次第に大きなポイントを受け取ることになり，中心性が大きくなります．また，そのノード自身は隣接しているノードへ大きなポイントを与えることになり，隣接している周囲のノードの中心性を大きくすることになります．

　このような隣接ノード間での中心性の値の授受の繰り返しによって得られる固有ベクトル中心性は，ネットワークの隣接行列をもとに次のように計算することができます．ノード数が n の連結であるネットワークのノード間のつながりが隣接行列 $\boldsymbol{A}$ で表され，各ノードの中心性の値 x_i $(i = 1, \ldots, n)$ を要素とするベクトルを $\boldsymbol{x} = (x_1, x_2, \ldots, x_n)^\top \in \mathbb{R}^n$ とすると，ある時点 t において各ノードが隣接ノードから中心性の値を受け取りそれぞれの中心性の値を更新するという操作は，次のように計算できます．

$$\boldsymbol{x}_{t+1} = \boldsymbol{A}\boldsymbol{x}_t$$

---

5)　ネットワークが有方向ネットワークの場合，ノードに入るエッジとノードから出るエッジをそれぞれ区別して次数を考え，それぞれ入次数，出次数として数えます．

x_t はある時点 t におけるベクトル x を表し，Ax_t は行列とベクトルの積となります．ここで，A のサイズは $n \times n$ であり，n 個の行ベクトルが次のように縦に並んでいると考え，

$$A = \begin{pmatrix} A_1 \\ A_2 \\ \vdots \\ A_n \end{pmatrix}$$

第 i 行に対応する行ベクトルを A_i と表します [6)]．このとき，Ax は次のように n 次元の列ベクトルとなり，その第 i 成分は A_i と x の内積で計算されます．

$$Ax = \begin{pmatrix} A_1 x \\ A_2 x \\ \vdots \\ A_n x \end{pmatrix} = \begin{pmatrix} A_{1,1}x_1 + A_{1,2}x_2 + \cdots + A_{1,1}x_n \\ A_{2,1}x_1 + A_{2,2}x_2 + \cdots + A_{2,1}x_n \\ \vdots \\ A_{n,1}x_1 + A_{n,2}x_2 + \cdots + A_{n,n}x_n \end{pmatrix}$$

　隣接行列 A の各行 A_i はネットワークにおいてノード v_i が隣接しているノードを表していることから，$A_i x$ はノード v_i の隣接ノードの中心性の値の総和を計算していることになります．これにより，A と各ノードの中心性の値を要素とするベクトル x について，Ax は「各ノードが隣接ノードから中心性の値を受け取り，その総和で自身の中心性の値を更新する」という操作に対応していることになります．

　固有ベクトル中心性はこの操作を繰り返す，つまり x に A を繰り返し掛けることで得られます．この際，中心性の値が発散しないように，実際には繰り返しごとに各ノードの中心性の値をすべてのノードの中心性の値の総和で割るという正規化を行います．なお，このようにして得られた各ノードの固有ベクトル中心性の値を要素とするベクトル x は，A の最大固有値に対応する最大固有ベクトルとなります [7)]．

---

6)　行と列を区別するために $A_{i,:}$ のように表すことがあります．

7)　ベクトル x に行列 A を繰り返し掛けるという手続きは，**べき乗法**と呼ばれる手法を用いて A の最大固有値に対応する最大固有ベクトルを計算していることになります．ベクトルに行列を

6.6　ページランク

　エッジに方向がある有方向ネットワークにおいては，ノード間の経路はエッジの方向に従い決定されるため，必ずしも任意のノード間に経路が存在するとは限らずネットワークが連結でないことがあります．このようにネットワークが連結でない場合，先ほどの固有ベクトル中心性の計算がうまくいかなくなることがあります [8]．これに対して，以下ではページランクに基づく中心性を考えます．ページランクは，エッジをたどりながらネットワーク上を推移するような「ランダムウォーク」という考え方により解釈することができます．ページランクでは，ランダムウォークをする人である「ウォーカー」が推移を繰り返した後に，あるノードに到達する確率によりノードの中心性を評価します．

　具体的には，ネットワークの隣接行列 $\boldsymbol{A}$ をもとに，ノード v_i と v_j について次のような $B_{i,j}$ を要素とする行列 $\boldsymbol{B}$ を考えます．

$$B_{i,j} = \alpha \frac{A_{i,j}}{\sum_{k=1}^{n} A_{k,j}} + (1-\alpha)\frac{1}{n}$$

$B_{i,j}$ は，ノード v_j にいるウォーカーが次にノード v_i に推移する確率を表しており，2 つの項からなっています．最初の項は，ウォーカーが現在いるノードにつながっているエッジを等確率で選び，隣接ノードへ推移する単純なランダムウォークを表す推移確率を表しています．有向ネットワークにおいては，このような単純なランダムウォークではノードから出ていく方向のエッジが存在しない行き止まりのノードに当たるとウォーカーがそのノードに留まってしまうことになるため，そのようなノードからは任意のノードを等確率で選び推移することを考えます．また，第 2 項ではウォーカーがエッジのつながりのあるなしに関わらず，任意のノードを等確率で選び推移すること（テレポート）を表しています．このテレポートによっても，ウォーカーは行き

　掛けると，そのベクトルの要素はその行列の固有値の大きさと固有ベクトルの方向に従ってスケールされます．行列を繰り返し掛けることで，このスケールは最大固有ベクトルの影響が支配的となり，元のベクトルは最大固有ベクトルの方向に収束します．

8)　たとえば，自身に入ってくる方向のエッジを持たないノードの固有ベクトル中心性は 0 になってしまいます．

止まりのノードから脱することができ，また自身に入ってくる方向のエッジを持たないノードへも到達することができるようになります．$B_{i,j}$ はウォーカーの推移が α の割合 [9]で単純なランダムウォークに従い，$1-\alpha$ の割合でテレポートに従うことを表しており，B は全体としてテレポートによる推移を考慮した推移確率行列を表しています．

ウォーカーがノード v_i にいる確率 x_i $(i=1,\ldots,n)$ を要素とするベクトルを $x = (x_1, x_2, \ldots, x_n)^\top \in [0,1]^n$ $(\sum_{i=1}^{n} x_i = 1)$ とすると，推移確率行列 B と x の積 Bx は，B に従って推移するウォーカーが各ノードに到達する確率を計算するという操作に対応しています．これにより，ウォーカーがネットワーク上で推移を繰り返した後にノードに到達する確率でそのノードの中心性を評価するページランクは，x に B を繰り返し掛けることで計算することができます．なお，ページランクは固有ベクトル中心性の一種と考えることもできます．B の最大固有値は 1 であり，固有ベクトル中心性のときと同様に x は B の最大固有値に対応する固有ベクトルになっています．

6.7 プログラミング

ネットワークにおけるノード間の距離およびノードの中心性を計算する処理を実際のデータを用いて行ってみましょう．以下では，ネットワーク分析のためのライブラリである NetworkX [10]を一部用います．

準備

まず，NetworkX を含む以下のライブラリをインポートします．

コード **6.1** ライブラリのインポート

```
import networkx as nx
import numpy as np
import pandas as pd
import matplotlib.pyplot as plt
```

NetworkX にはネットワークのデータセットが利用可能な形で提供されて

---

9)　α は 0 から 1 の範囲の値をとり，ダンピングファクターとも呼ばれます．たとえば $\alpha = 0.85$ のように設定されます．

10)　https://networkx.org/

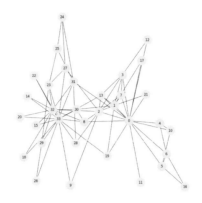

図 **6.3**　コード 6.2 の実行結果

います．ここでは，「Zachary's Karate Club」のネットワークと呼ばれるデー
タを用います．Karate Club ネットワークのノードはクラブの各メンバーに
対応しており，エッジはメンバー間の関係（クラブ外におけるメンバー間の交
友）に対応しています．エッジは方向がないため無向ネットワークとなりま
す．以下では，ノード集合とエッジ集合を保持するグラフオブジェクト G を
Karate Club ネットワークのデータから作成し，NetworkX の関数 draw [11)]
を用いて図 6.3 に示すようなネットワークを可視化しています [12)]．

コード **6.2**　グラフオブジェクトの作成とネットワークの可視化

```
G = nx.karate_club_graph()
pos = nx.spring_layout(G)
nx.draw(G, pos=pos, with_labels=True)
```

　グラフオブジェクトを組み込み関数 len に与えるとノードの数を取得でき
ます．また，グラフオブジェクトの size メソッド [13)] を呼び出すとエッジの
数を取得できます．

コード **6.3**　ネットワークのノード数とエッジ数

```
print(len(G), G.size())
```

---

11)　`networkx.draw`
12)　ノードはランダムに配置されますが，関数 spring_layout の引数 seed に値を指定すること
　　で配置を再現できます．変数 pos は可視化時のノードの配置に関する情報を保持しています．
13)　`networkx.Graph.size`

実行結果
34 78

Karate Club ネットワークは 34 のノードと 78 のエッジから構成されています．各ノードには 0 から 33 の数字が割り当てられており，以下ではこの数字をノードのラベルとして用います．

NetworkX の関数 to_numpy_array [14] を用いて，グラフオブジェクトからネットワークの隣接行列を次のように 2 次元配列として作成することができます [15]．

コード **6.4**　隣接行列の作成

```
adj_matrix = nx.to_numpy_array(G, dtype=int)
adj_matrix[adj_matrix > 0] = 1
```

adj_matrix は次のように，要素 adj_matrix[i][j] が 1 であればノード i と j の間にエッジがあることを表します．

実行結果
```
array([[0, 1, 1, ..., 1, 0, 0],
       [1, 0, 1, ..., 0, 0, 0],
       ...,
       [0, 0, 0, ..., 1, 1, 0]])
```

以下では，この隣接行列をもとに，ノードのラベルをキー，そのノードに隣接しているノードのラベルのリストをバリューとして持つ辞書 adj_list を作成しています．adj_list は隣接リストを表す辞書となります．

コード **6.5**　隣接リストの作成

```
adj_list = {}
for i in range(len(adj_matrix)):
  adj_list[i] = []
  for j in range(len(adj_matrix[i])):
      if adj_matrix[i][j] > 0:
        adj_list[i].append(j)
```

たとえば，辞書 adj_list のキーが 31 に対応するバリューであるリストに

14)　networkx.to_numpy_array
15)　Karate Club ネットワークは重み付きネットワークとして表されているため，ここでは 2 次元配列の要素の非零の値をすべて 1 とした上で重みなしのネットワークの隣接行列を表す 2 次元配列 adj_matrix を作成しています．

より，次のようにノード 31 には 0, 24, 25, 28, 32, 33 のノードが隣接していることがわかります．

コード **6.6**　隣接リストの参照

```
adj_list[31]
```

実行結果
```
[0, 24, 25, 28, 32, 33]
```

ノード間の距離の計算

幅優先探索によりネットワークのノード間の距離を計算するため，以下の仕様の関数 bfs [16) を実装します．

引数	adj_list	隣接リストを表す辞書
	start_node	探索の始点となるノードのラベルを表す整数
返り値	distances	ノードのラベルをキー，始点からそのノードへの距離をバリューとする辞書

キューのデータ構造 [17) を表す deque オブジェクトを使用するため，Python の標準ライブラリである collections から deque をインポートします．

コード **6.7** deque のインポート

```
from collections import deque
```

プログラム **6.1**　関数 bfs: 幅優先探索

```
1  def bfs(adj_list, start_node):
2    visited = []
3    distances = {}
4    for node in adj_list:
5      distances[node] = np.inf
6    visited.append(start_node)
7    distances[start_node] = 0
8    queue = deque([start_node])
9    while queue:
10     current_node = queue.popleft()
11     for neighbor in adj_list[current_node]:
12       if neighbor not in visited:
13         visited.append(neighbor)
14         distances[neighbor] = distances[current_node] + 1
15         queue.append(neighbor)
16   return distances
```

---

16)　幅優先探索の英語表記 breadth-first search の略.
17)　ここでは，幅優先探索の手続きにおいて隣接ノードを繰り返し処理するために，ノードを追加または取り出すためのデータ構造としてキューを利用します.

プログラムの説明

2 探索により到達済みのノードを保持するリスト

3 始点から各ノードへの距離を保持する辞書

4〜5 始点から各ノードへ距離を無限とする

6 start_node（始点）を到達済みとする

7 start_node 自身への距離を 0 とする

8 start_node をキューに入れる

9 キューにノードが入っている間，繰り返し [18]

10 先に入った順にキューからノードを 1 つ取り出す

11 current_node（キューから取り出したノード）の neighbor（隣接ノード）を繰り返し処理

12 neighbor が到達済みでないとき

13 neighbor を到達済みとする

14 始点から current_node までの距離に 1 増やしたものを 始点から neighbor までの距離とする

15 neighbor をキューに入れる

以下では，Karate Club ネットワークのノード 0 を始点として関数 bfs を呼び出して，その返り値を変数 distances に代入しています．ノード 0 からノード 22 への距離は 3 となります．

コード **6.8** ネットワークのノード間の距離の計算

```
distances = bfs(adj_list, 0)
print(distances[22])
```

実行結果

3

中心性の計算

NetworkX の関数 degree_centrality [19] にグラフオブジェクトを与えると，ネットワークの各ノードの次数中心性を計算することができます．同関数はノードのラベルをキー，そのノードの次数中心性をバリューとする辞書を返り値として返します．次数中心性の値は取りうる最大の次数（ネットワークのノード数から 1 を引いた値）で割ることで正規化されています．同様に，関数 closeness_centrality [20]，betweenness_centrality [21] を

---

18)　while 文は後の条件が成り立つ間，ブロック内の処理を繰り返します．

19)　networkx.degree_centrality

20)　networkx.closeness_centrality

21)　networkx.betweenness_centrality

	次数中心性	近接中心性	媒介中心性
0	0.484848	0.568966	0.437635
33	0.515152	0.550000	0.304075
32	0.363636	0.515625	0.145247
2	0.303030	0.559322	0.143657
31	0.181818	0.540984	0.138276
8	0.151515	0.515625	0.055927
1	0.272727	0.485294	0.053937
13	0.151515	0.515625	0.045863
19	0.090909	0.500000	0.032475
5	0.121212	0.383721	0.029987

図 **6.4**　コード 6.9 の実行結果

用いることでそれぞれ各ノードの近接中心性，媒介中心性を計算することができます．以下では，Karate Club ネットワークについて各ノードの次数中心性，近接中心性，媒介中心性を計算した結果からデータフレームを作成し，媒介中心性の大きい順にデータフレームの行を並び替えています．

コード **6.9**　次数中心性，近接中心性，媒介中心性の計算

```
degree_centrality = nx.degree_centrality(G)
closeness_centrality = nx.closeness_centrality(G)
betweenness_centrality = nx.betweenness_centrality(G)
centrality_df = pd.DataFrame({
    '次数中心性': degree_centrality,
    '近接中心性': closeness_centrality,
    '媒介中心性': betweenness_centrality
})
centrality_df.sort_values('媒介中心性', ascending=False)
```

図 6.4 は，媒介中心性の値が上位のノードを示しています．ノード 0 やノード 33 は媒介中心性の値が特に大きく，これらのノードは多くのノード間の最短経路上に位置しており，ノード同士を結びつける役割を果たしています．これらのノードが存在しないとネットワークは大きく分断されてしまうことにもなります．ノード 33 は最も多くのノードと隣接している次数中心性が最大のノードでもあります．一方，ノード 0 は近接中心性が最大のノードであり，ネットワーク上で平均的に，より短い距離で他のノードへ到達できる位置にあることがわかります．

　以下の仕様の関数 eigenvector_centrality により，続いて固有ベクトル中心性を計算します．

引数	adj_matrix	隣接行列を表す 2 次元配列
	iterations	固有ベクトル中心性を求めるための行列とベクトルの積の演算の繰り返し回数を表す整数
返り値	eigenvector	各ノードの固有ベクトル中心性の値を要素とする 1 次元配列（インデックスはノードのラベルに対応）

プログラム 6.2　関数 eigenvector_centrality: 固有ベクトル中心性の計算

```
1  def eigenvector_centrality(adj_matrix, iterations):
2    n = adj_matrix.shape[0]
3    eigenvector = np.ones(n)
4    for _ in range(iterations):
5      eigenvector = np.dot(adj_matrix, eigenvector)
6      eigenvector = eigenvector / np.sum(eigenvector)
7    return eigenvector
```

プログラムの説明

2　2 次元配列 adj_matrix の行数（ノードの数）を変数 n に代入
3　要素数が n の 1 次元配列 eigenvetor
　　配列の要素は各ノードの固有ベクトル中心性に対応（初期の値はすべて 1）
4　iterations 回数だけ処理を繰り返し
　　（for 文中の _ は処理で使用しない値の変数を表します）
5　adj_matrix（行列）と eigenvector（ベクトル）の積の計算
6　eigenvetor の要素（各ノードの固有ベクトル中心性）をすべての
　　要素の和で割り，固有ベクトル中心性の総和が 1 になるように正規化

　NumPy の関数 dot [22] に行列を表す 2 次元配列とベクトルを表す 1 次元配列を与えると，行列とベクトルの積を計算することができます．また，NumPy の関数 sum [23] を用いると，配列の要素の値の和を計算することができます．

　同様に，以下の仕様の関数 pagerank により，ページランクを計算します．

引数	adj_matrix	隣接行列を表す 2 次元配列
	alpha	ダンピングファクターを表す 0 から 1 の間の実数
	iterations	固有ベクトル中心性を求めるための行列とベクトルの積の演算の繰り返し回数を表す整数
返り値	pr_vector	各ノードのページランクの値を要素とする 1 次元配列（インデックスはノードのラベルに対応）

---

22)　numpy.dot
23)　numpy.sum

プログラム **6.3**　関数 pagerank: ページランクの計算

```
1  def pagerank(adj_matrix, alpha, iterations):
2    n = adj_matrix.shape[0]
3    adj_matrix[:, adj_matrix.sum(axis=0) == 0] = 1
4    adj_matrix = adj_matrix / adj_matrix.sum(axis=0)
5    matrix = alpha * adj_matrix + (1 - alpha) / n
6    pr_vector = np.ones(n) / n
7    for _ in range(iterations):
8      pr_vector = np.dot(matrix, pr_vector)
9    return pr_vector
```

プログラムの説明

3　2 次元配列 adj_matrix（隣接行列）の各列について，
　　すべての要素の和が 0 であるような列の要素をすべて 1 とする
4　adj_matrix を推移確率行列とする
5　テレポート推移を考慮した推移確率行列を表す 2 次元配列を作成
　　変数 matrix に代入
6　要素数が n の 1 次元配列 pr_vector
　　配列の要素は各ノードのページランクに対応（初期の値はすべて $\frac{1}{n}$）
7　iterations 回数だけ処理を繰り返し
8　matrix（行列）と pr_vector（ベクトル）の積の計算

- 3~4 行目では，隣接行列の各列の要素の値をその列の要素の値の和で割る
  ことで推移確率行列を計算しています（$B_{i,j}$ の第 1 項に対応）．このとき，
  ページランクでは有向ネットワークにおいて出ていく方向のエッジを持たな
  いノード（隣接行列においてそのノードに対応する列の要素の値はすべて 0
  となる）からは，任意のノードを等確率で選び推移する（列の要素の値はすべ
  て $\frac{1}{ノード数}$ となる）ことになります．そのため，列の要素の値がすべて 0（列
  の要素の値の和が 0）である場合，その列の要素の値をすべて 1 とした上で
  ノード数で割る処理をしています．

- 3 行目では，まず配列の sum メソッド [24] を呼び出し，配列 adj_matrix の
  各列の要素の値の和を計算しています．このとき，引数 axis に 0 を指定す
  ると，図 6.5 に例示するように配列の列ごとに要素の和を計算した結果を配
  列として返します．

形状(2, 3)の2次元配列　　　形状(3,)の1次元配列

$$\begin{array}{|c|c|c|} \hline 1 & 2 & 3 \\ \hline 4 & 5 & 6 \\ \hline \end{array} \text{.sum(axis=0)} = \begin{array}{|c|c|c|} \hline 5 & 7 & 9 \\ \hline \end{array}$$

図 **6.5**　sum(axis=0) メソッドによる配列の列方向の和の演算例

---

24)　numpy.ndarray.sum

次に，配列 adj_matrix の各列について，adj_matrix.sum(axis=0) == 0 により，要素の値の和が 0 であれば True，そうでなければ False を表すような配列を取得しています．その配列を adj_matrix の列のインデックスに添字指定する[25]ことで，要素の和が 0 であるような列を抽出し，そのような列の要素の値をすべて 1 とします．

- 4 行目では，配列 adj_matrix の各列の要素の値をその列の要素の値の和で割ることで推移確率の値としています．このとき，異なる形状の配列同士（配列 adj_matrix の形状は (n, n)，配列 adj_matrix.sum(axis=0) の形状は (n,)）で演算を行っていますが，配列のブロードキャスト[26]によって adj_matrix の形状と揃うように adj_matrix.sum(axis=0) の形状が行方向に拡張され演算が行われます．

- 5 行目は配列と数値の和の算術演算となっており配列の要素ごとに数値が足されることになりますが，ここでも adj_matrix の形状と揃うように，第 2 項では数値を要素とする配列にブロードキャストが行われ演算が行われます．

以下では，関数 eigenvector_centrality と関数 pagerank を呼び出して，その返り値をもとにデータフレームを作成し，Karate Club ネットワーク[27]の各ノードについて固有ベクトル中心性またはページランクの大きい順にデータフレームの行を並び替えています．ページランクを計算する際のダンピングファクターは 0.85 としています．

コード **6.10** 関数 eigenvector_centrality の実行

```
eigenvector = eigenvector_centrality(adj_matrix, 100)
eigenvector_df = pd.DataFrame(eigenvector,
                             columns=['固有ベクトル中心性'])
eigenvector_df.sort_values(ascending=False,
                          by=['固有ベクトル中心性'])
```

コード **6.11** 関数 pagerank の実行

```
pr_vector = pagerank(adj_matrix, 0.85, 100)
pr_vector_df = pd.DataFrame(pr_vector,
                           columns=['ページランク'])
pr_vector_df.sort_values(ascending=False,
                        by=['ページランク'])
```

---

25) p.52 参照.
26) p.54 参照.
27) Karate Club ネットワークは無向ネットワークですが，関数 pagerank は有向ネットワークにも適用可能です．

	固有ベクトル中心性		ページランク
33	0.075003	33	0.100919
0	0.071413	0	0.096997
2	0.063719	32	0.071693
32	0.062002	2	0.057079
1	0.053427	1	0.052877
8	0.045682	31	0.037158
13	0.045495	3	0.035860
3	0.042423	23	0.031523
31	0.038376	8	0.029766
30	0.035106	13	0.029536

図　6.6　コード
6.10 の実行結果

図　6.7　コード
6.11 の実行結果

　図 6.6，6.7 はそれぞれ固有ベクトル中心性，ページランクの値が上位であ
る Karate Club ネットワークのノードを示しています．固有ベクトル中心
性やページランクの基本的な考え方は，中心的なノードに隣接しているノー
ドほどまた中心的となるというものでした．たとえば，ノード 1 はノード 0
やノード 2 のような中心的なノードに隣接しており，固有ベクトル中心性や
ページランクの値が大きくなっています．また，そもそも中心的であるノー
ド 33 は，ノード 32 やノード 8 のような中心的なノードに隣接していること
で，固有ベクトル中心性やページランクの値がより大きくなっています．

演習問題

問 1　各ノードの中心性の値を要素とするベクトル x について，次のような更新手続
きを繰り返して求められる中心性を計算するプログラムを，関数 eigenvector_
centrality を参考に実装してください．

$$x_{t+1} = \alpha A x_t + \beta 1$$

1 は要素数が x と等しく，要素の値がすべて 1 のベクトルです．α には 0 か
ら 1 の間の任意の値を指定します．β にはノード数の逆数を指定します．

第7章

機械学習の基礎

本章では機械学習の基礎について学びます．まず，機械学習におけるデータの表現の仕方について学びます．次に，機械学習の教師あり学習の考え方として具体的なタスクである分類と回帰を例に学びます．その際，機械学習において重要となる汎化性能の考え方についても併せて学びます．次に，教師なし学習の考え方について学びます．最後に，データをもとにモデルを学習するという機械学習の過程について学びます．

プログラミング演習では，教師あり学習の回帰を例にして，実際のデータを用いた簡単な機械学習の処理を実装します．本章の学習内容は，次章以降で学ぶ機械学習の具体的な手法の基礎となるものです．本章の学習を通して，機械学習の基本となる一連の考え方について理解することを目標とします．

7.1 データの表現

データの集合である**データセット**をもとに，データに潜む規則や構造を自動的に学習する方法を**機械学習**と呼びます．図 7.1 は，Python の機械学習ライブラリである scikit-learn に含まれる Iris データセット [1] をもとに作成したデータフレームを示しています．データフレームの各行は同データセットの個々のデータであるアヤメの花に対応しています．データセットの個々のデータを**標本**（サンプル）あるいは**事例**（インスタンス）と呼びます．

第5章では単語を特徴とし，それらの特徴の組み合わせとしてテキストデータを表しました．機械学習ではこのようにデータを**特徴**（または**属性**）の組み合わせで表し，データの各特徴の値を**特徴量**（または**属性値**）と呼びます．

---

1) https://archive.ics.uci.edu/ml/datasets/Iris

	sepal length (cm)	sepal width (cm)	petal length (cm)	petal width (cm)	target	target_name
0	5.1	3.5	1.4	0.2	0	setosa
1	4.9	3.0	1.4	0.2	0	setosa
2	4.7	3.2	1.3	0.2	0	setosa
3	4.6	3.1	1.5	0.2	0	setosa
4	5.0	3.6	1.4	0.2	0	setosa
...	...	...	...	...	...	...
145	6.7	3.0	5.2	2.3	2	virginica
146	6.3	2.5	5.0	1.9	2	virginica
147	6.5	3.0	5.2	2.0	2	virginica
148	6.2	3.4	5.4	2.3	2	virginica
149	5.9	3.0	5.1	1.8	2	virginica

150 rows × 6 columns

図 **7.1**　Iris データセット

特徴をベクトルの各次元に対応させることで，テキストデータをベクトルとして表現したように，データは**特徴ベクトル**として表すことができます．Irisデータセットでは各花はガク（sepal）の長さと幅，ベン（petal）の長さと幅の 4 つの特徴で表されており，これらの特徴を次元とする特徴ベクトルとして各花を表すことができます．特徴ベクトルで表された各事例は特徴が構成する空間内 [2) の各点として位置づけられます．

　データセットの各事例が，次のように n 個の特徴からなる特徴ベクトル $\boldsymbol{x} \in \mathbb{R}^n$ で表されており，

$$\boldsymbol{x} = (x_1, x_2, \ldots, x_n)^\top$$

データセット $\mathcal{D}$ に m 個の事例が含まれることを次のように表すことにします．

$$\mathcal{D} = \{\boldsymbol{x}^{(1)}, \boldsymbol{x}^{(2)}, \ldots, \boldsymbol{x}^{(m)}\} = \{\boldsymbol{x}^{(i)}\}_{i=1}^m$$

$\boldsymbol{x}^{(i)}$ は，データセット中の i 番目の事例を表します．このとき，データセットは次のようにサイズが $m \times n$ の行列 $\boldsymbol{X}$ として表すことができます [3).

$$\boldsymbol{X} = \begin{pmatrix} \boldsymbol{x}^{(1)\top} \\ \boldsymbol{x}^{(2)\top} \\ \vdots \\ \boldsymbol{x}^{(m)\top} \end{pmatrix} = \begin{pmatrix} x_1^{(1)} & x_2^{(1)} & \cdots & x_n^{(1)} \\ x_1^{(2)} & x_2^{(2)} & \cdots & x_n^{(2)} \\ \vdots & \vdots & \ddots & \vdots \\ x_1^{(m)} & x_2^{(m)} & \cdots & x_n^{(m)} \end{pmatrix}$$

---

2)　特徴空間または属性空間と呼びます．
3)　このような行列をデザイン行列と呼ぶことがあります．

X の各行はデータセット中の各事例に対応し，行数は事例の数となります．また，X の各列は各特徴に対応し，列数は特徴の数（次元の数）となります．X の i 行 j 列の要素は i 番目の事例の j 番目の特徴の特徴量 $x_j^{(i)}$ に対応しています．

7.2 教師あり学習

7.2.1 分類

Iris データセットでは，図 7.1 のデータフレームの「target_name」の列に示すように，各花には花の種類を表す setosa, versicolour, virginica の 3 つのいずれかのラベルが付与されています．また，「target」の列に示すように，それぞれのラベルは 0, 1, 2 のいずれかの数値に置き換えられて表されています．このようにデータセットの事例にはラベルが付与されていることがあります．ラベルは次のようにデータセットの事例の数と同じ要素数のベクトル y として表すことができます．

$$y = (y^{(1)}, y^{(2)}, \ldots, y^{(m)})^\top$$

データセットの i 番目の事例 $x^{(i)}$ に対するラベルを $y^{(i)}$ としたとき，データセット $\mathcal{D}$ に m 個の事例とラベルの組みが含まれることを次のように表すことにします．

$$\mathcal{D} = \{(x^{(1)}, y^{(1)}), (x^{(2)}, y^{(2)}), \ldots, (x^{(m)}, y^{(m)})\} = \{(x^{(i)}, y^{(i)})\}_{i=1}^m$$

ここで，ラベル $y^{(i)}$ を入力 $x^{(i)}$ に対する出力として考えると，$(x^{(i)}, y^{(i)})$ は入力と出力の組みを表していることになります．機械学習のうち**教師あり学習**では，入力に対する出力を "教師" として，入力に対してどのような出力かを予測するような**モデル**を，データセットをもとにして学習します．

たとえば，Iris データセットでは，ある花のベンとガクの特徴量を入力として，その花の種類を出力として予測するようなモデルを学習することが考えられます．このとき，花の種類は離散値となっており，このように予測する値が離散値の場合の教師あり学習のタスクを**分類**と呼びます．分類において予測したい離散値を**クラス**と呼ぶことがあります．クラスの数が 2 つの場

	age	sex	bmi	bp	s1	s2	s3	s4	s5	s6	target
0	0.038076	0.050680	0.061696	0.021872	-0.044223	-0.034821	-0.043401	-0.002592	0.019907	-0.017646	151.0
1	-0.001882	-0.044642	-0.051474	-0.026328	-0.008449	-0.019163	0.074412	-0.039493	-0.068332	-0.092204	75.0
2	0.085299	0.050680	0.044451	-0.005670	-0.045599	-0.034194	-0.032356	-0.002592	0.002861	-0.025930	141.0
3	-0.089063	-0.044642	-0.011595	-0.036656	0.012191	0.024991	-0.036038	0.034309	0.022688	-0.009362	206.0
4	0.005383	-0.044642	-0.036385	0.021872	0.003935	0.015596	0.008142	-0.002592	-0.031988	-0.046641	135.0
...	...	...	...	...	...	...	...	...	...	...	...

図 **7.2**　Diabetes データセット

合の分類を **2 クラス分類**または **2 値分類**と呼び，ラベルの値の集合はたとえ
ば，$\{-1, +1\}$ や $\{0, 1\}$ のように表されます．クラスの数が 3 つ以上の場合
の分類を**多クラス分類**または多値分類と呼びます．

　分類の応用例である画像認識は，画像に写っているものを複数のクラスに分
類する多クラス分類のタスクとなります．機械学習のモデルは，データセッ
トの各画像にあらかじめ付与されたその被写体のカテゴリを表すラベルをも
とに，画像とカテゴリの関係を学習することにより画像認識を行います．ま
た，分類の別の応用例として機械翻訳は，翻訳元の入力に対して出力となる翻
訳先の言語の単語とそれが構成する文を予測するという分類の問題として考
えることもできます．機械学習のモデルは，異なる言語間の対訳データセッ
トをもとに言語間の関係を学習することにより機械翻訳を行います．

7.2.2　回帰

　入力に対してモデルが出力として予測する値が連続値の場合の教師あり学
習のタスクを**回帰**と呼びます．回帰ではラベルの値の集合は実数の集合とな
ります．回帰の実社会の問題への応用として，たとえば将来の需要，消費量，
価格，人流などの数値を予測するために過去のデータをもとに機械学習を行
うことが考えられます．機械学習によるこのような予測は，複雑な状況にお
ける人の判断や意思決定を補助することにもなります．

　回帰に用いられるデータセットの例として，図 7.2 は scikit-learn から取
得可能なデータセットの 1 つである Diabetes データセット [4]をもとに作成
したデータフレームを示しています．データフレームの各行は事例となる患
者に対応しており，各患者は年齢，性別，BMI，血圧，血清測定値などの特
徴で表されています．また，ラベル（データフレームの「target」の列）とし

---

4)　https://archive.ics.uci.edu/ml/datasets/diabetes

て各患者の疾患の進行度が連続値として付与されています. このデータセットをもとに, 患者の特徴量を入力として, その患者の疾患の進行度を出力として予測するモデルを学習することが考えられます.

7.3 汎化性能

教師あり学習のタスクである分類や回帰では, 与えられたデータセットをもとに, 入力に対する出力を予測するようなモデルを学習することになります. このとき, モデルの学習に用いられるデータセットを**訓練データセット**または**訓練データ**と呼び, 訓練データの各事例を訓練事例と呼びます. 教師あり学習では訓練データをもとに, 入力となる特徴空間 $\mathcal{X}$ から出力となるラベルの値の集合であるラベル空間 $\mathcal{Y}$ への写像 $f : \mathcal{X} \to \mathcal{Y}$ をモデルとして学習を行っていると考えることができます. 訓練データから f が学習できれば, ラベルが未知の入力 $\boldsymbol{x}$ に対して出力 y を $y = f(\boldsymbol{x})$ として予測することができます. 訓練データで学習したモデルの予測の性能を確認することを**テスト**と呼びます. テストに用いられるデータセットを**テストデータセット**または**テストデータ**と呼び, テストデータ内の各事例をテスト事例と呼びます.

訓練データで学習したモデルを仮説と呼ぶことがあります. 仮説としてのモデルは, 訓練データについて, 入力に対する出力を予測するための潜在的な規則性を学習しています. しかし, テストデータのようにモデルの学習に使用していない未知のデータについてはその真の潜在的な規則性はわかりません. 学習したモデルの未知のデータに対する性能を**汎化性能**と呼びます. 機械学習では, モデルが訓練に用いたデータだけでなく, 未知のデータに対しても正しく予測を行うことができるようにモデルの学習をすることが重要になります.

7.4 教師なし学習

教師あり学習では, ラベルが付与された事例からなる訓練データが与えられ, ラベルを出力として考え, 入力に対する出力を予測するモデルを学習することを考えました. 一方, ラベルを考慮せず, 入力としての事例だけから

なるデータセットをもとにデータに潜む規則や構造を学習することを**教師な
し学習**と呼びます．たとえば，教師なし学習のタスクの 1 つである**クラスタ
リング**では，類似した特徴を持つ事例をまとめて**クラスタ**と呼ばれる潜在的
なグループに分けます．たとえば，Iris データセットについて，ベンとガクの
特徴が類似した花同士をクラスタとしてグループ化することが考えられます．
花の種類が同じであれば，それらの花の特徴は類似している傾向があります
が，クラスタリングではラベルである花の種類の情報は使用しません．クラ
スタリングは，教師となるラベルを用いることなく，クラスタを表すラベル
を各事例に適切に割り当てることにより事例をグループ化することを学習し
ます．

　教師なし学習のタスクの別の例として**次元削減**があります．データを表す
特徴の数が膨大であるような高次元なデータでは，データを扱う際に問題が
生じることがあります．次元削減は高次元な特徴空間を，より低次元の特徴
空間（部分空間）へ変換を行います．たとえば，Iris データセットについて，
花は 4 つの特徴で表されていますが，次元削減により 2 つまたは 3 つの潜在
的な特徴で花を表すことができれば，2 次元または 3 次元空間における可視
化を通してデータを人が視覚的に把握しやすくすることもできます．

7.5　機械学習のモデル

7.5.1　モデルの表現

　教師あり学習の回帰のタスクを例に，実際に訓練データをもとにモデルを
学習することを考えてみましょう．以下では，Diabetes データセットを用い
て，患者の BMI からその患者の疾患の進行度を予測するような単純なモデ
ルを学習することを考えます．患者の BMI と疾患の進行度の関係を可視化
した散布図は図 7.3 のようになります．

　ここでは，学習するモデルとして次のような 1 次関数 $f(x)$ を考えます．

$$f(x) = wx + b$$

$x \in \mathbb{R}$ はモデルの入力となる患者の BMI となります [5]．$w \in \mathbb{R}$ と $b \in \mathbb{R}$ を

---

5)　各特徴はあらかじめ標準化されているため，BMI が負の値となる事例もあります．

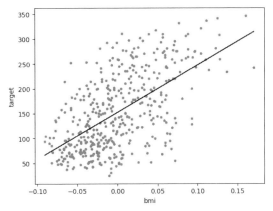

図 **7.3**　Diabetes データセットの患者の BMI と疾患の進行度の関係

モデルの**パラメータ**と呼びます.

7.5.2　モデルの学習

　モデルのパラメータは,モデルを学習するアルゴリズム(**学習アルゴリズ****ム**)を用いて,訓練データをもとに決定されます.このことをパラメータを推定する(**パラメータ推定**)といいます.パラメータ w と b はそれぞれ 1 次関数 $f(x)$ の傾きと切片に対応しており,ここでのモデルの学習は,入力である患者の BMI と出力であるその患者の疾患の進行度の関係をよく表すように,傾きと切片を訓練データをもとに決めるということになります.

　具体的には,訓練データ $\mathcal{D} = \{(x^{(i)}, y^{(i)})\}_{i=1}^{m}$ について,入力 $x^{(i)}$ に対する実際の出力 $y^{(i)} \in \mathbb{R}$ と推定したパラメータが定める関数の出力 $\hat{f}(x^{(i)}) \in \mathbb{R}$ [6]との間の誤差がなるべく小さくなるようにパラメータを決定するということを行います [7].このとき,推定されたパラメータ $\hat{w}$ と $\hat{b}$ の値はそれぞれ約 949.44,約 152.13 となります.これらのパラメータが定める関数は $\hat{f}(x) = 949.44x + 152.13$ となり,図 7.3 中の直線に対応します.データをもとに学習されたこの関数 $\hat{f}(x)$ をモデルとして,新たな患者の BMI の入力に対するモデルの出力から,その患者の疾患の進行度を予測することができます.

---

6)　ハット記号は推定されたものであることを表します.
7)　具体的には第 10 章で説明するように,訓練データについて,$y^{(i)}$ と $\hat{f}(x^{(i)})$ の間の平均二乗誤差をもとに,最小二乗法と呼ばれる学習アルゴリズムを用いてパラメータ推定を行います.

7.5.3　訓練誤差と汎化誤差

モデルの学習では，訓練データについて，入力に対する実際の出力とモデルの出力との間の誤差が小さくなるようにモデルのパラメータを決定することを考えました．このとき，訓練データに対するモデルの誤差を**訓練誤差**あるいは経験誤差と呼びます．一方，モデルは未知の新たなデータに対しても正しく予測を行うことができることを期待されます．未知のデータに対するモデルの誤差を**汎化誤差**と呼びます．

データに対するモデルの誤差を表す関数を**損失関数**と呼びます [8]．損失関数は，モデルのパラメータに関する関数となっており，モデルがデータをどれぐらいよく説明するかを定量化します．モデルの汎化誤差は未知のデータに対する損失の期待値となり，理想的にはこの汎化誤差をできるだけ小さくするようなモデルを学習したいということになります．しかし，未知のデータの分布を扱うことはできません．そこで，モデルの学習は，実際に観測された有限個のデータである訓練データについて，訓練誤差を最小化するように行われます．その際，未知の新たなデータに対してもその汎化誤差がなるべく小さくなるような汎化性能を持ったモデルを選択することが重要となります．

7.6　プログラミング

以下では，scikit-learn ライブラリを用いて，先に示した Diabetes データセットをもとにしたモデルの学習と予測を実際に行ってみます．scikit-learn ライブラリ [9] では機械学習の処理を行うためのさまざまな機能が提供されています．まず，必要なライブラリをインポートしておきます．

コード **7.1** ライブラリのインポート

```
import pandas as pd
import numpy as np
import matplotlib.pyplot as plt
```

---

8)　具体的な損失関数の例として，第 10 章で扱う平均二乗誤差や第 12 章で扱う交差エントロピー誤差があります．

9)　https://scikit-learn.org/

　以下では，scikit-learn の datasets モジュールの関数 `load_diabetes` [10] を用いて，Diabetes データセットから図 7.2 に示すようなデータフレーム `diabetes_df` を作成しています．

コード **7.2** データセットの読み込み

```
from sklearn.datasets import load_diabetes
diabetes = load_diabetes()
diabetes_df = pd.DataFrame(diabetes.data,
                           columns=diabetes.feature_names)
diabetes_df['target'] = diabetes.target
```

　scikit-learn の `LinearRegression` クラスは，回帰タスクのモデルのクラス [11] となります．以下では，同クラスを用いて，訓練データ（データの事例数を m，特徴の数を 1 とします）をもとにモデルのパラメータの学習を行っています．

コード **7.3** 回帰モデルの学習

```
from sklearn.linear_model import LinearRegression
X_train = diabetes_df['bmi'].values.reshape(-1, 1)
y_train = diabetes_df['target'].values
model = LinearRegression()
model.fit(X_train, y_train)
print(f'w: {model.coef_[0]:.2f}')
print(f'b: {model.intercept_:.2f}')
```

実行結果
```
w: 949.44
b: 152.13
```

- モデルに与える入力として，データフレーム `diabetes_df` の「bmi」の列から 2 次元配列 `X_train`（形状は $(m, 1)$）を作成します [12] [13]．また，モデルに与えるラベルとして，「target」の列から 1 次元配列 `y_train`（形状は $(m,)$）を作成します．

- `LinearRegression` クラスのオブジェクトを作成し [14]，同オブジェクトの `fit` メソッド [15] に `X_train` と `y_train` を与えて呼び出します．これにより，

---

10)　sklearn.datasets.load_diabetes
11)　オブジェクトのもととなる情報を定義したものをクラスと呼びます．
12)　データフレームの values 属性は元のデータフレームを配列で表現したものを返します．
13)　pandas.DataFrame.values
14)　クラスに基づいて作成された具体的なオブジェクトのことをインスタンスと呼びます．
15)　sklearn.linear_model.LinearRegression.fit

モデルのパラメータの推定が行われます.

- 同オブジェクトの `coef_`属性と `intercept_`属性 [16)]には, それぞれ入力の各特徴に対する係数となるパラメータ (ここでは先の例の w に対応), 切片となるパラメータ (ここでは先の例の b に対応) が含まれています.

`LinearRegression` クラスのオブジェクトの `predict` メソッド [17)]に, 新たな入力となるデータを 2 次元配列として与えて呼び出すことで, 入力に対するモデルの予測結果の値を要素とする配列が返ります. 以下では, 0.1 という入力に対するモデルの予測結果を示しています.

コード **7.4** 回帰モデルを用いた予測

```
X_test = np.array([[0.1]])
prediction = model.predict(X_test)
print(f'prediction: {prediction[0]:.2f}')
```

実行結果
```
prediction: 247.08
```

演習問題

問 1　機械学習を含む人工知能の諸分野を整理した AI マップ [18)]では, 社会の具体的な課題とそれを解決するための技術との関係が整理されています. AI マップを参考に, 機械学習が社会のどのような課題の解決に適用可能かを調査し, まとめてください.

問 2　The UCI Machine Learning Repository [19)]では, 機械学習の活用例とそのデータセットがまとめられています. また, Paper With Code [20)]では, 画像・言語・音声処理, ゲーム, ロボットなどの各応用領域における機械学習の活用例とそのデータセットがまとめられています. これらの情報を参考に, 回帰, 分類, クラスタリング, 次元削減などの機械学習のタスクが具体的にどのように活用されているのか, またそのためにどのようなデータセットが用いられているのかを調査し, まとめてください.

---

16)　`sklearn.linear_model.LinearRegression.coef_` および `intercept_`
17)　`sklearn.linear_model.LinearRegression.predict`
18)　https://www.ai-gakkai.or.jp/aimap/latest-ja
19)　https://archive.ics.uci.edu/
20)　https://paperswithcode.com/sota

第 8 章

クラスタリング

　本章ではクラスタリングの基礎について学びます．クラスタリングを用いると，たとえばマーケティングのための顧客のセグメント，商品推薦のための嗜好が類似するユーザの抽出，遺伝子発現パターンのグループ化などの応用例のように，データセットから類似した特徴を持つ事例をまとめてグループ分けを行うことができるようになります．以下ではまず，クラスタリングの基本的な考え方について学んだ上で，具体的な手法として階層化クラスタリングについて学びます．次に，クラスタリングの別の手法として K-means 法によるクラスタリングについて学びます．また，発展的な内容として混合確率分布のモデルにより K-means 法を解釈することを学びます．

　プログラミング演習では，クラスタリング手法をプログラムとして実装した上で，実際のデータとして都道府県の気象に関するデータをもとにクラスタリングによって都道府県のグループを抽出します．本章の学習を通して，クラスタリングの基本的な考え方および具体的な手法として階層化クラスタリングと K-means 法について理解し，実データに対してそれらの手法を実際に適用することができるようになることを目標とします．

8.1　クラスタリング

　教師なし学習では，入力に対するラベルを考慮せず，入力としての事例だけからなるデータセットをもとにデータに潜む規則や構造を学習します．教師なし学習の手法の1つであるクラスタリングでは，類似した特徴を持つ事例をまとめてクラスタと呼ばれる潜在的なグループに分けます．m 個のラベルなしの事例からなるデータセット $\mathcal{D} = \{\boldsymbol{x}^{(i)}\}_{i=1}^{m}$ が与えられ，各事例は n

次元の特徴ベクトル $\boldsymbol{x} \in \mathbb{R}^n$ で表されているとします．クラスタリングの学習アルゴリズムは $\mathcal{D}$ の事例を k 個のクラスタに分割を行います．このとき，それら k 個のクラスタを $\{\mathcal{C}_j\}_{j=1}^k$ と表すことにします．事例 $\boldsymbol{x}^{(i)}$ のクラスタのラベルを $c^{(i)} \in \{1, 2, \ldots, k\}$ として表すとき，$\mathcal{C}_j$ はクラスタのラベルが j となる事例 $\boldsymbol{x}^{(i)} \in \mathcal{C}_{c^{(i)}=j}$ の集合となっています[1]．

クラスタリングでは，同じクラスタ内の事例同士は互いに類似した特徴を持ち，異なるクラスタに属する事例同士は互いに異なる特徴を持つように事例をクラスタに分割します．そのため，クラスタリングでは事例間の類似度を計算する必要があります．ここでは，2 つの事例 $\boldsymbol{x}^{(i)}$ と $\boldsymbol{x}^{(j)}$ の間の類似度の尺度として事例間の距離 $\mathrm{dist}(\boldsymbol{x}^{(i)}, \boldsymbol{x}^{(j)})$ を考え，具体的には距離尺度として次のようなユークリッド距離を用いて事例 $\boldsymbol{x}^{(i)}$ と $\boldsymbol{x}^{(j)}$ の類似度を計算します．

$$\mathrm{dist}_{\mathrm{euclid}}(\boldsymbol{x}^{(i)}, \boldsymbol{x}^{(j)}) = \|\boldsymbol{x}^{(i)} - \boldsymbol{x}^{(j)}\| = \sqrt{\sum_{k=1}^n (x_k^{(i)} - x_k^{(j)})^2}$$

ユークリッド距離は $\boldsymbol{x}^{(i)} - \boldsymbol{x}^{(j)}$ のノルムになっています．第 5 章では，ベクトルで表現したテキストの間の類似度の尺度としてコサイン類似度を考えました．ベクトル $\boldsymbol{x}^{(i)}$ と $\boldsymbol{x}^{(j)}$ がそれぞれ大きさが 1 に正規化されているとすると，ユークリッド距離の平方は次のように表すことができます．

$$\|\boldsymbol{x}^{(i)} - \boldsymbol{x}^{(j)}\|^2 = 2(1 - \boldsymbol{x}^{(i)} \cdot \boldsymbol{x}^{(j)})$$

これにより，正規化されたベクトル間のユークリッド距離はベクトル間のコサイン類似度を計算しているとみることもできます．

8.2　階層化クラスタリング

以下では，クラスタリングの学習アルゴリズムの 1 つとして**階層化クラスタリング**を考えます．階層化クラスタリングは，木構造の形でクラスタの階層構造を発見することでデータセットをクラスタリングする方法です．クラスタの階層構造を発見するには，データセット全体を分割していくトップダ

---

[1]　クラスタ間で重複する事例がなく（$\mathcal{C}_j \bigcap_{j \neq j'} \mathcal{C}_{j'} = \emptyset$），かつすべてのクラスタの事例の集合がデータセットと同じになる（$\mathcal{D} = \bigcup_{j=1}^k \mathcal{C}_j$）ような集合です．

ウン型，個々の事例を併合していくボトムアップ型の 2 つの考え方があります．以下では，ボトムアップ型の階層化クラスタリングを考えます．

　まず，データセットの各事例それぞれをクラスタとみなして，あらかじめクラスタ間の距離として事例間の距離を計算しておきます．このとき，クラスタ間の距離は各行・各列が 1 つのクラスタに対応した距離行列として表すことができます．距離行列の i 行 j 列の要素は j 行 i 列の要素と等しく，i 番目のクラスタと j 番目のクラスタの間の距離に対応しています．次に，最も距離が近い 2 つのクラスタを新たな 1 つのクラスタとして併合した上で，クラスタ間の距離を表す距離行列を更新します．このとき，併合前のクラスタに対応する距離行列の行と列は削除しておきます．このようなクラスタの併合の処理を，クラスタの数があらかじめ指定した値，あるいはクラスタの数が 1 となるまで繰り返します．

　クラスタは事例の集合であり，クラスタ間の距離を計算するには集合間の距離尺度を定義する必要があります．以下では，そのような距離尺度の例として最短距離法，最長距離法，群平均法を考えます．なお，事例間の距離はたとえばユークリッド距離で計算することを考えます．まず，最短距離法では，次のように 2 つのクラスタ $\mathcal{C}_i$ と $\mathcal{C}_j$ の最も距離の近い事例間の距離に基づいてクラスタ間の距離が決定されます．

$$\min_{\boldsymbol{x} \in \mathcal{C}_i, \boldsymbol{x}' \in \mathcal{C}_j} \mathrm{dist}(\boldsymbol{x}, \boldsymbol{x}')$$

次に，最長距離法では，次のように 2 つのクラスタ $\mathcal{C}_i$ と $\mathcal{C}_j$ の最も距離の遠い事例間の距離に基づいてクラスタ間の距離が決定されます．

$$\max_{\boldsymbol{x} \in \mathcal{C}_i, \boldsymbol{x}' \in \mathcal{C}_j} \mathrm{dist}(\boldsymbol{x}, \boldsymbol{x}')$$

最後に，群平均法では，次のように 2 つのクラスタ $\mathcal{C}_i$ と $\mathcal{C}_j$ のすべての事例間の組みの距離の平均に基づいてクラスタ間の距離が決定されます．

$$\frac{1}{|\mathcal{C}_i||\mathcal{C}_j|} \sum_{\boldsymbol{x} \in \mathcal{C}_i} \sum_{\boldsymbol{x}' \in \mathcal{C}_j} \mathrm{dist}(\boldsymbol{x}, \boldsymbol{x}')$$

　最短距離法，最長距離法，群平均法の各クラスタ間の距離尺度に対応したボトムアップ型の階層化クラスタリングをそれぞれ単連結（single-linkage），

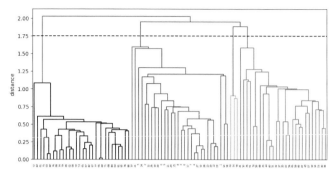

図 **8.1**　デンドログラムの例

完全連結（complete-linkage），平均連結（average-linkage）のクラスタリングと呼びます．ボトムアップ型の階層化クラスタリングはこの他にも重心法，ウォード法などの手法があります．

　クラスタ間の距離尺度に応じて，クラスタの異なる階層構造が得られます．そのため，クラスタリングの目的に応じて適切なクラスタ間の距離尺度を選択する必要があります．最短距離法や最長距離法によるクラスタリングの結果は，群平均法と比べると，データセットの外れ値となっている事例の影響を受けやすい傾向があります．最短距離法では，比較的距離の離れたクラスタ同士であっても併合されてしまうことで，クラスタの大きさが偏りやすくなる傾向があります．最長距離法では，ある程度まとまった大きさのクラスタが併合され，クラスタの大きさが比較的揃いやすい傾向があります．

　ボトムアップ型の階層化クラスタリングにおけるクラスタの併合過程は，図 8.1 に示すような**デンドログラム**として表すことができます．デンドログラムは，クラスタの併合過程とその階層構造を木構造として可視化したものになっています．木の葉は個々の事例に，木の高さはクラスタが併合したときのクラスタ間の距離にそれぞれ対応しています．階層化クラスタリングでは，あるしきい値以下の距離で併合した任意の数のクラスタを抽出することができます．このことをデンドログラムの上で表すと，図 8.1 中の破線をクラスタ間の距離のしきい値として，そのしきい値以下の距離で併合したクラスタを抽出して可視化することになります．図 8.1 では，4 つのクラスタを抽出するようにしきい値を定めています．

8.3 K-means 法

8.3.1 K-means 法のモデルと学習アルゴリズム

以下では，クラスタリングの別の学習アルゴリズムとして **K-means 法**（K 平均法）を考えます．階層的クラスタリングとは異なり，K-means 法によるクラスタリングでは，あらかじめクラスタの数を指定します．m 個の事例からなるデータセットの事例は k 個のクラスタに分割され，各クラスタの中心点を表す k 個のベクトルを $\boldsymbol{\mu}_1, \boldsymbol{\mu}_2, \ldots, \boldsymbol{\mu}_k$ とします．このとき，$\boldsymbol{\mu}_j \in \mathbb{R}^n$ は次のように計算することができます．

$$\boldsymbol{\mu}_j = \frac{\sum_{i=1}^{m} 1\{c^{(i)} = j\} \boldsymbol{x}^{(i)}}{\sum_{i=1}^{m} 1\{c^{(i)} = j\}}$$

$1\{$ 条件 $\}$ は条件が真であれば 1，そうでなければ 0 となります．$\boldsymbol{\mu}_j$ は j 番目のクラスタに含まれる事例を表す特徴ベクトルを平均したものになっており，クラスタの平均ベクトル（**セントロイド**）と呼びます．

K-means 法は，次のようにデータセットの各事例について，事例とその事例が属するクラスタのセントロイドとのユークリッド距離を誤差と考え，それらの誤差の平方和を最小化することを考えます．誤差の平方を考えることで，この最小化の問題が扱いやすくなります．

$$L(c^{(1)}, c^{(2)}, \ldots, c^{(m)}, \boldsymbol{\mu}_1, \boldsymbol{\mu}_2, \ldots, \boldsymbol{\mu}_k) = \sum_{i=1}^{m} \|\boldsymbol{x}^{(i)} - \boldsymbol{\mu}_{c^{(i)}}\|^2$$

関数 L は K-means 法の学習アルゴリズムの損失関数となっており，K-means 法ではこの損失関数を最小化するように，各事例に対するクラスタラベルの割り当てとクラスタのセントロイドを決定します．損失関数の値が小さければ，クラスタのセントロイドとそのクラスタ内の各事例との距離が小さいことを示しており，互いに類似した特徴を持つ事例が同じクラスタに属していることになります．

しかし，この損失関数を最小化するような最適解を求めるには，データセットの各事例についてすべての可能なクラスタラベルの割り当てを評価する必

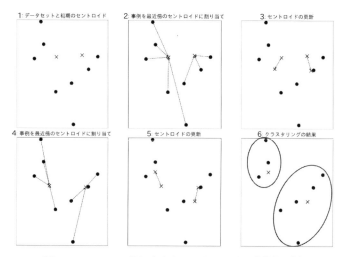

図 8.2　K-means 法によるクラスタリングの手続きの例

要があり，計算に時間を要することになります [2]．そこで，K-means 法では，反復的な最適化を行うことで損失関数をなるべく最小化するような近似解を求めます．このことを，次のように 2 次元の特徴ベクトルで表される事例からなるデータセットで考えます．ここでは，図 8.2 に示すようにデータセットを単純に 2 つのクラスタに分割することを考えます．

　まず，初期のセントロイドとしてデータセットからクラスタの数だけ任意の事例をランダムに選びます [3]．次に，各事例と各セントロイドの間の距離を計算し，各事例についてその最近傍のセントロイドに対応するクラスタラベルを割り当てます．これは，損失関数の値を小さくするように各事例 $x^{(i)}$ に対する最適なクラスタラベル $c^{(i)}$ を推定していることになります．図 8.2 の 2 では，この割り当てを各事例からその最近傍のセントロイドへの破線で示しています．

　次に，各クラスタの事例をもとにそのクラスタのセントロイドを更新します．これは，損失関数の値を小さくするように各クラスタの最適なセントロイ

---

2)　このように問題の規模が大きくなったとき，計算に要する時間があまりにも増大するため，コンピュータでは実際に扱うことが困難な問題を NP (non-deterministic polynomial-time) 困難な問題と呼びます．

3)　図 8.2 の 1 では，事例とは別に初期のセントロイド（× 印で示す）をクラスタの数だけ作成しています．

ドを推定していることになります．図 8.2 の 3 では，この更新によるセント
ロイドの変化を更新前のセントロイドから更新後のセントロイドへの破線で
示しています．以降，同様に各事例の最近傍のセントロイドに基づく各事例
へのクラスタラベルの割り当て（図 8.2 の 4）とセントロイドの更新（図 8.2
の 5）を繰り返します．この繰り返しの手続きにより，損失関数の値は減少
していくことになります．以上の手続きを，各事例へのクラスタラベルの割
り当てが変化しない，または損失関数の値があるしきい値以下になるまで繰
り返します．図 8.2 では，データセットの事例は最終的に 2 つのクラスタに
分割されます．

　上記の例では，2 次元の特徴ベクトルで表された事例からなるデータセッ
トを 2 つのクラスタに分割することを考えましたが，K-means 法によるクラ
スタリングは n 次元の特徴ベクトルで表された事例からなるデータセットを
あらかじめ指定した数のクラスタに分割することに適用できます．

8.3.2　クラスタ数の決定

　クラスタリングによって得られたクラスタの良さを定量的に評価すること
で，最適なクラスタ数を決定することがあります．たとえば，分散比基準（ま
たは Calinski and Harabasz 基準）では，クラスタ間の分散（各クラスタの
セントロイドとすべての事例の平均ベクトルの間の平方距離の和）とクラス
タ内の分散（各クラスタのセントロイドとそのクラスタに割り当てられた事
例の間の平方距離の和）の比率によって，クラスタの良さを定量化するもの
です．この基準では，クラスタ間の分散が大きく，クラスタ内の分散が小さ
いほど良いクラスタであると評価されることになります．これは，異なるク
ラスタに属する事例同士は互いに離れ，同じクラスタ内の事例同士は互いに
近くなるというクラスタリングの本来の目的を定量化して評価していること
になります．この基準をもとに，異なるクラスタ数でのクラスタの良さを比
較し最適なクラスタ数を決定することができます．この他に，クラスタの良
さを定量的に評価するための指標としてギャップ統計量やベイズ情報量基準
（BIC）などがあります．これらの定量的な指標は最適なクラスタ数を決定す
るための指針となりえますが，一方で適切なクラスタ数は，最終的に得られ
たクラスタをどのように問題解決に使うかという目的に応じて検討すること

も必要となります.

8.3.3　セントロイドの選択

K-means 法の手続きによって決定される各事例に対するクラスタラベルの割り当てとクラスタのセントロイドは,損失関数をなるべく最小化するような近似解であり,損失関数の局所的な最適解(局所解)となっています.特に,K-means 法では初期のセントロイドの選択により,異なるクラスタリングの結果が得られることになります.そこで,損失関数をなるべく最小化するような近似解を得るため,異なる初期のセントロイドでクラスタリングを複数回行い,最終的な損失関数の値がなるべく小さくなるような初期のセントロイドを採用することが考えられます.また,初期のセントロイドの選び方として,互いになるべく距離が離れたセントロイドを選択する方法もあります.K-means 法を改良した手法である K-means++法では,事例間の距離に基づいて確率的にセントロイドを選択することで,特徴空間内で互いに距離が離れた初期のセントロイドを選択します.このようにあらかじめ適切なセントロイドを選択することは,クラスタリングの繰り返し手続きの収束を速めるとともに偏ったクラスタができるのを避けることにもなります.

8.4　【発展】確率分布モデルによる K-means 法の解釈

8.4.1　確率分布モデルによるクラスタリング

K-means 法では,各事例はいずれか 1 つのクラスタに属することなり,このようなクラスタリングをハードクラスタリングと呼びます.一方,ソフトクラスタリングでは,各事例は複数のクラスタに属することになります.たとえば,各事例が各クラスタに属する確率としてそのような複数のクラスタへの帰属を表すことを考えることができます.以下では,ソフトクラスタリングとして K-means 法を解釈することを考えます [4].

まず準備として,n 次元特徴空間のベクトル $\boldsymbol{x}$ を確率変数とし,データセットの事例は確率変数の実現値であることを考えます.ここで,$\boldsymbol{x}$ は,k 個の

---

[4]　本節は発展的な内容を含むため,読み飛ばして次節のプログラミングに進むことも可能です.

確率密度関数 $f(\boldsymbol{x}; \boldsymbol{\theta}_j)$ $(j = 1, 2, \dots, k)$ を混合した次のような確率分布 $f(\boldsymbol{x})$（混合確率分布）に従うとします.

$$f(\boldsymbol{x}) = \sum_{j=1}^{k} \pi_j f(\boldsymbol{x}; \boldsymbol{\theta}_j)$$

π_j は，混合確率分布 $f(\boldsymbol{x})$ の j 番目の混合要素 $f(\boldsymbol{x}; \boldsymbol{\theta}_j)$ の混合比率であり，$\sum_{j=1}^{k} \pi_j = 1$ となります.

クラスタリングの文脈においては，混合確率分布の混合要素 $f(\boldsymbol{x}; \boldsymbol{\theta}_j)$ は j 番目のクラスタを特徴づけるような確率分布と考えることができ，$\boldsymbol{\theta}_j$ はその確率分布のパラメータを表します. たとえば，混合要素の確率分布として多次元正規分布を考えたとき，n 次元の平均ベクトルと $n \times n$ のサイズの分散共分散行列がパラメータとなり，このような混合確率分布を混合正規分布と呼びます.

混合確率分布のもとで，データセットの事例は次のように生成されると考えることができます. まず，混合比率 π_j に従って混合確率分布の混合要素を選択します. 次に，選択した混合要素の確率分布 $f(\boldsymbol{x}; \boldsymbol{\theta}_j)$ によりサンプリングを行い，事例の生成を行います. このような事例の生成を繰り返すことによりデータセット $\mathcal{D} = \{\boldsymbol{x}^{(i)}\}_{i=1}^{m}$ が得られるものとします.

ここで，事例 $\boldsymbol{x}^{(i)}$ が生成された元の混合要素に対応するクラスタのラベルを表す潜在変数 [5] として $z^{(i)} \in \{1, 2, \dots, k\}$ を考えます. 混合比率 π_j は $z^{(i)} = j$ の事前確率となっています. このとき，事例 $\boldsymbol{x}^{(i)}$ がラベルが j のクラスタに属する事後確率 $p(z^{(i)} = j | \boldsymbol{x}^{(i)})$ はベイズの定理により次のようになります.

$$p(z^{(i)} = j | \boldsymbol{x}^{(i)}) = \frac{\pi_j f(\boldsymbol{x}^{(i)}; \boldsymbol{\theta}_j)}{\sum_{l=1}^{k} \pi_l f(\boldsymbol{x}^{(i)}; \boldsymbol{\theta}_l)}$$

この事後確率を，ラベルが j であるクラスタの事例 $\boldsymbol{x}^{(i)}$ に対する負担率と呼び，ここでは $w_j^{(i)}$ と表すことにします. これにより，混合確率分布 $f(\boldsymbol{x})$ の各混合要素の混合比率 π_j と各混合要素の確率分布のパラメータ $\boldsymbol{\theta}_j$ がわかれば，この負担率が最大となるクラスタのラベルを事例 $\boldsymbol{x}^{(i)}$ に割り当てることでクラスタリングを行うことができます.

---

[5] 観測しているデータから直接得ることができない情報を表す変数を潜在変数と呼びます. ここでは，事例がどのクラスタから生成されたかという情報は得ることはできません.

　そこで，混合確率分布 $f(\boldsymbol{x})$ をモデルと考え，モデルのパラメータとして π_j と $\boldsymbol{\theta}_j$ $(j = 1, 2, \ldots, k)$ を次のように推定することを考えます．まず，パラメータに初期値を設定し，先の負担率 $w_j^{(i)}$ を計算します．次に，この負担率をもとに $f(\boldsymbol{x})$ の各混合要素の混合比率 π_j を次のように更新します．

$$\pi_j = \frac{1}{m} \sum_{i=1}^{m} w_j^{(i)}$$

そして，各混合要素の確率分布のパラメータ $\boldsymbol{\theta}_j$ を更新します．混合要素の確率分布として多次元正規分布を考えた混合正規分布のモデルでは，$\boldsymbol{\theta}_j$ として n 次元の平均ベクトル $\boldsymbol{\mu}_j$ と分散共分散行列 $\boldsymbol{\Sigma}_j$ をそれぞれ次のように更新します．

$$\boldsymbol{\mu}_j = \frac{\sum_{i=1}^{m} w_j^{(i)} \boldsymbol{x}^{(i)}}{\sum_{i=1}^{m} w_j^{(i)}},$$

$$\boldsymbol{\Sigma}_j = \frac{\sum_{i=1}^{m} w_j^{(i)} (\boldsymbol{x}^{(i)} - \boldsymbol{\mu}_j)(\boldsymbol{x}^{(i)} - \boldsymbol{\mu}_j)^\top}{\sum_{i=1}^{m} w_j^{(i)}}$$

更新されたパラメータによって定められる負担率のもとで，パラメータを再び更新します．これらの負担率の計算とパラメータの更新の手続きを，あらかじめ指定した回数だけ繰り返す，あるいはデータセットに対する尤度の対数（対数尤度）が増加しなくなるまで繰り返します．このとき，データセットに対する尤度はすべての事例に関する混合確率分布 $f(\boldsymbol{x})$ の積となり，その対数は次のようになります．

$$\log\left(\Pi_{i=1}^{m} f(\boldsymbol{x}^{(i)})\right) = \sum_{i=1}^{m} \log\left(\sum_{j=1}^{k} \pi_j f(\boldsymbol{x}^{(i)}; \boldsymbol{\theta}_j)\right)$$

　例として，2 つの 2 次元正規分布を混合した混合確率分布をもとに生成したデータセットについて，上記の手続きに従って，モデルのパラメータである混合比率とそれぞれの正規分布の平均ベクトルと分散共分散行列を推定することを考えます．図 8.3 は，データセットの各事例について負担率が大きい方の混合要素に対応するクラスタからその事例が生成されたものとして，クラスタリングを行った結果を示しています．図中の等高線はこのときの特徴空間内の任意の点の事例に対する対数尤度を表しています．等高線の色が濃いほど対数尤度の値が大きいことを示しています．

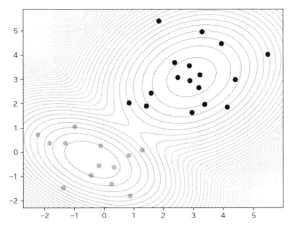

図 **8.3**　混合確率分布モデルによるクラスタリング結果の例

8.4.2　確率分布モデルと K-means 法

　混合確率分布のモデルのパラメータを推定するための繰り返しの手続きは,データセットに対する対数尤度を最大化するようなパラメータを推定する学習アルゴリズムになっていると考えることができます.この学習アルゴリズムは **EM アルゴリズム**と呼ばれ,モデルが潜在変数に依存する際のパラメータを推定するために広く用いられています.EM アルゴリズムは E ステップと M ステップと呼ばれる 2 つのステップの反復に基づいています.E ステップでは,データセットについて既知のパラメータのもとで潜在変数の事後分布を推定します[6].M ステップでは,データセットについて既知の潜在変数のもとでパラメータの最尤推定を行います.先の混合確率分布のモデルのパラメータ推定では,負担率(事例がクラスタから生成されたものであるかの事後確率)の計算が E ステップに対応します.また,その負担率のもとでのパラメータの更新が M ステップに対応します.

　K-means 法では,事例がその最近傍のセントロイドに対応するクラスタに属するとして,事例へのクラスタの割り当てを決定しました.これは,事例にはその最近傍のクラスタのみ割り当てるということを仮定した上で負担率

---

6)　推定された事後分布に基づいて対数尤度の期待値を計算することも含めて E ステップと呼ぶ場合もあります.

を計算していることに対応します．また，K-means 法においてセントロイド
を更新することは，混合正規分布のモデルの平均ベクトルをパラメータとし
て更新していることに対応します．このとき，K-means 法では各特徴の分散
は等しい小さな値であり，特徴間の相関はないものとし，分散共分散行列は
各混合要素で共通していることを仮定します．また，混合要素の混合比率は
クラスタの数に基づく共通に等しい値とします．このように K-means 法は，
いくつかの仮定のもとで混合正規分布のモデルを用いてクラスタリングを行
う手法であると考えることができます．

8.5　プログラミング

　実際のデータを用いてクラスタリングを行ってみましょう．以下では，都
道府県の気象データを使います．

準備
まず，必要なライブラリをインポートします [7]．

コード **8.1**　ライブラリのインポート

```
import pandas as pd
import numpy as np
import matplotlib.pyplot as plt
import japanize_matplotlib
```

　政府統計ポータルサイト e-Stat では，「統計でみる都道府県・市区町村の
すがた（社会・人口統計体系）」で整備された各種統計データから，地域・項
目を抽出してデータをダウンロードすることができます [8]．ここでは，「自
然環境」分野の「気象条件」分類から各都道府県の 2020 年度の「年平均気温
(°C)」と「年間降水量 (mm)」に関する気象データを，CSV ファイルとして
取得しました [9]．以下では，取得した CSV ファイルをもとに図 8.4 に示す
ようなデータフレームを作成しています．

---

[7]　japanize_matplotlib モジュールをあらかじめインストールしておきます．
[8]　https://www.e-stat.go.jp/regional-statistics/ssdsview
[9]　ここではファイル名を "weather.csv" としています．同ファイルは本書のサポートページか
ら取得可能です．

	地域	年平均気温	年間降水量
0	北海道	10.0	905.0
1	青森県	11.6	1417.0
2	岩手県	11.4	1462.0
3	宮城県	13.7	1247.0

図 8.4 都道府県の気象データ（年平均気温 (°C) と年間降水量 (mm)）

コード 8.2 CSV ファイルを読み込みデータフレームを作成

```
df = pd.read_csv('weather.csv')
```

データフレームは 47 都道府県の「年平均気温」と「年間降水量」の列からなります．以下では，都道府県のこの気象データをもとに，「年平均気温」と「年間降水量」の特徴が類似した都道府県のグループをクラスタとしてクラスタリングにより抽出することを考えます．

階層化クラスタリング

SciPy ライブラリ[10]はさまざまな数値解析の機能を提供するライブラリであり，NumPy ライブラリの上に構築されています．SciPy に含まれている cluster パッケージの hierarchy モジュールでは，階層化クラスタリングを行うための機能が提供されています．以下では，先の都道府県の気象データのデータフレームから各都道府県を行，「年平均気温」と「年間降水量」の特徴を列とする 47×2 のサイズの行列を表す 2 次元配列 X を作成し，都道府県のクラスタリングを行います．

まず，データセットの事例の特徴である「年平均気温」と「年間降水量」は異なる範囲の値をとるため，各特徴の平均値が 0，分散が 1 となるように標準化を行います．具体的には，配列の mean メソッド[11]と std メソッド[12]を用いて次のように 2 次元配列 X の列ごとに平均値と標準偏差の値を計算した上で，列ごとに標準化を行います．このとき，NumPy のブロードキャスト機能により，各列の平均値を要素とする配列 X.mean(axis=0) と標準偏差

---

10)　https://scipy.org/

11)　numpy.ndarray.mean

12)　numpy.ndarray.std

を要素とする配列 X.std(axis=0) の行数は，それぞれ X の行数と同じになるように揃えられた上で計算が行われます [13]．

コード **8.3** 特徴の標準化

```
X = df[['年平均気温', '年間降水量']].values
X = (X - X.mean(axis=0)) / X.std(axis=0)
```

以下では，hierarchy モジュールの関数 linkage [14]に X を与えて，階層化クラスタリングを行っています．また，同モジュールの関数 dendrogram [15]を用いて，クラスタリング結果をデンドログラムとして可視化しています．

コード **8.4** 階層化クラスタリングの実行

```
from scipy.cluster.hierarchy import linkage
from scipy.cluster.hierarchy import dendrogram

clusters = linkage(X, metric='euclidean', method='average')
dendrogram(clusters, labels=df['地域'].values,
           color_threshold=1.8)
plt.ylabel('クラスタ間距離')
plt.show()
```

- 関数 linkage は，データセットとなる [事例の数] × [特徴の数] のサイズの行列を表す 2 次元配列が与えられ，引数 metric に指定した事例間の距離尺度，引数 method に指定したクラスタの併合方法をもとに階層化クラスタリングを行い，クラスタの併合過程の情報を表す配列を返します．ここでは，事例間の距離尺度としてユークリッド距離（euclidean）を用います．また，クラスタ間の距離尺度の最短距離法，最長距離法，群平均法に対応してそれぞれクラスタの併合方法として単連結（single），完全連結（complete），平均連結（average）を指定します．ここでは，クラスタの併合方法として平均連結（average）を用います．

- 関数 dendrogram は，関数 linkage の返り値の配列が与えられ，それをデンドログラムとして可視化します．デンドログラムの各葉はデータセットの各事例に対応しています．関数 dendrogram の引数 labels には，デンドログラムの葉のラベルを要素としたシーケンスオブジェクト（リストや配列のように整数値のインデックスを指定して要素を参照できるオブジェクト）を指定できます．また，引数 color_threshold に指定したしきい値より短いク

---

13)　引数 axis に 0 を指定すると，配列の列ごとに処理した結果を配列として返します．
14)　scipy.cluster.hierarchy.linkage
15)　scipy.cluster.hierarchy.dendrogram

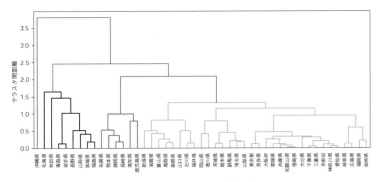

図 **8.5**　コード 8.4 の実行結果

ラスタ間距離で併合したクラスタを色分けすることができます．ここでは，
クラスタ間の距離のしきい値として **1.8** を指定して 4 つのクラスタを抽出し
て色分けしています．

　図 8.5 は，階層化クラスタリングを実行した結果のデンドログラムを示し
ています．クラスタリングの結果，「年平均気温」と「年間降水量」の特徴が
類似した都道府県のグループとして，沖縄県，寒冷な地域，降水量が多い地
域，それ以外の地域がクラスタとなり抽出されています．

K-means 法によるクラスタリング

　以下では，K-means 法によるクラスタリングを行うためのプログラムを作
成します．まず準備として，ベクトル間の距離を計算する関数を作成します．
以下の関数 squared_euclid_dist は，引数 vec1 と vec2 にベクトルを表す
1 次元配列がそれぞれ与えられ，それらのベクトル間の平方ユークリッド距
離を返り値として返します．

プログラム **8.1**　関数 squared_euclid_dist: 平方ユークリッド距離の計算

```
1  def squared_euclid_dist(vec1, vec2):
2    return np.sum((vec1 - vec2) ** 2)
```

プログラムの説明
2　1 次元配列で表された 2 つのベクトルの対応する要素の差の二乗和を計算

　続いて，以下の仕様の関数 k_means を定義します．

引数	X	データセットの [事例の数] × [特徴の数] のサイズの行列を表す 2 次元配列
	k	クラスタ数 k
返り値	clusters	各事例に割り当てられたクラスタのラベル（0 から $k-1$ の間の整数値）を要素とする 1 次元配列
	centroids	[クラスタの数] × [特徴の数] のサイズの行列（各行が各クラスタのセントロイドに対応）を表す 2 次元配列
	cost	最終的な損失関数の値

引数 max_iterations にはセントロイド割り当てと更新の繰り返しの回数，引数 random_seed には初期のセントロイドをランダムに選択する際の擬似乱数の種（シード）となる値を，それぞれ指定することができます [16]．

プログラム **8.2**　関数 k_means: K-means 法

```
1  def k_means(X, k, max_iterations=10, random_seed=0):
2    np.random.seed(random_seed)
3    m = X.shape[0]
4    centroids = X[np.random.choice(m, k, replace=False)]
5    clusters = np.zeros(m)
6    dist_matrix = np.zeros((m, k))
7
8    for iteration in range(max_iterations):
9
10     for i in range(m):
11       for j in range(k):
12         dist_matrix[i, j] = squared_euclid_dist(
13           X[i], centroids[j]
14         )
15     clusters = np.argmin(dist_matrix, axis=1)
16
17     for j in range(k):
18       centroids[j] = np.mean(X[clusters == j], axis=0)
19
20     cost = np.sum((X - centroids[clusters]) ** 2)
21
22   return clusters, centroids, cost
```

[16]　引数 max_iterations と random_seed のデフォルトの値として，それぞれ 10 と 0 を指定しています．関数が呼び出された際，これらの引数が省略された場合はデフォルトの値が引数の値となります．

プログラムの説明

2　　擬似乱数のシードの値を指定
3　　X の行数を事例の数として変数 m に代入
4　　X の行からクラスタの数 k だけ初期のセントロイドとなる事例を
　　　ランダムに選択し，2 次元配列として変数 centroids に代入
6　　各事例と各セントロイドの平方ユークリッド距離を要素とする
　　　形状 (m,k) の 2 次元配列 dist_matrix
8　　セントロイド割り当てと更新の繰り返し処理
10〜14　各事例（X の各行の配列）と各セントロイド（centroids の各行の
　　　配列）の平方ユークリッド距離の計算
15　　各事例について，最近傍のセントロイドに対応するクラスタのラベル
　　　を要素として clusters を更新
17〜18　各クラスタのセントロイドを更新
20　　損失関数の値の計算

- 12 行目では，X[i] が表す事例と centroids[j] が表すセントロイドの間の平方ユークリッド距離を関数 squared_euclid_dist を用いて計算し，その値を配列の要素 dist_matrix[i, j] に代入しています．

- 15 行目では，dist_matrix をもとに各事例について最近傍のセントロイドに対応するクラスタのラベルを取得しています．このとき，dist_matrix の列のインデックスがクラスタのラベルとなることを利用して，2 次元配列の各行について，その行の最小値の要素の列のインデックスを返す操作 np.argmin(dist_matrix, axis=1) をもとに，clusters を更新しています．これにより，clusters[i] は X[i] が表す事例に割り当てられたクラスタのラベルとなります．

- 18 行目では，clusters == j により，値が j である clusters の要素のインデックスを取得し，それらのインデックスを用いて X の行を抽出しています [17]．抽出したこれらの行はクラスタのラベルとして j が割り当てられた事例に対応しており，関数 mean の引数 axis に 0 を指定して列（特徴）ごとの平均値を計算することで，それらの事例のセントロイドを更新します．

- 20 行目では，clusters の各要素の値をもとに centroids から行を抽出しています [18]．centroids[clusters] の各行は，X の各行が表す事例の最近傍のセントロイドに対応します．

以下では，関数 k_means に先の都道府県の気象データを表す 2 次元配列 X を与えて呼び出すことで K-means 法によるクラスタリングを実行し，その

---

17)　p.52 参照.
18)　p.52 参照.

返り値を変数 clusters, centroids, cost にそれぞれ代入しています. ここではクラスタ数として 4 を指定しています.

コード **8.5** K-means 法によるクラスタリングの実行

```
k = 4
clusters, centroids, cost = k_means(X, k)
```

実行の結果, clusters は次のように各事例に割り当てられたクラスタのラベルを要素とする 1 次元配列となっています. 要素の順番は X の行の順番と対応しており, たとえば, X の先頭行に対応する事例にはラベル 3 のクラスタが, 終端行に対応する事例にはラベル 1 のクラスタが割り当てられていることがわかります.

コード **8.6** 各事例に割り当てられたクラスタのラベル

```
print(clusters)
```

実行結果

```
[3 3 3 3 3 3 0 0 0 0 0 0 2 2 2 2 0 3 2 1 0 0 2 0 0 0 0
 0 2 2 0 2 2 0 0 0 1 1 1 1 1 0 1 1 1]
```

クラスタリングの結果, 最終的に得られた各クラスタに対応するセントロイドは 2 次元配列 centroids の各行により確認することができます [19].

コード **8.7** セントロイド

```
print(np.round(centroids, 2))
```

実行結果

```
[[ 0.24 -0.56]
 [ 1.09  1.48]
 [-0.12  0.58]
 [-1.68 -0.98]]
```

以下では, クラスタリングの結果を図 8.6 に示すような散布図として可視化しています. 各都道府県をクラスタごとに色分けし [20], 各クラスタのセントロイドを × で表しています.

---

19) NumPy の関数 round により, 配列の各要素を指定した桁数で丸めた値で出力しています.

20) 各事例に対応する散布図の点を関数 scatter で可視化する際, 引数 c に clusters を指定しています. これにより各事例に割り当てられたクラスタのラベルである数値が引数 cmap のカラーマップに従って色の情報と対応づけられ, クラスタごとに事例を色分けして可視化することができます.

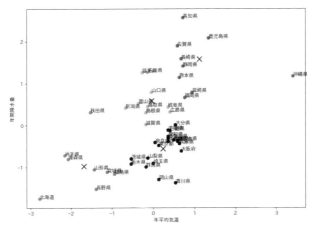

図 **8.6** コード 8.8 の実行結果

コード **8.8** クラスタリング結果の可視化

```
plt.scatter(X[:, 0], X[:, 1], c=clusters, cmap='viridis')
labels = df.loc[:, '地域'].values
for i, label in enumerate(labels):
  plt.annotate(label, (X[i, 0], X[i, 1]), fontsize='small')
plt.scatter(centroids[:, 0], centroids[:, 1], marker='x',
            c='red')
plt.xlabel('年平均気温')
plt.ylabel('年間降水量')
plt.show()
```

　クラスタリングの結果，「年平均気温」と「年間降水量」の特徴が類似した都道府県のグループとして寒冷な地域，比較的温暖で降水量が多い地域，また，平均的な気温のグループの中でも比較的降水量が多い地域と少ない地域がクラスタとなり抽出されています.

ライブラリを用いた実装

　以下では，scikit-learn ライブラリの cluster モジュールの Kmeans クラス [21] を用いて，K-means 法によるクラスタリングを行うための手順を示しています.

___

21) sklearn.cluster.KMeans

コード **8.9** scikit-learn の `KMeans` クラスによる K-means 法

```
from sklearn.cluster import KMeans
model = KMeans(n_clusters=4, random_state=0).fit(X)
print(model.labels_)
print(model.cluster_centers_)
print(model.inertia_)
```

- `KMeans` クラスのオブジェクトを作成する際，引数 `n_clusters` にクラスタ数を指定します．引数 `random_state` には初期のセントロイドを選択する際の擬似乱数の種（シード）となる値を指定します．この他，引数 `init` に初期のセントロイドを選択する方法を指定できます．デフォルトでは，K-means++ 法で行われる初期のセントロイドの選択方法が適用されます．

- `KMeans` クラスのオブジェクトの `fit` メソッドに，データセットとなる [事例の数] × [特徴の数] のサイズの行列を表す 2 次元配列を与えて呼び出すことで K-means 法によるクラスタリングが行われます．同オブジェクトの `labels_` 属性，`cluster_centers_` 属性，`inertia_` 属性は先の関数 `k_means` の返り値である `clusters`, `centroids`, `cost` にそれぞれ対応しています．

演習問題

問 1　プログラミング演習に用いた都道府県の気象データについて，クラスタの併合方法を変更して階層化クラスタリングを実行してください．その際，抽出するクラスタの数に応じてクラスタ間の距離をしきい値として指定した上で，クラスタリング結果をデンドログラムとして可視化してください．

問 2　プログラミング演習に用いた都道府県の気象データについて，クラスタの数を変更して K-means 法によるクラスタリングを実行してください．その際，クラスタの数を増やしていくと損失関数の値はどのように変化するか観察してください．クラスタリング結果は，クラスタごとに事例を色分けし散布図として可視化してください．

問 3　SSDSE（教育用標準データセット）[22] の家計消費（SSDSE-C）には，都道府県別の食料の家計消費に関するデータが含まれています．同データは，1 世帯（2 人以上の世帯）あたりの各食料品目の年間支出金額が都道府県別にまとめられています．食料品目を 2 つ選択し，それらの品目の家計消費の特徴が類似した都道府県のグループをクラスタとして，階層化クラスタリング，K-means 法それぞれのクラスタリング手法によって抽出してください．

---

22) https://www.nstac.go.jp/use/literacy/ssdse/

第 9 章

主成分分析

　本章では主成分分析の基礎について学びます．主成分分析は，データの高次元な特徴空間を低次元の特徴空間に変換する次元削減の手法の 1 つです．主成分分析によりデータがその特徴空間において持つ情報を要約するような新たな特徴を見つけることができ，データの圧縮やデータの可視化に応用することができます．以下ではまず，主成分分析による次元削減の基本的な考え方について学びます．次に，2 次元のデータの直線上での表現を例にして，分散を最大化するという主成分分析の基本的な考え方について学びます．最後に，主成分分析による任意の次元のデータの次元削減の手法について学び，その手続きが行列の固有値問題に帰着することを学びます．

　プログラミング演習では，主成分分析による次元削減の手法をプログラムとして実装します．その上で，実際のデータとして自由時間でのスポーツ活動に関する都道府県別のデータをもとに，主成分分析を用いてそれらのスポーツ活動を特徴づける新たな特徴の抽出とデータの可視化を行います．本章の学習を通して，主成分分析の基本的な考え方について理解し，実データに対して主成分分析による次元削減の手法を実際に適用することができるようになることを目標とします．

9.1　主成分分析による次元削減

　次元削減では，データの高次元な特徴空間を低次元の特徴空間に変換を行います．次元削減に利用できる手法の 1 つとして**主成分分析**があります．主成分分析は，データがその特徴空間において持つ情報を要約するような新たな特徴を見つける手法です．このような新たな特徴は，互いに関係する元の特徴の組み合わせ（線形結合）として表され，データの情報をよく表すよう

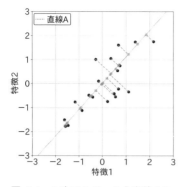

図 **9.1**　2 次元のデータを直線上に
表した例 1

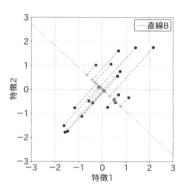

図 **9.2**　2 次元のデータを直線上に
表した例 2

な特徴となっています．このような新たな特徴を用いることで，元の特徴空間の次元数と比べてより低次元の空間でデータを表すことができるようになります．たとえば，高次元な特徴空間で表されたデータを 2 次元や 3 次元の新たな特徴空間で表すことができれば，データを可視化して視覚的に把握することがしやすくなります．

　まず，主成分分析による次元削減の単純な例として，2 次元の特徴空間で表されたデータを 1 次元の直線上に新たに表すことを考えます．このとき，データの情報の量を特徴空間におけるデータの散らばり具合で捉えることを考えます．そのもとで，新たにデータを表す先となる 1 次元の直線を選ぶ基準として，元の 2 次元の特徴空間におけるデータの散らばりが情報としてなるべくよく保持されるということを考えます．

　このことを図 9.1 と 9.2 に示すデータで考えてみます．それぞれの図の黒の点は，どちらも同じ 2 次元のデータを散布図として可視化したものです．このデータを直線上に新たに表すことを考え，そのような直線の候補として直線 A と直線 B をそれぞれの図中に可視化しています．データの個々の事例を直線上に下ろした垂線の足（直線上に射影した点）により，データを直線上に表すことができます．このようにして元の 2 次元のデータを直線上に表したときのデータを灰色の点で，それぞれの図中に示しています．元の 2 次元の特徴空間におけるデータの散らばりが情報としてなるべくよく保持されるように直線を選ぶ，という先の考えに従えば，直線 B 上よりも，直線 A

上に元のデータを射影して表した方が散らばりをよりよく表すことができています．このような直線をうまく決定することができれば，2 次元のデータを 1 次元の直線上に新たに表すことができます．

9.2 主成分分析の考え方

9.2.1 直線上への射影と分散

2 次元のデータを直線上に新たに表すことを考えたとき，その直線の方向を示す，ノルムが 1 となる単位ベクトル $\boldsymbol{w} \in \mathbb{R}^2$ ($\|\boldsymbol{w}\| = 1$) を次のように表すことにします．

$$\boldsymbol{w} = (w_1, w_2)^\top$$

また，2 次元の特徴で表された m 個の事例からなるデータセット $\mathcal{D}_x = \{\boldsymbol{x}^{(i)}\}_{i=1}^m$ の個々の事例を表すベクトル $\boldsymbol{x}^{(i)} \in \mathbb{R}^2$ を次のように表すことにします．

$$\boldsymbol{x}^{(i)} = (x_1^{(i)}, x_2^{(i)})^\top$$

このとき，図 9.3 に示すように $\boldsymbol{x}^{(i)}$ を $\boldsymbol{w}$ が定める直線上に射影したときの射影ベクトルの大きさ $z^{(i)}$ は次のようになります．

$$z^{(i)} = \boldsymbol{w}^\top \boldsymbol{x}^{(i)}$$

$z^{(i)}$ は，$\boldsymbol{w}$ が定める直線を軸としたとき，事例 $\boldsymbol{x}^{(i)}$ のその軸上での値となっています．

ここで，このようにデータセット $\mathcal{D}_x$ の各事例を直線上に射影して得られる値からなるデータ $z = \{z^{(i)}\}_{i=1}^m$ について，その散らばりの尺度として次のように分散 s_z^2 を考えます．

$$s_z^2 = \frac{1}{m} \sum_{i=1}^m (z^{(i)} - \bar{z})^2$$

$\bar{z}$ は直線上のデータ z の値の平均値であり，データセット $\mathcal{D}_x$ の事例の平均ベクトル $\bar{\boldsymbol{x}} = (\bar{x}_1, \bar{x}_2)^\top$（$\bar{x}_1$ と $\bar{x}_2$ はそれぞれ $\frac{1}{m} \sum_{i=1}^m x_1^{(i)}$ と $\frac{1}{m} \sum_{i=1}^m x_2^{(i)}$）から $\bar{z} = \boldsymbol{w}^\top \bar{\boldsymbol{x}}$ となります．このとき，先の分散 s_z^2 は次のように表すことができます．

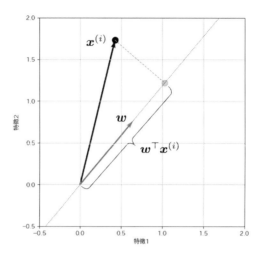

図 **9.3** 2 次元のデータの直線上への射影

$$s_z^2 = \frac{1}{m} \sum_{i=1}^{m} \{ \boldsymbol{w}^\top (\boldsymbol{x}^{(i)} - \bar{\boldsymbol{x}}) \}^2$$

$$= \frac{1}{m} \sum_{i=1}^{m} \{ w_1 (x_1^{(i)} - \bar{x}_1) + w_2 (x_2^{(i)} - \bar{x}_2) \}^2$$

$$= w_1^2 s_{x_1}^2 + 2 w_1 w_2 s_{x_1 x_2} + w_2^2 s_{x_2}^2$$

$s_{x_1}^2$ と $s_{x_2}^2$ はそれぞれ次のようにデータセット $\mathcal{D}_x$ の事例の 1 番目の特徴の分散，2 番目の特徴の分散を表しています．

$$s_{x_1}^2 = \frac{1}{m} \sum_{i=1}^{m} (x_1^{(i)} - \bar{x}_1)^2, \ s_{x_2}^2 = \frac{1}{m} \sum_{i=1}^{m} (x_2^{(i)} - \bar{x}_2)^2$$

また，$s_{x_1 x_2}$ は次のようにデータセット $\mathcal{D}_x$ の事例の 1 番目の特徴と 2 番目の特徴の間の共分散を表しています．

$$s_{x_1 x_2} = s_{x_2 x_1} = \frac{1}{m} \sum_{i=1}^{m} (x_1^{(i)} - \bar{x}_1)(x_2^{(i)} - \bar{x}_2)$$

このとき，これらの分散と共分散を要素とする次のような分散共分散行列 $\boldsymbol{S}$ を考えると，

$$S = \begin{pmatrix} s_{x_1}^2, s_{x_1 x_2} \\ s_{x_2 x_1}, s_{x_2}^2 \end{pmatrix}$$

先の分散 s_z^2 は次のように表すことができます.

$$s_z^2 = \boldsymbol{w}^\top \boldsymbol{S} \boldsymbol{w}$$

9.2.2 分散の最大化

ここで改めて,2次元のデータを新たに表す先となる1次元の直線を選ぶ基準として,元のデータの散らばりがなるべくよく表されるような直線を選ぶという先の問題を考えます.この問題は,分散を散らばりの尺度としたとき,ベクトル $\boldsymbol{w}$ が定める直線上に表したデータ z の値の分散 s_z^2 が,なるべく大きくなるような $\boldsymbol{w}$ を求めるという問題を解くことになります[1].具体的には,直線の方向を定めるベクトル $\boldsymbol{w}$ が単位ベクトルで大きさが1であるという次のような制約条件

$$\|\boldsymbol{w}\|^2 = \boldsymbol{w}^\top \boldsymbol{w} = 1$$

のもと,分散 s_z^2 を最大化するベクトル $\boldsymbol{w}^*$ を求めることになります.このとき,$\boldsymbol{w}^*$ は次の式で表すことができます[2].

$$\boldsymbol{S} \boldsymbol{w}^* = \lambda \boldsymbol{w}^*$$

---

[1] データの各事例とその事例を主成分が定める軸上に射影した点の距離(事例から軸に下ろした垂線の長さ)は,その主成分で表すことができない分散,つまり情報の損失となります.このとき,元のデータの分散が情報としてなるべく失われないようにするため,データのすべての事例についてこの距離の平方和を最小化するという問題を考えると,軸上にデータを射影したときの分散を最大化する問題に帰着することになります.

[2] 分散 s_z^2 を最大化するようなベクトル $\boldsymbol{w}^*$ が式 $\boldsymbol{S} \boldsymbol{w}^* = \lambda \boldsymbol{w}^*$ で与えられることは,ラグランジュの未定乗数法により導くことができます.ラグランジュの未定乗数 λ を導入し,ラグランジュ関数 $\mathcal{L}(\boldsymbol{w}, \lambda)$ は次のようになります.

$$\mathcal{L}(\boldsymbol{w}, \lambda) = \boldsymbol{w}^\top \boldsymbol{S} \boldsymbol{w} + \lambda(1 - \boldsymbol{w}^\top \boldsymbol{w})$$

$\mathcal{L}(\boldsymbol{w}, \lambda)$ を $\boldsymbol{w}$ で偏微分した次の式を0とおき,ラグランジュ関数の停留点を求めることで解となる $\boldsymbol{w}^*$ を得ることができます.

$$\frac{\partial \mathcal{L}}{\partial \boldsymbol{w}} = 2\boldsymbol{S}\boldsymbol{w} - 2\lambda\boldsymbol{w} = 2(\boldsymbol{S}\boldsymbol{w} - \lambda\boldsymbol{w})$$

この式は，λ を分散共分散行列 S の固有値とすると，求めたい w^* は固有値 λ に対応する固有ベクトルであることを示しています．

　実際に，分散共分散行列 S の特性方程式の解として固有値を求めると，2 つの固有値 λ_1 と λ_2（$\lambda_1 \geq \lambda_2$）が解として得られます．S は実対称行列であり固有値は実数となります．分散 s_z^2 は，次のように固有値 λ として表すことができることから，

$$s_z^2 = w^{*\top} S w^* = \lambda w^{*\top} w^* = \lambda$$

分散 s_z^2 を最大化するベクトル w^* は最大の固有値 λ_1 に対応する固有ベクトルであることがわかります．このとき，この固有ベクトルが示す方向に対応する単位ベクトル w_1 を**第 1 主成分**と呼びます．これにより，データセット $\mathcal{D}_x$ の各事例を第 1 主成分が定める直線上に射影することで，直線上に表されたデータ z の分散 s_z^2 は最大となり，その値は λ_1 となります．

9.2.3　第 1 主成分と第 2 主成分

　先の固有値で，2 番目に大きい固有値 λ_2 に対応する固有ベクトルについて考えてみます．分散共分散行列 S は実対称行列であり，固有値 λ_1, λ_2 に対応するそれぞれの固有ベクトルは互いに直交します．つまり，固有値 λ_2 に対応する固有ベクトルが定める直線は w_1 が定める直線と直交しており，その固有ベクトルが示す方向に対応する単位ベクトル w_2 を**第 2 主成分**と呼びます．

　互いに直交する固有ベクトルに対応する第 1 主成分 w_1 と第 2 主成分 w_2 が定める直線を座標軸と考えると，第 1 主成分と第 2 主成分は元のデータが分散する方向に新たに座標軸を定めた直交座標系を表していると考えることができます．第 1 主成分 w_1 が定める直線は，元の 2 次元の特徴空間におけるデータの各事例を直線上に射影したときにその分散が最大となるような直線ですが，このとき，この直線の垂線方向については元のデータの分散を考慮することができていません．第 1 主成分と直交する第 2 主成分が定める直線により，第 1 主成分に反映できていないこのような分散を捉えることができるようになります．元の 2 次元のデータの各事例を第 2 主成分 w_2 が定める直線上に射影したときの分散の値は λ_2 となります．

　実際，第 1 主成分の次に，元のデータの散らばりがなるべくよく表される
ような直線を第 2 主成分として選ぶという問題を考えると，第 2 主成分もま
た分散共分散行列 $\boldsymbol{S}$ の固有ベクトルで表すことができます．これは，そのよ
うな直線の方向を定める単位ベクトル $\boldsymbol{w}_2$ は第 1 主成分を表す単位ベクトル
$\boldsymbol{w}_1$ と直交する（$\boldsymbol{w}_1^\top \boldsymbol{w}_2 = 0$）という制約条件のもとで，再び $\boldsymbol{S}$ の固有値に
対応する固有ベクトルとして $\boldsymbol{w}_2$ を求めるという問題に帰着することから示
すことができます．

9.3　主成分分析の詳細

9.3.1　主成分分析の一般化

　n 次元の特徴で表されたデータに対して主成分分析を行うことを考えます．
m 個の事例からなるデータセット $\mathcal{D}_x = \{\boldsymbol{x}^{(i)}\}_{i=1}^m$ の個々の事例を表すベク
トル $\boldsymbol{x}^{(i)} \in \mathbb{R}^n$ を次のように表すことにします．

$$\boldsymbol{x}^{(i)} = (x_1^{(i)}, x_2^{(i)}, \ldots, x_n^{(i)})^\top$$

また，データを射影する軸の方向を示す単位ベクトル $\boldsymbol{w} \in \mathbb{R}^n$ を次のように
表すことにします．

$$\boldsymbol{w} = (w_1, w_2, \ldots, w_n)^\top$$

このとき，$\mathcal{D}_x$ の各事例を $\boldsymbol{w}$ が定める軸上に射影した値からなるデータ $z = \{z^{(i)}\}_{i=1}^m$ について，$\bar{z}$ をその平均値，$\bar{\boldsymbol{x}}$ をデータセット $\mathcal{D}_x$ の事例の平均ベ
クトルとすると，その分散 s_z^2 は次のようになります．

$$s_z^2 = \frac{1}{m}\sum_{i=1}^m (z^{(i)} - \bar{z})^2 = \frac{1}{m}\sum_{i=1}^m (\boldsymbol{w}^\top \boldsymbol{x}^{(i)} - \boldsymbol{w}^\top \bar{\boldsymbol{x}})^2$$
$$= \boldsymbol{w}^\top \frac{1}{m}\sum_{i=1}^m (\boldsymbol{x}^{(i)} - \bar{\boldsymbol{x}})(\boldsymbol{x}^{(i)} - \bar{\boldsymbol{x}})^\top \boldsymbol{w}$$

ここで，次のように $\mathcal{D}_x$ の事例の特徴間の分散共分散行列 $\boldsymbol{S}$ を考えると，

$$\boldsymbol{S} = \begin{pmatrix} s_{x_1}^2 & s_{x_1 x_2} & \cdots & s_{x_1 x_n} \\ s_{x_2 x_1} & s_{x_2}^2 & \cdots & s_{x_2 x_n} \\ \vdots & \vdots & \ddots & \vdots \\ s_{x_n x_1} & s_{x_n x_2} & \cdots & s_{x_n}^2 \end{pmatrix}$$

$$= \frac{1}{m} \sum_{i=1}^{m} (\boldsymbol{x}^{(i)} - \bar{\boldsymbol{x}})(\boldsymbol{x}^{(i)} - \bar{\boldsymbol{x}})^\top$$

s_z^2 は次のように表すことができます.

$$s_z^2 = \boldsymbol{w}^\top \boldsymbol{S} \boldsymbol{w}$$

これにより, $\boldsymbol{w}^\top \boldsymbol{w} = 1$ という制約条件のもと, s_z^2 を最大化するベクトル $\boldsymbol{w}^*$ は, 次の式で表すことができ,

$$\boldsymbol{S} \boldsymbol{w}^* = \lambda \boldsymbol{w}^*$$

$\boldsymbol{S}$ の最大の固有値 λ_1 に対応する固有ベクトルが示す方向に対応する単位ベクトル $\boldsymbol{w}_1$ として第 1 主成分を求めることができます. このとき, 第 1 主成分 $\boldsymbol{w}_1$ が定める軸上に元のデータを射影したときの分散の値は λ_1 となります.

　同様に, 第 2 主成分を求めるには, 第 1 主成分 $\boldsymbol{w}_1$ と直交するという制約条件のもとで, 新たにデータを射影する軸上で分散を最大化することを考え, 分散共分散行列 $\boldsymbol{S}$ の 2 番目に大きい固有値 λ_2 に対応する固有ベクトルが示す方向に対応する単位ベクトル $\boldsymbol{w}_2$ として第 2 主成分を求めることができます. このとき, この第 2 主成分 $\boldsymbol{w}_2$ が定める軸上に元のデータを射影したときの分散の値は λ_2 となります. このように, それまでの主成分に直交するという制約条件のもとで, $\boldsymbol{S}$ の固有値に対応する固有ベクトルを求めることで, 新たな主成分に対応する単位ベクトルを求めることができます.

9.3.2　【発展】主成分分析と固有値問題

　繰り返しの手続きにより主成分を求めることを, データの分散共分散行列 $\boldsymbol{S}$ の固有値とそれに対する固有ベクトルを求める固有値問題を解くことに対応づけることができます.

固有値とそれに対する固有ベクトルを求める固有値問題を解く方法の 1 つに特性方程式（固有方程式）を解く方法があります．特性方程式は固有値 λ に関する方程式として，行列式により次のように表すことができます．

$$\det(\boldsymbol{A} - \lambda\boldsymbol{I}) = 0$$

$\boldsymbol{I}$ は単位行列を表します．$\boldsymbol{A}$ が $n \times n$ のサイズの行列のとき，$\det(\boldsymbol{A} - \lambda\boldsymbol{I})$ は固有値 λ の n 次の多項式となっており，特性方程式の解が行列 $\boldsymbol{A}$ の n 個の固有値となります．このときの各固有値を用いて，式 $(\boldsymbol{A} - \lambda\boldsymbol{I})\boldsymbol{x} = 0$ を解くことにより，その固有値に対応する固有ベクトル $\boldsymbol{x}$ を求めることができます．

データの分散共分散行列 $\boldsymbol{S}$ の特性方程式の解として値が大きい順に n 個の固有値 $\{\lambda_i\}_{i=1}^n$ が得られたとき[3]，これらの固有値に対応する固有ベクトルをその大きさが 1 になるように正規化した n 個の単位ベクトル $\{\boldsymbol{w}_i\}_{i=1}^n$ が，n 次元の特徴で表された元のデータの n 個の主成分となります[4]．

9.3.3　主成分分析による次元削減

主成分分析を用いて，以下のようにデータの次元削減を行うことができます．具体的には，n 次元の特徴で表された m 個の事例からなるデータセット $\mathcal{D}_x = \{\boldsymbol{x}^{(i)}\}_{i=1}^m$ の個々の事例を，k 次元 $(n > k)$ の特徴で表されるように次元削減を行い，新たなデータセット $\mathcal{D}_z = \{\boldsymbol{z}^{(i)}\}_{i=1}^m$ とすることを考えます．このとき，$\mathcal{D}_x$ の事例を表す n 次元の特徴ベクトル $\boldsymbol{x}^{(i)} = (x_1^{(i)}, x_2^{(i)}, \ldots, x_n^{(i)})^\top \in \mathbb{R}^n$ は，次元削減により k 次元の特徴ベクトル $\boldsymbol{z}^{(i)} = (z_1^{(i)}, z_2^{(i)}, \ldots, z_k^{(i)})^\top \in \mathbb{R}^k$ として表されることになります．

データセット $\mathcal{D}_x$ について，主成分分析により得られた第 1 主成分から第 k 主成分までの k 個の主成分を表すベクトル $\{\boldsymbol{w}_i\}_{i=1}^k$ を用いて，特徴ベクトル $\boldsymbol{z}^{(i)}$ を次のように表すことができます．

$$\begin{aligned}
\boldsymbol{z}^{(i)} &= (z_1^{(i)}, z_2^{(i)}, \ldots, z_k^{(i)})^\top \\
&= (\boldsymbol{w}_1^\top \boldsymbol{x}^{(i)}, \boldsymbol{w}_2^\top \boldsymbol{x}^{(i)}, \ldots, \boldsymbol{w}_k^\top \boldsymbol{x}^{(i)})^\top
\end{aligned}$$

---

3)　分散共分散行列は半正定値行列であり，その固有値は非負となります．
4)　主成分分析では，データの分散共分散行列の固有値問題を解く代わりに，データの各事例を表す特徴ベクトルを行とする行列の特異値分解によって主成分を求めることもできます．

これは，第 1 主成分から第 k 主成分までの各主成分が定める軸を座標軸とした直交座標系を考え，その k 次元の特徴空間における座標を表しています．このとき，次のように $\mathcal{D}_z$ の事例の各特徴の平均値が 0 になるように中心化した特徴ベクトル $\boldsymbol{z}^{(i)} - \bar{\boldsymbol{z}}$ の各特徴の値を**主成分得点**と呼びます．

$$
\begin{aligned}
\boldsymbol{z}^{(i)} - \bar{\boldsymbol{z}} &= (z_1^{(i)} - \bar{z}_1, z_2^{(i)} - \bar{z}_2, \ldots, z_k^{(i)} - \bar{z}_k)^\top \\
&= (\boldsymbol{w}_1^\top(\boldsymbol{x}^{(i)} - \bar{\boldsymbol{x}}), \boldsymbol{w}_2^\top(\boldsymbol{x}^{(i)} - \bar{\boldsymbol{x}}), \ldots, \boldsymbol{w}_k^\top(\boldsymbol{x}^{(i)} - \bar{\boldsymbol{x}}))^\top
\end{aligned}
$$

データセット $\mathcal{D}_x$ のすべての事例に対する次元削減は行列の演算によって計算することができます．$\mathcal{D}_x$ の各事例を表す特徴ベクトルを行とする行列 $\boldsymbol{X}$，第 1 主成分から第 k 主成分までの k 個の主成分を表すベクトルを列とする行列 $\boldsymbol{W}$ を次のように考え，

$$
\boldsymbol{X} = \begin{pmatrix} \boldsymbol{x}^{(1)\top} \\ \boldsymbol{x}^{(2)\top} \\ \vdots \\ \boldsymbol{x}^{(m)\top} \end{pmatrix}, \quad \boldsymbol{W} = \begin{pmatrix} \boldsymbol{w}^{(1)} & \boldsymbol{w}^{(2)} & \cdots & \boldsymbol{w}^{(k)} \end{pmatrix}
$$

$\mathcal{D}_z$ の各事例を表す特徴ベクトルを行とする行列 $\boldsymbol{Z}$ は行列の積により次のように計算することができます．

$$
\boldsymbol{Z} = \boldsymbol{X}\boldsymbol{W} = \begin{pmatrix} \boldsymbol{x}^{(1)\top}\boldsymbol{w}^{(1)} & \boldsymbol{x}^{(1)\top}\boldsymbol{w}^{(2)} & \cdots & \boldsymbol{x}^{(1)\top}\boldsymbol{w}^{(k)} \\ \boldsymbol{x}^{(2)\top}\boldsymbol{w}^{(1)} & \boldsymbol{x}^{(2)\top}\boldsymbol{w}^{(2)} & \cdots & \boldsymbol{x}^{(2)\top}\boldsymbol{w}^{(k)} \\ \vdots & \vdots & \ddots & \vdots \\ \boldsymbol{x}^{(m)\top}\boldsymbol{w}^{(1)} & \boldsymbol{x}^{(m)\top}\boldsymbol{w}^{(2)} & \cdots & \boldsymbol{x}^{(m)\top}\boldsymbol{w}^{(k)} \end{pmatrix}
$$

$\boldsymbol{Z}$ の i 行 j 列の要素は $\boldsymbol{X}$ の i 行に対応するベクトルと $\boldsymbol{W}$ の j 列に対応するベクトルの内積となっています．

9.3.4　主成分の寄与率

　主成分分析では，データの情報の量を特徴空間におけるデータの散らばり具合として分散で捉え，元のデータの分散が情報としてなるべくよく保持されるような新たな特徴を主成分として定めています．このとき，元のデータ

の n 個の特徴の分散の総和は，n 個の主成分の分散の総和へ情報として保持されることになります．

　データを第 k 主成分が定める軸上に表したとき，n 次元の特徴で表された元のデータの情報の量をその軸上においてどれだけ表すことができているかの尺度を**寄与率**と呼びます．第 k 主成分が定める軸上にデータを射影したときの分散の値は，その主成分を定める固有ベクトルに対応する固有値 λ_k であることから，分散に基づく第 k 主成分の寄与率を次のように表すことができます．

$$\frac{\lambda_k}{\sum_{i=1}^{n} \lambda_i}$$

　また，第 1 主成分から第 k 主成分の軸が定める特徴空間でデータを表したとき，元のデータの情報の量をその新たな特徴の空間においてどれだけ表すことができているかの尺度を**累積寄与率**と呼びます．寄与率と同様に，分散に基づく第 1 主成分から第 k 主成分までの累積寄与率を次のように表すことができます．

$$\frac{\sum_{i=1}^{k} \lambda_i}{\sum_{i=1}^{n} \lambda_i}$$

累積寄与率は，n 次元の特徴で表されたデータを k 個の主成分で表したときに，元のデータの情報がどの程度失われているかという情報の損失を表す基準にもなっています．

9.4　プログラミング

準備

SSDSE（教育用標準データセット）の社会生活（SSDSE-D）には，都道府県別の自由時間活動に関するデータが含まれています．自由時間でのスポーツ活動の項目から，「つり，水泳，スキー・スノーボード，登山・ハイキング，サイクリング，ジョギング・マラソン，ウォーキング・軽い体操，ヨガ」の 8 つの項目を選択し，図 9.4 に示すようなデータを抽出しました．項目の値は，各項目のスポーツ活動について過去 1 年間に活動した人（10 歳以上）の割合（行動者率）を表しています．たとえば，北海道では 40.6%の人が過去 1 年間に「ウォーキング・軽い体操」を行ったことがあることを示しています．

	都道府県	つり	水泳	スキー・スノーボード	登山・ハイキング	サイクリング	ジョギング・マラソン	ウォーキング・軽い体操	ヨガ
0	北海道	8.8	4.7	8.3	6.1	7.5	9.7	40.6	5.0
1	青森県	9.4	3.2	4.4	4.0	4.0	8.1	32.0	2.7
2	岩手県	9.4	5.2	4.0	5.7	4.4	9.2	35.8	3.6
3	宮城県	9.1	5.9	3.9	6.4	6.5	11.5	40.9	4.7
4	秋田県	8.0	4.3	5.0	4.7	5.1	9.4	35.7	2.8

図 **9.4**　都道府県別のスポーツ活動に関するデータ

　以下では，上記のデータに対して主成分分析を用いて次元削減を行うこと
を考えます．具体的には，都道府県のスポーツ活動に関する情報をよく表す
ような新たな特徴を主成分として求め，それらの主成分でデータを表し，解
釈を行います．まず，必要なライブラリをインポートします[5]．seaborn は
データ可視化のためのライブラリで，以下ではヒートマップの可視化のため
に用いています．

コード **9.1**　ライブラリのインポート

```
import pandas as pd
import numpy as np
import matplotlib.pyplot as plt
import japanize_matplotlib
import seaborn as sns
```

　次のように SSDSE-D のデータを取得し，図 9.4 に示すようなデータフレー
ム df を作成します．

コード **9.2**　データの取得

```
URL = 'https://www.nstac.go.jp/sys/files/SSDSE-D-2023.csv'
df = pd.read_csv(URL, skiprows=[0, 2],
                 encoding='shift_jis')

columns = [
  'つり', '水泳', 'スキー・スノーボード', '登山・ハイキング',
  'サイクリング', 'ジョギング・マラソン',
  'ウォーキング・軽い体操', 'ヨガ'
]

df.loc[0:46, ['都道府県'] + columns]
```

データフレーム df から都道府県名の項目を除いたデータフレーム activity_df
を次のように作成します．activity_df の各行は各都道府県に対応しており，

---

　5)　japanize_matplotlib モジュールをあらかじめインストールしておきます．

	つり	水泳	スキー・スノーボード	登山・ハイキング	サイクリング	ジョギング・マラソン	ウォーキング・軽い体操	ヨガ
count	47.000000	47.000000	47.000000	47.000000	47.000000	47.000000	47.000000	47.000000
mean	8.563830	5.061702	2.904255	6.795745	6.627660	9.991489	41.312766	4.627660
std	1.810768	1.076135	1.966785	1.778612	1.921017	1.544109	3.955602	1.107033
min	5.000000	3.200000	0.200000	2.400000	2.700000	7.300000	32.000000	2.700000
25%	7.100000	4.350000	1.250000	5.650000	5.550000	9.000000	38.400000	3.900000
50%	8.500000	4.900000	2.700000	6.400000	6.400000	9.800000	41.100000	4.500000
75%	9.850000	5.650000	4.150000	8.300000	7.550000	10.750000	44.250000	5.300000
max	12.200000	8.600000	8.300000	9.800000	14.400000	15.300000	52.300000	8.400000

図 9.5 コード 9.4 の実行結果

都道府県は上記の 8 つのスポーツの行動者率の特徴で表されています.

コード 9.3 データフレームの作成

```
activity_df = df.loc[0:46, columns]
```

以下では,データフレームの describe メソッドを用いて,図 9.5 に示すような都道府県を表す特徴である各スポーツの行動者率の記述統計量を計算しています.

コード 9.4 各特徴の記述統計量の計算

```
activity_df.describe()
```

他のスポーツと比べると,「ウォーキング・軽い体操」の行動率の値が大きく,またその標準偏差 (std) の値も大きくなっています.主成分分析では,元のデータの分散が情報としてなるべくよく保持されるように主成分を求めるため,この場合,「ウォーキング・軽い体操」が主成分に大きく影響することになります.ここでは,特徴となるスポーツの行動者率について,その種類による偏りの影響をあらかじめ除いた上で,互いに関係するような元の特徴の組み合わせとして,都道府県のスポーツ活動に関する情報をよく表すような新たな特徴を見つけることを考えます.そのため,次のように各特徴を標準偏差が 1(平均値は 0)となるように標準化した上で,主成分分析の処理の対象となるデータセットを表す 47 × 8(都道府県数 × スポーツの種類数)のサイズの行列を 2 次元配列 X として作成します.

コード 9.5 データの標準化

```
X = activity_df.values
X = (X - X.mean(axis=0)) / X.std(axis=0)
```

　ここで用いているデータの特徴の単位は共通ですが，単位が異なる特徴か
らなる（それにより特徴ごとに分散が大きく異なる）データに対して主成分
分析を行う際は，データの標準化を行うことがあります．なお，標準化した
データの特徴の分散共分散行列は，対角成分がすべて 1，非対角成分は特徴間
の相関係数からなるような行列である相関行列となります．標準化したデー
タの主成分分析は分散共分散行列の代わりに相関行列の固有値問題を解くこ
とに帰着しますが，主成分の求め方は分散共分散行列のときと同様です．

分散共分散行列

　主成分分析を行うにあたり，まずデータの特徴の分散共分散行列を計算す
るため，以下の仕様の関数 compute_covariance_matrix を定義します．

引数	X	データセットの [事例の数] × [特徴の数] のサイズの行列を表す 2 次元配列
返り値	cov_matrix	特徴の分散共分散行列を表す 2 次元配列

cov_matrix の各要素は，事例の i 番目の特徴の分散が i 行 i 列の要素に，事例の i
番目と j 番目の特徴の間の共分散が i 行 j 列（$i \neq j$）の要素にそれぞれ対応．

プログラム 9.1　関数 compute_covariance_matrix: 分散共分散行列の計算

```
1  def compute_covariance_matrix(X):
2    m, n = X.shape
3    cov_matrix = np.zeros((n, n))
4    means = X.mean(axis=0)
5
6    for i in range(n):
7      for j in range(n):
8        cov_matrix[i, j] = np.sum(
9          (X[:, i] - means[i]) * (X[:, j] - means[j])
10         ) / m
11
12   return cov_matrix
```

プログラムの説明

- **2**　データセットの [事例の数] と [特徴の数] をそれぞれ変数 m と n に代入
- **3**　分散共分散行列を表す (n,n) の形状の 2 次元配列 cov_matrix
- **4**　X の各列（各特徴）の平均値を要素とする配列 means
- **6～10**　配列の列 X[:, i] と X[:, j] の間の分散または共分散を計算し配列の要素 cov_matrix[i, j] を更新

- 6～10 行目で行っている配列の要素 cov_matrix[i, j] の値の計算は，X の各列の値をその列の平均値で中心化した 2 次元配列 X_centered を考え，

X_centered の列間の内積の計算をもとに行うこともできます．これにより，X と means をもとに X_centered を作成し，次のように cov_matrix を行列の積としてまとめて計算することができます．ここでは，NumPy の関数 dot を用いて 2 次元配列で表された行列の積を計算しています．

コード **9.6** 分散共分散行列の計算

```
X_centered = X - means
cov_matrix = np.dot(X_centered.T, X_centered) / m
```

- また，NumPy の関数 cov [6]を用いて，次のように分散共分散行列を計算することもできます．引数 rowvar は配列の行と列どちらが特徴を表すかを示します．列が特徴を表す場合は False を指定します．標本分散・共分散を計算する場合は引数 ddof に 0 を指定します．

コード **9.7** NumPy の関数 cov を用いた分散共分散行列の計算

```
cov_matrix = np.cov(X, rowvar=False, ddof=0)
```

主成分分析

主成分分析によるデータの次元削減の処理を行うため，以下の仕様の関数 dimensionality_reduction を定義します．

引数	X	データセットの [事例の数] × [特徴の数] のサイズの行列を表す 2 次元配列
	k	主成分の数
返り値	X_reduced	次元削減された行列（[事例の数] × [主成分の数] のサイズ）を表す 2 次元配列
	components	各列が各主成分に対応する固有ベクトルである行列（[特徴の数] × [主成分の数] のサイズ）を表す 2 次元配列
	variances	各要素が各主成分の分散（固有値）である 1 次元配列
	var_ratio	各要素が各主成分の寄与率である 1 次元配列
	cum_var_ratio	第 1 主成分から第 k 主成分までの累積寄与率の値

---

6) numpy.cov

プログラム 9.2　関数 dimensionality_reduction: 主成分分析による次元削減

```
1   def dimensionality_reduction(X, k):
2     cov_matrix = compute_covariance_matrix(X)
3
4     eigenvalues, eigenvectors = np.linalg.eig(cov_matrix)
5
6     idx = np.argsort(eigenvalues)[::-1]
7     eigenvalues = eigenvalues[idx]
8     eigenvectors = eigenvectors[:, idx]
9
10    components = eigenvectors[:, :k]
11    variances = eigenvalues[:k]
12
13    X_reduced = np.dot(X, components)
14
15    sum_eigenvalues = np.sum(eigenvalues)
16    var_ratio = variances / sum_eigenvalues
17    cum_var_ratio = np.sum(variances) / sum_eigenvalues
18
19    return (
20      X_reduced, components, variances,
21      var_ratio, cum_var_ratio
22    )
```

プログラムの説明

- **2**　特徴間の分散共分散行列を表す 2 次元配列 cov_matrix
- **4**　分散共分散行列の固有値と固有ベクトルを計算
  固有値を要素とする 1 次元配列 eigenvalues
  固有ベクトルを列とする 2 次元配列 eigenvectors
- **6〜8**　固有値の大きい順に固有値と固有ベクトルを並び替え
- **10**　第 1 主成分から第 k 主成分までの固有ベクトルを列とする
  2 次元配列 components
- **11**　第 1 主成分から第 k 主成分までの固有値を要素とする
  1 次元配列 variances
- **13**　事例の特徴を k 次元に削減したデータセットを表す 2 次元配列 X_reduced
- **16**　各主成分の寄与率を要素とする 1 次元配列 var_ratio
- **17**　第 1 主成分から第 k 主成分までの累積寄与率 cum_var_ratio

- NumPy の linalg モジュールの関数 eig [7] に，行列を表す 2 次元配列を与えると，その行列の固有値を要素とする 1 次元配列とそれらの固有値に対応する正規化された固有ベクトルを列とする 2 次元配列を返します．4 行目では，同関数を用いて分散共分散行列の固有値と固有ベクトルを計算しています．

- NumPy の関数 argsort [8] に配列を与えると，指定された方向（ここでは列方向）について要素を並び替えた（ここでは降順）ときの各要素の元の配列に

---

[7]　numpy.linalg.eig
[8]　numpy.argsort

おけるインデックスからなる配列を返します．6~8 行目では，このインデックスの配列 idx を用いて，eigenvalues の要素である固有値を大きい順に並び替え，またそれらに対応する固有ベクトル（eigenvectors の列）を並び替えています [9]．

- 13 行目では，NumPy の関数 dot を用いて X と components が表す行列の積を計算することにより，データセットのすべての事例について，各事例を表す特徴ベクトルと各主成分を表すベクトルの内積を計算しています．X_reduced の各行は，次元削減により k 次元の特徴ベクトルで表された事例に対応しています．

以下では，関数 dimensionality_reduction にデータセットを表す 2 次元配列として先に作成した X，主成分の数として 2 を与えて呼び出し，主成分分析による次元削減を行った結果の返り値を変数 X_reduced, components, variances, var_ratio, cum_var_ratio にそれぞれ代入しています．

コード **9.8** 関数 dimensionality_reduction の実行

```
(
  X_reduced, components, variances,
  var_ratio, cum_var_ratio
) = dimensionality_reduction(X, 2)
```

以下では，主成分分析の結果得られた第 1 主成分（PC1），第 2 主成分（PC2）に対応する固有ベクトルを行とする図 9.6 に示すようなデータフレームを表示しています．データフレームの各列は，データセットの事例を表す各特徴に対応します．

コード **9.9** 主成分

```
pd.DataFrame(components.T, index=['PC1', 'PC2'],
             columns=columns)
```

主成分分析の結果得られた主成分をもとに，都道府県について，図 9.6 に示すデータフレームの各列のスポーツ活動の順番に対応して，それぞれのスポーツ活動の標準化された行動率が $x_1, x_2, \ldots, x_8$ であるとき，第 1 主成分の主成分得点はおよそ次のように表すことができます．

$$-0.32x_1 + 0.29x_2 + 0.13x_3 + 0.35x_4 + 0.44x_5 + 0.38x_6 + 0.40x_7 + 0.43x_8$$

---

9) p.52 参照．

	つり	水泳	スキー・スノーボード	登山・ハイキング	サイクリング	ジョギング・マラソン	ウォーキング・軽い体操	ヨガ
PC1	-0.315516	0.288009	0.128477	0.349752	0.441659	0.376304	0.399456	0.427125
PC2	0.457960	0.286622	-0.631500	-0.370102	-0.005227	0.248810	0.299325	0.144301

図 **9.6** コード 9.9 の実行結果

第 1 主成分には,「サイクリング」,「ジョギング・マラソン」,「ウォーキング・軽い体操」,「ヨガ」などの日常的に行うことができる運動に関するスポーツ活動が影響しており,日常の運動の行動率を表すような特徴となっていると考えることができます.

　一方,第 2 主成分の主成分得点はおよそ次のように表すことができます.

$$0.46x_1 + 0.29x_2 - 0.63x_3 - 0.37x_4 - 0.01x_5 + 0.25x_6 + 0.30x_7 + 0.14x_8$$

第 2 主成分には,「つり」,「スキー・スノーボード」,「登山・ハイキング」などの海や山におけるスポーツ活動が影響しており,海と山のスポーツ活動の行動率を表すような特徴となっていると考えることができます.このとき,第 2 主成分の主成分得点の値が正の方に大きい場合,海におけるスポーツ活動(つり)を行い,一方,主成分得点の値が負の方に大きい場合,山におけるスポーツ活動(スキー・スノーボードや登山・ハイキング)を行うことを表す特徴となっていると考えることもできます.

　このように各主成分が異なる特徴の組み合わせにより表されることについて,次のようにデータセットの事例を表す特徴の間の相関係数をもとに考えてみます.以下では,データフレームの corr メソッドを用いて,特徴間の相関係数を求めています.その上で,seaborn ライブラリの関数 heatmap [10] を用いて,それらの相関係数を図 9.7 に示すようなヒートマップとして可視化しています [11].

　コード **9.10** 特徴間の相関係数の計算とヒートマップの可視化

```
sns.heatmap(activity_df.corr(), cmap='coolwarm',
            annot=True, fmt='.2f', vmin=-1, vmax=1)
plt.show()
```

　第 1 主成分が表すと考えられる日常的に行うスポーツ活動の行動傾向について,それらの行動率は都道府県全体で見たときに互いに相関係数が正に比

---

10)　`seaborn.heatmap`
11)　日本語の表示に japanize_matplotlib モジュールが必要です.

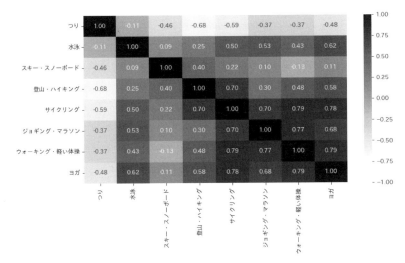

図 **9.7** コード 9.10 の実行結果

較的高い傾向を示しています．これにより，行動率が互いに相関するこれらの日常的に行うスポーツ活動をまとめて新たな特徴として表したものが第 1 主成分であると解釈できます．

一方，これらの日常的に行うスポーツ活動とその他の海や山で行うスポーツ活動については互いの行動率の相関係数は必ずしも高くありません．特に，「つり」については他のいずれのスポーツ活動に対しても相関係数が負になっており，「登山・ハイキング」に対しては相関係数が負に高い傾向を示しています．このように日常的なスポーツ活動と異なる海や山で行うスポーツ活動，そして海または山のどちらのスポーツ活動を行うかを新たな特徴として表したものが第 2 主成分であると解釈できます．

以下では，各主成分の分散，寄与率，および累積寄与率を表示しています．第 1 主成分と第 2 主成分の寄与率はそれぞれ約 55.5%，19.0% となっており，累積寄与率は約 74.5% となっています．これにより第 1 主成分と第 2 主成分の 2 つの主成分は，元のデータの情報の量としての分散を 7 割以上表すことができていることがわかります．

コード **9.11**　各主成分の分散，寄与率，および累積寄与率の表示

```
print('variances: ', np.round(variances, 3))
print('variance ratio: ', np.round(var_ratio, 4))
print(f'cumulative variance ratio: {cum_var_ratio:.4f}')
```

実行結果
```
variances:  [4.439 1.522]
variance ratio:  [0.5549 0.1903]
cumulative variance ratio: 0.7452
```

　以下では，第 1 主成分（PC1）と第 2 主成分（PC2）が定める軸を座標軸として，その 2 次元の特徴空間において元のデータセットの各事例に対応する都道府県名を図 9.8 に示すような散布図として可視化します．このとき，主成分得点は特徴空間の座標に対応しています．

コード **9.12**　主成分が定める 2 次元空間でのデータの可視化

```
prefectures = df.loc[0:46, '都道府県']

for i, label in enumerate(prefectures):
  plt.scatter(X_reduced[:, 0], X_reduced[:, 1],
              c='blue', s=10)
  plt.annotate(label, (X_reduced[i, 0], X_reduced[i, 1]))

plt.xlabel('PC1')
plt.ylabel('PC2')
plt.show()
```

　各主成分と各特徴の相関係数を計算し，各主成分と各特徴の関係を含めて散布図中に表すことを考えます．以下では，主成分に対応する固有ベクトルの要素の値に，その主成分の標準偏差を掛けることにより，図 9.9 に示すような各主成分と各特徴の間の相関係数を計算しています [12]．

コード **9.13**　主成分と特徴の間の相関係数の計算

```
correlation_coefs = components * np.sqrt(variances)
pd.DataFrame(correlation_coefs.T, index=['PC1', 'PC2'],
             columns=columns)
```

---

[12]　主成分の分散（固有値）を λ，特徴の分散を s，主成分に対する特徴の係数を w とすると，主成分と特徴の相関係数は $\frac{\sqrt{\lambda}w}{\sqrt{s}}$ となります．

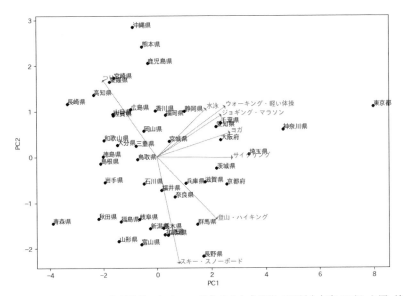

図 9.8 コード 9.12 の実行結果に加えて，各主成分と各特徴の関係を矢印で示した図（軸と矢印の内積が大きいほど主成分と特徴の間に相関があることを示す）

	つり	水泳	スキー・スノーボード	登山・ハイキング	サイクリング	ジョギング・マラソン	ウォーキング・軽い体操	ヨガ
PC1	-0.664784	0.606828	0.270698	0.736918	0.930564	0.792864	0.841644	0.899941
PC2	0.565031	0.353635	-0.779146	-0.456633	-0.006449	0.306982	0.369307	0.178038

図 9.9 コード 9.13 の実行結果

　各特徴の各主成分に対するこの相関係数に基づき，各特徴に対応する矢印を散布図中に示しています（相関係数の値を定数倍しています）．主成分に対応する軸と特徴に対応する矢印の内積が大きいほど，その主成分とその特徴の間に相関があることを示しています．

　東京都，神奈川県，大阪府など人口の多い都府県は，先の各主成分の解釈に従うと日常的なスポーツ活動を相対的に行う傾向があることが示されています．また，九州地方または四国の県ではスポーツ活動として「つり」を相対的に行う傾向が，反対に北海道や北東北の県または山岳地を有する県ではスポーツ活動として「登山・ハイキング」や「スキー・スノーボード」を相対的に行う傾向があることが示されています．

ライブラリを用いた実装

以下では，scikit-learn ライブラリの decomposition モジュールの PCA ク
ラス [13)]を用いて，主成分分析による次元削減を行うための手順を示してい
ます．

コード **9.14** scikit-learn の PCA クラスによる主成分分析

```
from sklearn.decomposition import PCA
k = 2
model = PCA(n_components=k)
model.fit(X)
X_reduced = model.transform(X)
print(model.explained_variance_ratio_)
print(np.sum(model.explained_variance_ratio_))
```

- PCA クラスのオブジェクトを作成する際，引数 n_components に主成分の数
  を指定します．
- PCA クラスのオブジェクトの fit メソッドに，データセットとなる行列（[事
  例の数] × [特徴の数] のサイズ）を表す 2 次元配列 X を与えて呼び出すこと
  で，主成分分析が行われます [14)]．また，transform メソッドに，同配列を
  与えて呼び出すことで，主成分分析の結果得られた主成分をもとに次元削減
  を行うことができます．
- PCA クラスのオブジェクトの属性 explained_variance_ratio_ は，各主成
  分の寄与率を要素とする配列となっています．

演習問題

問 1　プログラミング演習に用いたスポーツ活動に関する都道府県別のデータに
ついて，主成分の数を 3 として主成分分析により次元削減を行ったとき，各
主成分はどのような特徴を表しているか考察してください．また，各主成分
の寄与率と全体の累積寄与率を計算してください．

問 2　第 8 章の演習で用いた SSDSE-C について，複数の食料品目を選択しそれ
らを特徴として主成分分析により次元削減を行ったとき（主成分の数はたと
えば 2 か 3 としてください），各主成分はどのような特徴を表しているか考
察してください．また，各主成分の寄与率と全体の累積寄与率を計算してく
ださい．

---

13)　sklearn.decomposition.PCA
14)　PCA クラスではデータは自動的に中心化され，特異値分解をもとに主成分が求められます．

第10章

線形回帰

　本章では線形回帰の基礎について学びます．回帰は入力に対して連続値を予測する教師あり学習のタスクで，たとえば将来の需要，消費量，価格，人流などの数値を予測することに応用することができます．以下ではまず，回帰の基礎となる線形回帰の基本的な考え方について学びます．次に，線形回帰のモデルを学習するための基本的な考え方となる最小二乗法について学びます．また，モデルのパラメータを具体的に推定するための方法として勾配降下法について学びます．最後に，回帰のモデルの評価方法について学びます．また，発展的な内容として線形回帰のパラメータ推定を最尤法により解釈することを学びます．

　プログラミング演習では，線形回帰モデルのパラメータを勾配降下法により推定する手続きをプログラムとして実装した上で，不動産に関するデータセットをもとに不動産区画の特徴からその区画の不動産価格を予測するような回帰のモデルの学習と評価を実際に行います．本章の学習を通して，線形回帰の基本的な考え方，特に勾配降下法によるパラメータの推定方法について理解し，実問題を回帰の問題として解く際にデータをもとに実際に線形回帰モデルの学習と評価が適切にできるようになることを目標とします．

10.1　線形回帰

　回帰は，学習を行うモデルが予測すべき値が連続値の場合の教師あり学習のタスクでした．第 7 章では，そのような回帰の例として，患者の BMI からその患者の疾患の進行度を予測するようなモデルを学習することを考え，そのようなモデルを表す関数として次のような 1 次関数 $f(x)$ を考えました．

$$f(x) = wx + b$$

$x \in \mathbb{R}$ は関数 $f(x)$ の入力となる変数，$w \in \mathbb{R}$ と $b \in \mathbb{R}$ は関数 $f(x)$ のパラメータを表します．パラメータ w を変数 x の**回帰係数**と呼びます．$f(x)$ のパラメータの推定に用いる訓練データ $\mathcal{D} = \{(x^{(i)}, y^{(i)})\}_{i=1}^{m}$ について，入力に対応する変数 x を**説明変数**と呼び，出力に対応する変数 y を**目的変数**と呼びます．

　説明変数と目的変数の関係を数式で表したものを**回帰モデル**と呼びます．ここで，入力 $x^{(i)}$ と出力 $y^{(i)}$ の関係について，関数の出力 $f(x^{(i)})$ のみでは必ずしもすべて説明できない不確実性が存在すると考え，それを表す項である誤差項を $\epsilon^{(i)}$ とすると回帰モデルは次のように表すことができます．

$$y^{(i)} = f(x^{(i)}) + \epsilon^{(i)}$$

このとき，$f(x)$ がパラメータについて線形である場合を**線形回帰モデル**と呼びます．また，説明変数の数が 1 つの回帰である**単回帰**の回帰モデルを単回帰モデルと呼び，先の回帰モデルは線形単回帰モデルとなります．

　回帰モデルの誤差項 $\epsilon^{(i)}$ は，説明変数以外の要因の影響や目的変数の測定誤差などの不確実性を表す確率変数である**誤差**の実現値を表しています．第 7 章では，訓練データについて，入力 $x^{(i)}$ に対する実際の出力 $y^{(i)}$ と推定したパラメータが定める関数の出力 $\hat{f}(x^{(i)})$ との間の差がなるべく小さくなるようにパラメータを決定するということを考えました．このとき，入力 $x^{(i)}$ に対する実際の出力 $y^{(i)}$ とその推定値 $\hat{f}(x^{(i)})$ の差 $y^{(i)} - \hat{f}(x^{(i)})$ を**残差**と呼びます．残差は，推定された関数のもとでの誤差項 $\epsilon^{(i)}$ の推定値となっています．図 10.1 と 10.2 は，同一のデータに対してそれぞれ異なるパラメータが定める 1 次関数に対応する直線である**回帰直線**を可視化し，回帰直線とデータの各事例との間の残差を示しています．この場合，図 10.2 より図 10.1 の回帰直線の方が，各事例について残差が小さくなっており，入力と出力の関係をよく表していると考えられます．以下では，このように残差をなるべく小さくするという方針のもとで，実際にどのように関数のパラメータ推定を行うかを考えます．

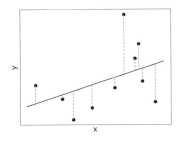

図 10.1 回帰直線の例 1（丸印は事例，破線は残差を表す）

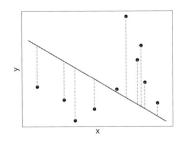

図 10.2 回帰直線の例 2（丸印は事例，破線は残差を表す）

10.2 最小二乗法

まず，m 個の事例からなる訓練データの個々の入力 $x^{(i)}$ に対する実際の出力 $y^{(i)}$ と，あるパラメータが定める関数の出力 $\hat{f}(x^{(i)})$ の間の残差をもとに，訓練データ全体の残差を次のように**残差平方和**の平均である**平均二乗残差**として表すことを考えます [1]．

$$L = \frac{1}{2m} \sum_{i=1}^{m} (y^{(i)} - \hat{f}(x^{(i)}))^2$$

残差をなるべく小さくしたいという先の考え方に従うと，この平均二乗残差を最小化するようなパラメータを推定したいということになります．このように平均二乗残差を最小化するという問題を解くことにより，パラメータを求める方法を**最小二乗法**と呼びます．第 8 章の K-means 法では，データセットの各事例とそのセントロイドとのユークリッド距離の平方を考えることで，距離を最小化するという問題を扱いやすくしました．平均二乗残差もまた，残差の平方を考えることで，残差を最小化するという問題を扱いやすくしています．

先の平均二乗残差をパラメータ w と b に関する損失関数 $L(w, b)$ として考えると，図 10.3 に示すように $L(w, b)$ は w と b に関して下に凸な関数となっ

---

1) ここでは，以降の式展開において扱いやすくするために平均二乗残差をさらに 2 で割っています．平均を考えず残差平方和のまま扱うこともあります．また，特に機械学習では平均二乗残差を**平均二乗誤差**と表記することがあります．

ています [2]．その形状から，"谷底" となる点が $L(w, b)$ を最小化するパラメータであることがわかります．一般に，関数が極値（極大値または極小値）となる点では，関数の各変数に関する偏微分係数の値は 0 となり，そのような点を停留点と呼びます．また，停留点での関数の値を停留値と呼びます．$L(w, b)$ は下に凸な関数であるため，その極小値は関数の最小値となり，極小値の停留点に対応するパラメータがここで求めたいパラメータとなります．このことから，w に関する $L(w, b)$ の偏微分と b に関する $L(w, b)$ の偏微分により求められる次の式，

$$\frac{\partial L}{\partial w} = \frac{1}{m} \sum_{i=1}^{m} (f(x^{(i)}) - y^{(i)}) x^{(i)} = \frac{1}{m} \sum_{i=1}^{m} ((wx^{(i)} + b) - y^{(i)}) x^{(i)}$$

$$\frac{\partial L}{\partial b} = \frac{1}{m} \sum_{i=1}^{m} (f(x^{(i)}) - y^{(i)}) = \frac{1}{m} \sum_{i=1}^{m} ((wx^{(i)} + b) - y^{(i)})$$

をそれぞれ 0 とおいた方程式である**正規方程式**を解くことにより，閉形式の解として $L(w, b)$ を最小化する次のようなパラメータ $\hat{w}$ と $\hat{b}$ が求まります．

$$\hat{w} = \frac{m \sum_{i=1}^{m} x^{(i)} y^{(i)} - \sum_{i=1}^{m} x^{(i)} \sum_{i=1}^{m} y^{(i)}}{m \sum_{i=1}^{m} (x^{(i)})^2 - (\sum_{i=1}^{m} x^{(i)})^2}, \ \hat{b} = \frac{1}{m} \sum_{i=1}^{m} (y^{(i)} - \hat{w} x^{(i)})$$

ここで，$\bar{x} = \frac{1}{m} \sum_{i=1}^{m} x^{(i)}$, $\bar{y} = \frac{1}{m} \sum_{i=1}^{m} y^{(i)}$, $S_{xx} = \sum_{i=1}^{m} (x^{(i)} - \bar{x})^2$, $S_{xy} = \sum_{i=1}^{m} (x^{(i)} - \bar{x})(y^{(i)} - \bar{y})$ とすると，$\hat{w}$ と $\hat{b}$ は次のように表すことができます．

$$\hat{w} = \frac{S_{xy}}{S_{xx}}, \ \hat{b} = \bar{y} - \hat{w}\bar{x}$$

最小二乗法により推定されたこれらのパラメータ $\hat{w}$ と $\hat{b}$ を**最小二乗推定値**と呼びます．また，$\hat{w}$ と $\hat{b}$ が定める関数 $\hat{f}(x) = \hat{w}x + \hat{b}$ について，入力 $x^{(i)}$ に対するその出力 $\hat{y}^{(i)}$ を**予測値**と呼びます．

　最小二乗推定値が定める関数 $\hat{f}(x)$ は $\hat{w}(x - \bar{x}) + \bar{y}$ と表すことができ，訓練データの事例の平均値の点 $(\bar{x}, \bar{y})$ を通ります．また，残差 $y^{(i)} - \hat{y}^{(i)}$ の平均値は 0 となり，残差と予測値 $\hat{y}^{(i)}$ の共分散は 0 となります．

---

2)　任意の区間で定義された関数 f に対して，区間内の任意の 2 点 x_1 と x_2 に対して，$f(\lambda x_1 + (1 - \lambda) x_2) \leq \lambda f(x_1) + (1 - \lambda) f(x_2)$ $(0 \leq \lambda \leq 1)$ が成立する場合，f はその区間で下に凸な関数と呼びます．

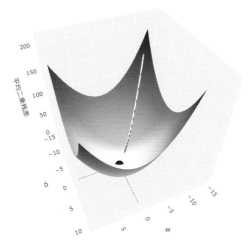

図 10.3 勾配降下法によってパラメータを更新する過程：パラメータ更新（矢印）の繰り返しの手続き（白線）により損失関数を最小化するようなパラメータ（丸印）を求めている

10.3 勾配降下法

ここまでは，損失関数となる平均二乗残差を最小化するという問題を解くため，損失関数の偏導関数に基づく方程式を解くことにより，解析的にパラメータを推定することを考えました．以下では，パラメータを推定する別の方法として，反復的な手続きにより損失関数の極値を数値的に計算する方法を考えます．このような数値的な計算による方法は，たとえば，損失関数の偏導関数が複雑となり解析的にパラメータを求めることができないような場合でもパラメータの推定に適用することができます．

損失関数 $L(w, b)$ のある点でのパラメータ w_t と b_t に関する，それぞれの偏微分係数を成分とする次のようなベクトルを**勾配**と呼びます [3].

$$\nabla L = \left(\left. \frac{\partial L}{\partial w} \right|_{w=w_t}, \left. \frac{\partial L}{\partial b} \right|_{b=b_t} \right)^{\top}$$

勾配 ∇L は，その点の近傍において $L(w, b)$ の値が最も大きく増大する方向

---

3) ここでは偏微分の結果，連続な偏導関数が得られるような関数を考えます．

を示しています．また，勾配のノルム $\|\nabla L\|$ は，そのような方向での関数の値の増加率を示しています．この勾配を用いることで，次のような反復的な手続きにより，先の平均二乗残差を最小化するようなパラメータを数値的に計算することができます．

　まず，初期値となる点（ベクトルで $(\hat{w}, \hat{b})^\top$ と表すことにします）を与えます．このとき，その点から関数 $L(w, b)$ の値が最も大きく減少する方向は，勾配の逆の方向 $-\nabla L = \left(-\frac{\partial L}{\partial w}\big|_{w=\hat{w}}, -\frac{\partial L}{\partial b}\big|_{b=\hat{b}} \right)^\top$ で与えられることになります．実際に点 $(\hat{w}, \hat{b})^\top$ の近傍においてある方向への移動を考え，十分小さな値 Δw と Δb を用いて，移動後の点を $(\hat{w} + \Delta w, \hat{b} + \Delta b)^\top$ と表し，以下のテーラー展開を考えます．

$$L(\hat{w} + \Delta w, \hat{b} + \Delta b) \simeq L(\hat{w}, \hat{b}) + (\Delta w, \Delta b)\nabla L$$

このとき，$-\nabla L$ が示す方向へ移動するよう Δw と Δb をそれぞれ次のように選ぶことで，

$$\Delta w = -\eta \left. \frac{\partial L}{\partial w} \right|_{w=\hat{w}}, \ \Delta b = -\eta \left. \frac{\partial L}{\partial b} \right|_{b=\hat{b}}$$

$(\Delta w, \Delta b)\nabla L = -\eta \|\nabla L\|^2$ により $L(\hat{w} + \Delta w, \hat{b} + \Delta b) < L(\hat{w}, \hat{b})$ となるため，移動後の点において $L(w, b)$ の値は減少することになります．η はステップ幅[4]と呼ばれ，勾配の逆の方向へどれぐらいの距離を進むかを表します．ステップ幅が大きすぎると，勾配の逆の方向で $L(w, b)$ の値が最小となる点を通り越してしまう可能性があります．一方，ステップ幅が小さすぎるとそのような点に到達するのが遅くなることになります．そのためステップ幅は，関数の値を必ず減少させつつ，移動の距離ができるだけ大きくなるように適切に設定する必要があります．

　このように関数の勾配に基づいて，関数の極値を数値的に計算する方法を**勾配法**と呼び，特に関数の最小値を計算する勾配法を**勾配降下法**あるいは**最急降下法**と呼びます[5]．勾配降下法により損失関数 $L(w, b)$ の値が減少するようにパラメータを更新する手続きは，具体的には勾配を用いて以下のように

---

4)　機械学習では学習率と呼ぶことがあります．
5)　勾配降下法では，関数がいくつかの条件を満たしていれば，適切なステップ幅を設定することで，極値まで収束することが保証されます．

行うことができます.

$$\hat{w} \leftarrow \hat{w} - \eta \left.\frac{\partial L}{\partial w}\right|_{w=\hat{w}} = \hat{w} - \frac{\eta}{m}\sum_{i=1}^{m}(\hat{f}(x^{(i)}) - y^{(i)})x^{(i)}$$

$$\hat{b} \leftarrow \hat{b} - \eta \left.\frac{\partial L}{\partial b}\right|_{b=\hat{b}} = \hat{b} - \frac{\eta}{m}\sum_{i=1}^{m}(\hat{f}(x^{(i)}) - y^{(i)})$$

$\hat{f}(x^{(i)})$ は更新前のパラメータが定めるモデル $\hat{w}x + \hat{b}$ の入力 $x^{(i)}$ に対する出力です. 更新後のパラメータの点 $(\hat{w}, \hat{b})^{\top}$ で再び勾配を計算し, 同様にその勾配の逆の方向で $L(w, b)$ の値が最小となるような点に移動するようにパラメータを再び更新します [6]. このような繰り返しの手続きをパラメータが収束する, あるいは勾配のノルムが十分小さくなるまで繰り返すことで, $L(w, b)$ を最小化するような $\hat{w}$ と $\hat{b}$ を計算することができます. 図 10.3 は勾配降下法によりパラメータの更新を繰り返すことで, 損失関数を最小化するようなパラメータに徐々に近づくことを示しています.

平均二乗誤差で表される損失関数は下に凸な関数であるため, 関数の極値が最小値である大域解となりますが, 関数に最小値以外の極値が存在するときは, 勾配法により最小値ではない極値である局所解に到達することもあります. また, 極値が 1 つしかない場合でも, 関数の形 (たとえば, 細長い谷の形をした関数) によっては, 極値へ到達するのが遅くなることがあります. そのため, そのような損失関数では, 勾配法の初期値とステップ幅をなるべく適切に設定する必要があります.

10.4 勾配降下法の一般化

ここまでは, 説明変数として入力が 1 つの特徴で表されるような単回帰を考え, 損失関数として平均二乗残差を最小化するようなパラメータを推定する方法を考えました. このことは, 入力が複数の特徴で表されるような回帰である**重回帰**においても同様に適用することができます. たとえば, 目的変数として患者の疾患の進行度を予測するような回帰の問題では, 患者の年齢, 性別, 検査結果の値など複数の説明変数を考えることができます.

---

6) ここでは, ← は左の値を右の値で更新する操作を表します.

n 個の特徴からなる特徴ベクトルで表されるような入力 $(x_1, x_2, \ldots, x_n)^\top \in \mathbb{R}^n$ に対して出力となる連続値を予測するような回帰のモデルを学習することを考え，そのようなモデルを表す関数として次のような関数 $f(\boldsymbol{x})$ を考えます．

$$f(\boldsymbol{x}) = w_1 x_1 + w_2 x_2 + \cdots + w_n x_n + b$$

$w_j \ (j = 1, \ldots, n) \in \mathbb{R}$ は $f(\boldsymbol{x})$ の入力の各説明変数 $x_j \ (j = 1, \ldots, n)$ のパラメータを表し，**偏回帰係数**と呼びます．また，$b \in \mathbb{R}$ は $f(\boldsymbol{x})$ の切片に対応するパラメータを表します．ここで，$f(\boldsymbol{x})$ について，入力として常に値が 1 である定数 $x_0 = 1$ を新たに考え，x_0 のパラメータ w_0 を導入して b を置き換えると，$f(\boldsymbol{x})$ は次のように入力の特徴ベクトルとパラメータを表すベクトルの内積として表されます．

$$f(\boldsymbol{x}) = w_0 x_0 + w_1 x_1 + w_2 x_2 + \cdots + w_n x_n = \boldsymbol{w}^\top \boldsymbol{x}$$

$\boldsymbol{x} = (x_0, x_1, x_2, \ldots, x_n)^\top$ と $\boldsymbol{w} = (w_0, w_1, w_2, \ldots, w_n)^\top$ はそれぞれ $f(\boldsymbol{x})$ の入力の特徴ベクトル，$f(\boldsymbol{x})$ のパラメータを表すベクトルを表します．

関数 $f(\boldsymbol{x})$ のパラメータ推定を行うために，単回帰と同様に，m 個の事例からなる訓練データ $\mathcal{D} = \{(\boldsymbol{x}^{(i)}, y^{(i)})\}_{i=1}^m$ の個々の入力 $\boldsymbol{x}^{(i)}$ に対する実際の出力 $y^{(i)}$ と，あるパラメータが定める関数の出力 $\hat{f}(\boldsymbol{x}^{(i)})$ の間の残差をもとに，次のような平均二乗残差を考えます．

$$L = \frac{1}{2m} \sum_{i=1}^m (y^{(i)} - \hat{f}(\boldsymbol{x}^{(i)}))^2$$

そして，この平均二乗残差をパラメータ $\boldsymbol{w}$ に関する損失関数 $L(\boldsymbol{w})$ として考え，$L(\boldsymbol{w})$ を最小化するようなパラメータを求める問題を解くことでパラメータの推定を行うことができます．

先の勾配降下法を用いると，$L(\boldsymbol{w})$ を最小化するようなパラメータ $\hat{w}_j \ (j = 0, 1, \ldots, n)$ は，次のようなパラメータの更新手続きを繰り返すことで求めることができます．

$$\hat{w}_j \leftarrow \hat{w}_j - \eta \left. \frac{\partial L}{\partial w_j} \right|_{w_j = \hat{w}_j} = \hat{w}_j - \frac{\eta}{m} \sum_{i=1}^m (\hat{f}(\boldsymbol{x}^{(i)}) - y^{(i)}) x_j^{(i)}$$

$\hat{f}(\boldsymbol{x}^{(i)})$ は更新前のパラメータが定めるモデル $\hat{\boldsymbol{w}}^{\top}\boldsymbol{x}$ の入力 $\boldsymbol{x}^{(i)}$ に対する出力です.

ここで，訓練データ $\mathcal{D}$ を表すサイズが $m \times (n+1)$ の次のような行列 $\boldsymbol{X}$ とベクトル $\boldsymbol{y} \in \mathbb{R}^m$ を考えると，

$$\boldsymbol{X} = \begin{pmatrix} \boldsymbol{x}^{(1)\top} \\ \boldsymbol{x}^{(2)\top} \\ \vdots \\ \boldsymbol{x}^{(m)\top} \end{pmatrix}, \ \boldsymbol{y} = (y^{(1)}, y^{(2)}, \dots, y^{(m)})^{\top}$$

先のパラメータの更新手続きを次のように行列の演算として表すことができます.

$$\hat{\boldsymbol{w}} \leftarrow \hat{\boldsymbol{w}} - \frac{\eta}{m} \boldsymbol{X}^{\top}(\boldsymbol{X}\hat{\boldsymbol{w}} - \boldsymbol{y})$$

この更新の手続きを，パラメータが収束する，あるいは勾配のノルムが十分小さくなるまで繰り返すことで，損失関数 $L(\boldsymbol{w})$ を最小化するようなパラメータ $\hat{\boldsymbol{w}}$ を計算することができます.

10.5　正規方程式の一般化

損失関数 $L(\boldsymbol{w})$ は，先の行列 $\boldsymbol{X}$ とベクトル $\boldsymbol{y}, \boldsymbol{w}$ を用いて次のように表すことができます.

$$L(\boldsymbol{w}) = \frac{1}{2m}\|\boldsymbol{y} - \boldsymbol{X}\boldsymbol{w}\|^2 = \frac{1}{2m}(\boldsymbol{y} - \boldsymbol{X}\boldsymbol{w})^{\top}(\boldsymbol{y} - \boldsymbol{X}\boldsymbol{w})$$

このとき，$\boldsymbol{w}$ に関する $L(\boldsymbol{w})$ の偏微分により求められる次の式，

$$\frac{\partial L}{\partial \boldsymbol{w}} = \frac{1}{m}\boldsymbol{X}^{\top}(\boldsymbol{X}\boldsymbol{w} - \boldsymbol{y})$$

を $\boldsymbol{0}$ とおいたときの正規方程式を解くことにより，閉形式の解として $L(\boldsymbol{w})$ を最小化するパラメータ $\hat{\boldsymbol{w}}$ を次のように求めることができます.

$$\hat{\boldsymbol{w}} = (\boldsymbol{X}^{\top}\boldsymbol{X})^{-1}\boldsymbol{X}^{\top}\boldsymbol{y}$$

このように損失関数 $L(\boldsymbol{w})$ を最小化するパラメータ $\hat{\boldsymbol{w}}$ は解析的に求めることができますが，その条件として，行列 $\boldsymbol{X}^{\top}\boldsymbol{X}$ が逆行列 $(\boldsymbol{X}^{\top}\boldsymbol{X})^{-1}$ を持つ必

要があります．そのためには，$\boldsymbol{X}^\top \boldsymbol{X}$ が正則（フルランク）行列あるいは正定値行列である必要がありますが，データによっては常にこの条件が満たされるとは限りません．たとえば，入力のある特徴が他の特徴の線形な組み合わせで表されるような場合[7]や，データの事例数より特徴の数が多い場合には，$\boldsymbol{X}^\top \boldsymbol{X}$ は正則行列ではなくなり逆行列を持たなくなります[8]．また，入力の特徴間に強い相関があるような場合でも，正規方程式の解はデータのわずかな変化に影響され不安定となります．この他，大規模なデータでは逆行列を計算するための時間と空間の計算量がともに大きくなります．一方，勾配降下法によるパラメータ推定では，正規方程式で解析的にパラメータを求めることができない場合でも，反復的な手続きによりパラメータを計算することができ，また計算量を抑えることもできます．そのため，データの事例数も特徴の数も多いような現実の大規模なデータに対しては，勾配降下法のように数値計算に基づく方法を用いることで効率的にパラメータを推定することができます．

10.6　モデルの評価

　訓練データだけでなく，未知のデータに対しても正しく予測を行うことができるような適切なモデルを選択するには，推定されたパラメータが定めるモデルがどの程度データに当てはまっているか，というモデルの当てはまりのよさを評価する必要があります．そのようなモデルの評価指標の 1 つに**決定係数**があります．m 個の事例からなるデータについて，入力 $x^{(i)}$ に対する実際の出力 $y^{(i)}$ と推定されたパラメータが定める関数 $\hat{f}(x)$ の $x^{(i)}$ に対する予測値 $\hat{y}^{(i)}$ をもとに，決定係数 R^2 は次のように計算することができます．

$$R^2 = \frac{\sum_{i=1}^{m}(\hat{y}^{(i)} - \bar{y})^2}{\sum_{i=1}^{m}(y^{(i)} - \bar{y})^2} = 1 - \frac{\sum_{i=1}^{m}(y^{(i)} - \hat{y}^{(i)})^2}{\sum_{i=1}^{m}(y^{(i)} - \bar{y})^2}$$

決定係数は 0 から 1 の値をとり，目的変数の分散に対してモデルがどの程度そ

---

[7]　先の行列 $\boldsymbol{X}$ のある列ベクトルが他の列ベクトルの線形結合で近似的に表される場合，**多重共線性**が存在するといいます．

[8]　逆行列の概念を一般化した擬似逆行列を考えることができますが，その場合正規方程式は解を 1 つに定めることができなくなります．

の分散を説明しているかを表しています. モデルがデータによく当てはまっているほど決定係数の値は 1 に近くなります. 決定係数は説明変数の数を増やすほど値が 1 に近づくため, 説明変数の数で決定係数を調整した指標として次のような**自由度調整済み決定係数** $\bar{R}^2$ があります.

$$\bar{R}^2 = 1 - \frac{m-1}{m-(n+1)}(1-R^2)$$

m はデータの事例の数, n は説明変数の数を表します.

　自由度調整済み決定係数を用いることで, たとえば異なる数の説明変数を持つ重回帰のモデル同士について, どちらがデータによく当てはまっているかを評価することができます. このようにモデルの適切な変数の数とその組み合わせを選択することを**変数選択**と呼び, 決定係数の他にもいくつかの基準 [9] や, それらの基準をもとに最適な変数の組み合わせを効率よく見つけるための方法 [10] があります.

　モデルの評価について, 機械学習ではモデルが訓練データだけでなく, 未知のデータに対しても正しく予測ができるようにモデルの学習を行うことが重要でした. そのため, 訓練データで学習したモデルについて, 別途テストデータに対する当てはまりのよさを評価することで, モデルの汎化性能を確認します. たとえば, 重回帰のモデルの変数選択では, 訓練データだけでなくテストデータにもよく当てはまるような変数を選択することになります.

10.7 【発展】最尤法によるパラメータ推定

　最小二乗法では, 平均二乗残差を最小とするようなパラメータを推定することを考えました. ここでは, パラメータ推定の別の考え方として, 観測された訓練データに対して, パラメータが定めるモデルがどの程度適合しているかを表す関数を考え, そのような関数を最大化するようなパラメータを推定することを考えます [11]. 以下では, 単純化のため回帰モデルとして 1 つの説明変数を入力とする線形単回帰モデルを考えますが, 考え方は任意の数

---

　[9]　たとえば, AIC や BIC などの情報量基準や Mallows の C_p 基準などがあります.
　[10]　たとえば, 変数増加法や変数減少法のようなステップワイズ法などがあります.
　[11]　本節は発展的な内容を含むため, 読み飛ばして次節のプログラミングに進むことも可能です.

の説明変数を入力とする線形回帰モデルにも一般化することができます.

まず, 回帰モデルの誤差項 $\epsilon^{(i)}$ の値は, 平均 0, 分散 σ^2 の正規分布に従う確率変数の実現値と仮定します. また, $\epsilon^{(i)}$ は各事例 i に対して独立と仮定します. このとき, w と b を単回帰のモデルのパラメータとして, ある入力 $x^{(i)}$ に対する出力 $y^{(i)}$ は次のような平均 $wx^{(i)} + b$, 分散 σ^2 の正規分布に従って観測されたと考えることができます [12].

$$f(y^{(i)}|x^{(i)}; w, b, \sigma^2) = \frac{1}{\sqrt{2\pi\sigma^2}} \exp\left[-\frac{\{y^{(i)} - (wx^{(i)} + b)\}^2}{2\sigma^2}\right]$$

観測された事例 $(x^{(i)}, y^{(i)})$ について, w と b が定める回帰直線上の点 $wx^{(i)} + b$ と $y^{(i)}$ の残差が小さいほど $f(y^{(i)}|x^{(i)}; w, b, \sigma^2)$ は大きな値をとり, 逆に残差が大きくなるほど小さな値をとることがわかります. このとき, $f(y^{(i)}|x^{(i)}; w, b, \sigma^2)$ をパラメータ w, b, σ^2 に関する関数としてみなすと, 同関数はそれらのパラメータが定める回帰直線 (一般にはモデル) が事例 $(x^{(i)}, y^{(i)})$ に対してどの程度適合しているかを表しており, パラメータの**尤度** (事例に対してパラメータがどの程度, 尤もらしいか) と呼びます.

ここで, 出力 $y^{(i)}$ は各事例 i に対して独立と仮定すると, m 個の事例からなる訓練データ $\mathcal{D} = \{(x^{(i)}, y^{(i)})\}_{i=1}^{m}$ に対するパラメータの尤度は次のように各事例に対する尤度の積として表すことができます.

$$\prod_{i=1}^{m} f(y^{(i)}|x^{(i)}; w, b, \sigma^2) = \frac{1}{(2\pi\sigma^2)^{m/2}} \exp\left[-\frac{1}{2\sigma^2} \sum_{i=1}^{m} \{y^{(i)} - (wx^{(i)} + b)\}^2\right]$$

このとき, $\prod_{i=1}^{m} f(y^{(i)}|x^{(i)}; w, b, \sigma^2)$ を, $\mathcal{D}$ を所与としたときのパラメータ w, b, σ^2 に関する関数である**尤度関数** $L(w, b, \sigma^2)$ と呼びます.

尤度関数 $L(w, b, \sigma^2)$ は, 訓練データ $\mathcal{D}$ の各事例の入力 $x^{(i)}$ に対する出力 $y^{(i)}$ が回帰直線の近傍にある, つまりパラメータが定めるモデルがデータによく適合していれば大きな値をとることがわかります. このとき, 尤度関数を最大にするようなパラメータを求める方法を**最尤法**と呼びます. 実際には, 尤度関数の対数をとった次のような**対数尤度関数**を考え,

---

[12] y を確率変数とすると, $f(y|x^{(i)}; w, b, \sigma^2)$ は, $x^{(i)}$ が与えられたときのパラメータ w, b, σ^2 のもとでの y の確率密度関数であり, 確率変数 y の実現値が $y^{(i)}$ となります.

$$\log L(w, b, \sigma^2) = -\frac{m}{2}\log(2\pi\sigma^2) - \frac{1}{2\sigma^2}\sum_{i=1}^{m}\{y^{(i)} - (wx^{(i)} + b)\}^2$$

$\log L(w, b, \sigma^2)$ を最大にするようなパラメータを求めることを考えます．ここで，対数尤度関数の第 1 項は w, b によらず，また第 2 項は常に負となることから，$\sum_{i=1}^{m}\{y^{(i)} - (wx^{(i)} + b)\}^2$ を最小にするパラメータが尤度関数を最大化する，つまり与えらた訓練データに対してよく適合しているモデルを定めることになります．このことは，最小二乗法によるパラメータ推定で平均二乗残差を最小にするパラメータを求めたことと同じになります．このように最尤法によって推定されたパラメータを**最尤推定値**と呼び，データの出力が正規分布に従うと仮定したときのパラメータの最尤推定値は，最小二乗推定値と一致します．

10.8 プログラミング

準備

scikit-learn から取得可能なデータセットの 1 つである California Housing データセット [13] は，図 10.4 に示すように不動産区画について，所得の中央値（MedInc），不動産の築年数の中央値（HouseAge），世帯あたりの平均部屋数（AveRooms）と平均寝室数（AveBedrms），人口（Population），世帯あたりの平均人数（AveOccup），緯度（Latitude）と経度（Longitude）の特徴の情報が含まれており，これらの特徴をもとにその区画の不動産価格を中央値として予測する回帰のタスクのデータセットとなっています．以下では，このデータセットを用いて，回帰のモデルを学習することを考えます．

まず，必要なライブラリをインポートします．

コード **10.1** ライブラリのインポート

```
import numpy as np
import pandas as pd
import matplotlib.pyplot as plt
from sklearn.datasets import fetch_california_housing
from sklearn.linear_model import LinearRegression
from sklearn.metrics import mean_squared_error, r2_score
```

[13] https://www.dcc.fc.up.pt/~ltorgo/Regression/cal_housing.html

	MedInc	HouseAge	AveRooms	AveBedrms	Population	AveOccup	Latitude	Longitude
0	8.3252	41.0	6.984127	1.023810	322.0	2.555556	37.88	-122.23
1	8.3014	21.0	6.238137	0.971880	2401.0	2.109842	37.86	-122.22
2	7.2574	52.0	8.288136	1.073446	496.0	2.802260	37.85	-122.24
3	5.6431	52.0	5.817352	1.073059	558.0	2.547945	37.85	-122.25
4	3.8462	52.0	6.281853	1.081081	565.0	2.181467	37.85	-122.25
...	...	...	...	...	...	...	...	...

図 **10.4**　California Housing データセット

```
from sklearn.preprocessing import StandardScaler
from sklearn.model_selection import train_test_split
```

　scikit-learn の関数 `fetch_california_housing` [14)]を用いると，次のように California Housing データセットを取得することができます．データセットには事例を行とする行列を表す 2 次元配列 X と事例のラベルを要素とするベクトルを表す 1 次元配列 y が含まれています．以下では，X から図 10.4 に示したようなデータフレームを作成しています．データフレームの各行は不動産区画に対応しており，先に示したような 8 つの特徴で表されています．データセットには 2 万 639 個の事例が含まれています．y の各要素は各不動産区画の不動産価格となっています．

コード **10.2**　データフレームの作成

```
california = fetch_california_housing()
X = california.data
y = california.target
df = pd.DataFrame(data=X,
                  columns=california.feature_names)
```

　以下では，scikit-learn の関数 `train_test_split` [15)]を用いて，データセットを訓練データとテストデータに分割しています [16)]．

---

14)　`sklearn.datasets.fetch_california_housing`
15)　`sklearn.model_selection.train_test_split`
16)　ここでは，引数 `test_size` に 0.2 を指定し，データセットの 8 割を訓練データ，2 割をテストデータとして分割することを指定しています．引数 `random_state` にはランダムな分割を再現するための乱数のシードを与えます．

コード **10.3** 訓練データとテストデータ

```
X_train, X_test, y_train, y_test = train_test_split(
  X, y, test_size=0.2, random_state=10
)
```

　不動産区画は単位が異なり，またその値のスケールも異なる特徴で表されています．ここでは，あらかじめ各特徴の標準化を行い，各特徴のスケールを揃えることを行います．これにより，推定された各特徴のパラメータを比較した際に，どの特徴がモデルの予測に関連しているかを考察することができます．各特徴のスケールが大きく異なる場合，勾配降下法において最適なパラメータへの収束が遅くなることがあります．そのため，標準化は勾配降下法の効率的な実行にも寄与します．以下では，scikit-learn の **StandardScaler** クラス [17] を用いて，訓練データとテストデータの特徴を標準化しています [18]．このとき，モデルの学習に使用しないテストデータの情報が訓練データに混入しないように，テストデータについては，訓練データから得られた平均値と標準偏差をもとに標準化を行うことに留意します．

コード **10.4** 特徴の標準化

```
scaler = StandardScaler()
X_train = scaler.fit_transform(X_train)
X_test = scaler.transform(X_test)
```

　以下では，ある不動産区画の特徴値を入力として，その区画の不動産価格の中央値を出力するような回帰のモデルを考え，先のデータセットをもとにモデルのパラメータを推定することを考えます．パラメータを推定する方法として勾配降下法による最適なパラメータの計算を考えます．

単回帰の勾配降下法の実装

　まず入力が1つの特徴だけで表される単回帰のモデルを考えます．データセットをもとにモデルの最適なパラメータを勾配降下法により計算するため，以下の仕様の関数 **gradient_descent_simple** を定義します．

---

17)　`sklearn.preprocessing.StandardScaler`
18)　`fit_transform` メソッドでは引数に与えたデータの平均値と標準偏差を計算し標準化を行います．また，`transform` メソッドでは `fit_transform` メソッドで計算した平均値と標準偏差をもとに，引数に与えたデータの標準化を行います．

引数	X	データセットの事例を要素とするベクトルを表す 1 次元配列
	y	データセットの事例のラベルを要素とするベクトルを表す 1 次元配列
	eta	勾配降下法のステップ幅
	n_iter	パラメータの更新手続きの繰り返し回数
返り値	w	入力の特徴のパラメータの値
	b	切片のパラメータの値
	history	パラメータの更新手続きの繰り返しごとの損失関数の値を要素とするリスト

プログラム 10.1　関数 gradient_descent_simple: 単回帰の勾配降下法

```
 1  def gradient_descent_simple(X, y, eta, n_iter):
 2    m = len(X)
 3    w, b = 0.0, 0.0
 4    history = []
 5
 6    for _ in range(n_iter):
 7      y_pred = w * X + b
 8      error = y_pred - y
 9      w = w - eta * (1 / m) * np.sum(X * error)
10      b = b - eta * (1 / m) * np.sum(error)
11      cost = (1 / m) * np.sum(error ** 2)
12      history.append(cost)
13
14    return w, b, history
```

プログラムの説明

2　データセットの事例の数を変数 m に代入
6　パラメータの更新手続きを n_iter 回繰り返し
7　各事例に対するモデルの出力を要素とする形状 (m,) の 1 次元配列 y_pred
8　実際の出力を要素とする形状 (m,) の 1 次元配列 y と
　 y_pred の要素ごとの差の値を要素とする形状 (m,) の 1 次元配列 error
9　損失関数の勾配に基づく w の値の更新
10　損失関数の勾配に基づく b の値の更新
11　損失関数の値を計算し変数 cost に代入 [19)]
12　cost をリスト history に追加

7〜12 行目が勾配降下法によるパラメータの更新手続きとなります.

- まず 7 行目では，データセットのすべての事例について，入力に対して現在のパラメータのもとでのモデルの出力を計算しています.

- 次に 8 行目では，データセットのすべての事例について，実際の出力とモデルの出力の残差を計算しています.

---

19)　ここでは $2m$ ではなく m で割っています.

- 9行目の (1 / m) * np.sum(X * error) は入力の特徴のパラメータに関する損失関数の勾配となり，ステップ幅 eta により同パラメータを更新しています．X * error では，1次元配列 X と 1次元配列 error の対応する要素同士の積が計算されます．同様に，10行目の (1 / m) * np.sum(error) は切片のパラメータに関する損失関数の勾配となり，ステップ幅 eta により同パラメータを更新しています．

- 11行目の損失関数の値はベクトルの内積を用いて (1 / m) * np.dot(error, error) のように計算することもできます．

California Housing データセットについて，実際に回帰のモデルのパラメータを推定してみます．以下では，不動産区画の特徴として所得の中央値である "MedInc"（1番目の特徴）を選択します．関数 gradient_descent_simple に，訓練データの事例を要素とするベクトルを表す1次元配列として X_train[:, feature]，訓練データの事例のラベルを要素とするベクトルを表す1次元配列として y_train，ステップ幅として 0.1，パラメータの更新手続きの繰り返し回数として 100 をそれぞれ与えて呼び出しています．モデルの最適なパラメータとして勾配降下法によって計算された結果の返り値を変数 w と b にそれぞれ代入しています．リスト history は，その要素としてパラメータの更新手続きの繰り返しごとの損失関数の値を保持します．

コード **10.5** 関数 gradient_descent_simple の実行

```
eta = 0.1
n_iter = 100
feature = 0
w, b, history = gradient_descent_simple(
  X_train[:, feature], y_train, eta, n_iter
)
print(f'cost: {history[-1]:.4f}')
print(f'w: {w:.3f}, b: {b:.3f}')
```

実行結果
```
cost: 0.6980
w: 0.791, b: 2.065
```

図 10.5 に示すように，パラメータを更新する繰り返しの手続きを進めていくと損失関数の値は減少していきます．100 回の繰り返し手続き後のパラメータのもとで損失関数の値は約 0.698 となります．このとき，入力の特徴のパラメータの値は約 0.79，切片のパラメータの値は約 2.06 となり，推定さ

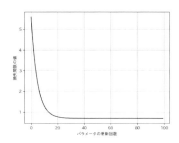

図 **10.5**　パラメータの更新回数と損失関数の値

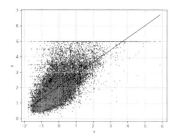

図 **10.6**　回帰直線（実線）と訓練データ（黒点）・テストデータ（灰色点）

れたパラメータが定める回帰のモデルは $0.79x + 2.06$ のように表されます．図 10.6 は，このモデルに対応する回帰直線を訓練データとテストデータとあわせて可視化しています．scikit-learn の関数 r2_score [20]を用いると決定係数を計算することができます．以下では，推定されたパラメータが定めるモデルについて，訓練データの入力とテストデータの入力，それぞれに対する予測値を計算し，決定係数を求めています．

コード **10.6**　決定係数の計算

```
y_train_pred = X_train[:, feature] * w + b
y_test_pred = X_test[:, feature] * w + b
r2_train = r2_score(y_train, y_train_pred)
r2_test = r2_score(y_test, y_test_pred)
print(f'train r2: {r2_train:.4f}, test r2: {r2_test:.4f}')
```

実行結果
```
train r2: 0.4725, test r2: 0.4770
```

勾配降下法の実装

　以下では，複数の特徴で入力が表される重回帰のモデルを考え，データセットをもとにモデルの最適なパラメータを勾配降下法により計算するため，以下の仕様の関数 gradient_descent を定義します．

---

20)　sklearn.metrics.r2_score

引数	X	データセットの事例を行とする行列（[事例の数] × [切片を含む特徴の数] のサイズ）を表す 2 次元配列
	y	データセットの事例のラベルを要素とするベクトルを表す 1 次元配列
	eta	勾配降下法のステップ幅
	n_iter	パラメータの更新手続きの繰り返し回数
返り値	w	入力の各特徴と切片のパラメータの値を要素とする配列
	history	パラメータの更新手続きの繰り返しごとの損失関数の値を要素とするリスト

プログラム **10.2**　関数 gradient_descent: 勾配降下法

```
1  def gradient_descent(X, y, eta, n_iter):
2    m = X.shape[0]
3    w = np.zeros(X.shape[1])
4    history = []
5
6    for _ in range(n_iter):
7      y_pred = np.dot(X, w)
8      error = y_pred - y
9      w = w - eta * (1 / m) * np.dot(X.T, error)
10     cost = (1 / m) * np.sum(error ** 2)
11     history.append(cost)
12
13   return w, history
```

プログラムの説明
- 2　データセットの事例の数を変数 m に代入
- 3　入力の各特徴と切片のパラメータの値を要素とする配列 w
- 7　各事例に対するモデルの出力を要素とする 1 次元配列 y_pred
- 9　損失関数の勾配に基づく w の各要素の値の更新
- 8, 10〜11　プログラム 10.1 と同様

関数 gradient_descent の入力は，値が 1 である定数を特徴に持つと仮定し，この特徴に対応するパラメータを切片と考えます．そのため以下のように，要素の値がすべて 1 となる列を訓練データを表す 2 次元配列 X_train とテストデータを表す 2 次元配列 X_test のそれぞれの先頭列に追加します [21]．

コード **10.7**　列の追加

```
X_train = np.insert(X_train, 0, 1, axis=1)
X_test = np.insert(X_test, 0, 1, axis=1)
```

---

21)　NumPy の関数 insert を用いて，インデックスが 0 の先頭列に要素の値 1 を axis=1 により列に沿って追加しています．

　以下では，関数 gradient_descent に，X_train と y_train，ステップ幅として 0.1，パラメータの更新手続きの繰り返し回数として 5000 をそれぞれ与えて呼び出しています．

コード **10.8**　関数 gradient_descent の実行

```
eta = 0.1
n_iter = 5000
w, history = gradient_descent(
  X_train, y_train, eta, n_iter
)
print(f'cost: {history[-1]:.4f}')
print('w: ', np.round(w, 3))
```

実行結果
```
cost: 0.5195
w:  [2.065   0.819   0.118  -0.26
     0.308  -0.003  -0.031  -0.918  -0.886]
```

　5000 回の繰り返し手続き後のパラメータのもとで損失関数の値は約 0.519 となります．推定されたパラメータ [22] について，所得の中央値の特徴のパラメータ（配列 w の先頭から 2 番目の要素）が約 0.819 と相対的に正に大きな値となっており，他の特徴と比較して不動産区画の所得に関する特徴が不動産価格の予測に影響することが推察されます．推定されたパラメータが定めるモデルについて，訓練データとテストデータそれぞれに対する決定係数は次のようになります．

コード **10.9**　決定係数の計算

```
y_train_pred = np.dot(X_train, w)
y_test_pred = np.dot(X_test, w)
r2_train = r2_score(y_train, y_train_pred)
r2_test = r2_score(y_test, y_test_pred)
print(f'train r2: {r2_train:.4f}, test r2: {r2_test:.4f}')
```

実行結果
```
train r2: 0.6074, test r2: 0.6010
```

---

22)　配列 w は，NumPy の関数 round により配列の各要素を指定した桁数で丸めた値で出力しています．

正規方程式の計算の実装

以下では，正規方程式を解くことで損失関数を最小化するパラメータを求める関数 normal_equation を実装しています．同関数は，引数 X にデータセットの事例を行とする行列（[事例の数] × [切片を含む特徴の数] のサイズ）を表す 2 次元配列，引数 y にデータセットの事例のラベルを要素とするベクトルを表す 1 次元配列がそれぞれ与えられ，入力の各特徴と切片のパラメータの値を要素とする配列 w を返り値として返します．

コード 10.10　正規方程式

```
def normal_equation(X, y):
  w = np.linalg.inv(X.T @ X) @ X.T @ y
  return w
w = normal_equation(X_train, y_train)
print('w: ', np.round(w, 3))
```

- X.T は，2 次元配列 X で表された行列の転置行列を表す 2 次元配列となります．また，NumPy の linalg モジュールの関数 inv [23]を用いて，逆行列を計算することができます．
- ここでは，行列積を演算子@を用いて計算していますが，NumPy の関数 dot や matmul [24]を用いることもできます．

訓練データをもとに，正規方程式を解くことで次のようなパラメータが解析解として求まります．勾配降下法によって求めた先のパラメータと比較すると，この解析解とよく近似していることがわかります．

実行結果

```
w:  [2.065  0.819  0.118 -0.26
     0.308 -0.003 -0.031 -0.918 -0.886]
```

ライブラリを用いた実装

scikit-learn ライブラリの linear_model モジュールの LinearRegression クラス [25]は，線形回帰のモデルのパラメータを最小二乗法により求める機能

---

[23]　numpy.linalg.inv

[24]　numpy.matmul

[25]　sklearn.linear_model.LinearRegression

を提供します．以下では，同クラスを用いて，線形回帰を行うための手順を
示しています．

コード **10.11** scikit-learn の `LinearRegression` クラスによる線形回帰

```
# コード 10.1 から 10.4 までを実行の後
model = LinearRegression()
model.fit(X_train, y_train)
print(model.coef_, model.intercept_)
y_pred = model.predict(X_test)
loss = mean_squared_error(y_test, y_pred)
r2 = r2_score(y_test, y_pred)
print(loss, r2)
```

- `LinearRegression` クラスのオブジェクトの `fit` メソッドに，データセット
  の事例を行とする行列を表す 2 次元配列 `X_train`，とデータセットの事例の
  ラベルを要素とするベクトルを表す 1 次元配列 `y_train` を与えて呼び出すこ
  とで，パラメータの推定を行います．このとき，デフォルトでは切片に対応
  する特徴が自動的に作成されます．
- `coef_` 属性は各特徴のパラメータの値をリストで持ちます．
- `intercept_` 属性は切片のパラメータの値を持ちます．
- `predict` メソッドに，事例を行とする行列を表す 2 次元配列を与えて呼び出
  すことで，推定されたパラメータが定めるモデルに基づく各事例に対する予
  測値を要素とする 1 次元配列を返します．
- 関数 `mean_squared_error` [26] は平均二乗誤差を計算する scikit-learn の関数
  です．

演習問題

問 1　プログラミング演習に用いた California Housing データセットについて，
特徴を 1 つまたは複数選択し，回帰のモデルの最適なパラメータを勾配降下
法によって計算してください．

問 2　問 1 において，複数の異なるステップ幅のもとで図 10.5 のようなパラメー
タの更新回数と損失関数の値の関係を観察してください．このとき，学習率
が勾配降下法によるパラメータ推定に与える影響について考察してください．

問 3　問 1 で求めたパラメータが定めるモデルについて，訓練データの入力とテ
ストデータの入力，それぞれに対する予測値を計算し，決定係数を求めてく
ださい．

---

26)　`sklearn.metrics.mean_squared_error`

第 11 章

モデル選択

本章では機械学習のモデル選択の基礎について学びます．機械学習では，モデルが訓練に用いたデータだけでなく，未知のデータに対しても正しく予測を行うことができるように適切にモデルの複雑性を決定することが重要になります．以下ではまず，モデルが複雑化することで生じる過学習の問題について，多項式回帰を例に学びます．また，過学習の問題を解決する方法の1つとして正則化について学びます．次に，機械学習のモデルの複雑性を適切に選択するモデル選択について学びます．特に，期待される汎化誤差をなるべく小さくするというモデル選択の基本的な考え方について学び，モデル選択のための方法として交差検証法について学びます．最後に，前章の演習で用いたデータセットをもとに，回帰のタスクにおけるモデル選択を実際に行います．本章の学習を通して，機械学習のモデルの選択の基本的な考え方，特に過学習と正則化の考え方および交差検証によるモデル選択の方法について理解し，実データから機械学習のモデルを学習する際，実際にモデルの評価と選択が適切にできるようになることを目標とします．

11.1 過学習

11.1.1 多項式回帰の例

単回帰では，説明変数と目的変数の間の直線的な関係を表す1次関数をモデルとして考えました．しかし，説明変数と目的変数の間は必ずしも直線的な関係で表されるとは限らず，より複雑な曲線的な関係で表すことが適切である場合もあります．そのような曲線的な関係を表すモデルの1つとして，次のような多項式関数が考えられます．

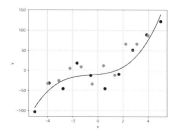

図 11.1　3 次の多項式関数をモデルとする回帰の例（黒点は訓練データ，灰色点は未知のデータ）

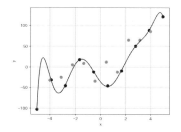

図 11.2　8 次の多項式関数をモデルとする回帰の例（黒点は訓練データ，灰色点は未知のデータ）

$$f(x) = w_0 + w_1 x + w_2 x^2 + \cdots + w_n x^n$$

$n \in \mathbb{Z}_+$ は多項式の次数，$x \in \mathbb{R}$ は関数 $f(x)$ の入力となる変数，w_j $(j = 0, \ldots, n) \in \mathbb{R}$ は $f(x)$ のパラメータを表します．

　多項式関数をモデルとする線形回帰である**多項式回帰**では，切片に対応する値と n 個の特徴からなる特徴ベクトル $(1, x, x^2, ..., x^n)^\top$ で表されるような入力に対して，出力となる連続値を予測するようなモデルを学習することになります．このとき，入力が複数の特徴で表される重回帰と同様にパラメータの推定を行うことができます．

　多項式回帰では，モデルである多項式関数の次数を増やすことにより，モデルが柔軟になりデータに当てはまりやすくなります．図 11.1 は，3 次の多項式関数をモデルとして，訓練データ（黒点）について平均二乗残差を最小化するようにパラメータを推定した結果の多項式曲線を示しています．同様に，図 11.2 は，8 次の多項式関数をモデルとして，パラメータを推定した結果の多項式曲線を示しています．図 11.2 では，訓練データの各事例はほぼ曲線上にあり，平均二乗残差は限りなく小さくなっています．一方，パラメータの推定に用いてない未知のデータ（灰色点）を考えると，これらのデータに対しては，図 11.2 に比べて図 11.1 の多項式曲線の方が平均二乗残差は小さくなっています．そのため，学習したモデルが訓練データだけでなく未知のデータに対しても正しく予測を行うことができるという汎化性能の点では，図 11.1 の多項式曲線が表すモデルの方が適切と考えることができます．

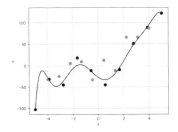

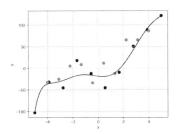

図 **11.3** 正則化項を加えた 8 次の
多項式関数をモデルとする正則化
付き回帰の例（正則化係数は 1）

図 **11.4** 正則化項を加えた 8 次の
多項式関数をモデルとする正則化
付き回帰の例（正則化係数は 10）

11.1.2 過学習と正則化

図 11.2 に示す多項式回帰の例のように，学習の結果，モデルが訓練デー
タに過度に適合しすぎてしまい汎化性能が小さくなり，未知のデータに対し
て予測がうまくいかなくなることを**過学習**または過適合と呼びます．過学習
は，モデルの学習に用いる訓練データの量が十分でないこと，モデルの変数
の数が多いためモデルが複雑化することなどによって生じます．

モデルが過学習した際は，訓練データの量を増やす，モデルの変数を減ら
す，モデルの複雑さにペナルティを課すなどを行います．たとえば，**正則化**と
呼ばれる手法では，次のようにパラメータ w に関する損失関数 $L(w)$ の他
に，正則化項と呼ばれるモデルの複雑さを表す関数 $R(w)$ を加えた正則化付
き誤差を最小にする [1]ようなパラメータを訓練データをもとに推定します．

$$L(w) + \alpha R(w)$$

ここで，α は**正則化係数**と呼ばれ，モデルの複雑さにどの程度ペナルティを
課すかを表すパラメータとなっています．損失関数と併せて正則化項を最小
化しようとするとき，α の値が大きいほど，モデルの複雑さに対してペナル
ティが増大し，結果としてモデルが複雑化することが抑えられることになり
ます．

図 11.3 と 11.4 は，先の 8 次の多項式関数のモデルについて，後述の l_2 正
則化を用いてパラメータを推定した結果の多項式曲線を示しています．パラ

---

1) 正則化付き経験誤差最小化と呼ばれます．

メータの肥大化に伴うモデルの複雑化が，正則化係数を大きくしていくことで抑えられ，モデルの過学習が抑制されていることがわかります．

11.1.3　正則化付き回帰の例

　正則化項としてパラメータの l_2 ノルムの 2 乗を用いたものを l_2 正則化と呼びます．l_2 正則化に基づく正則化付き回帰をリッジ回帰と呼びます [2]．リッジ回帰では，入力が n 個の特徴で表された m 個の事例からなる訓練データについて，次のように平均二乗残差で表される損失関数 $L(\boldsymbol{w}, b)$ と正則化項 $\|\boldsymbol{w}\|^2$ からなる目的関数 $J(\boldsymbol{w}, b)$ [3]を最小化するようなパラメータを推定することになります．

$$J(\boldsymbol{w}, b) = L(\boldsymbol{w}, b) + \frac{\alpha}{2m}\|\boldsymbol{w}\|^2$$

α は正則化係数を表し，$\boldsymbol{w} = (w_1, w_2, ..., w_n)^\top \in \mathbb{R}^n$ は切片を除く入力の各変数のパラメータを要素とするベクトル，b は切片のパラメータを表します．このとき，目的関数のある点 $\hat{\boldsymbol{w}}$ の各パラメータに関する偏微分係数を成分とする勾配ベクトルを $\frac{\partial J}{\partial \boldsymbol{w}}\big|_{\boldsymbol{w}=\hat{\boldsymbol{w}}} = (\frac{\partial J}{\partial \hat{w}_1}, \frac{\partial J}{\partial \hat{w}_2}, \cdots, \frac{\partial J}{\partial \hat{w}_n})^\top$ として，勾配降下法を用いると，次のようなパラメータの更新手続きを繰り返すことで $J(\boldsymbol{w}, b)$ を最小化するようなパラメータを計算することができます [4]．

$$\hat{\boldsymbol{w}} \leftarrow \hat{\boldsymbol{w}} - \eta \frac{\partial J}{\partial \boldsymbol{w}}\bigg|_{\boldsymbol{w}=\hat{\boldsymbol{w}}} = \hat{\boldsymbol{w}} - \eta \left(\frac{\partial L}{\partial \boldsymbol{w}}\bigg|_{\boldsymbol{w}=\hat{\boldsymbol{w}}} + \frac{\alpha}{m}\hat{\boldsymbol{w}} \right)$$

$$\hat{b} \leftarrow \hat{b} - \eta \frac{\partial L}{\partial b}\bigg|_{b=\hat{b}}$$

また，$J(\boldsymbol{w}, b)$ を最小化するようなパラメータは次のように正規方程式の解析解として求めることができます．

$$(\boldsymbol{X}^\top \boldsymbol{X} + \alpha \boldsymbol{I})^{-1} \boldsymbol{X}^\top \boldsymbol{y}$$

---

2)　パラメータの l_1 ノルムを用いた正則化を l_1 正則化と呼びます．l_1 正則化に基づく正則化付き回帰をラッソ回帰と呼びます．リッジ回帰ではパラメータの値を小さく抑えることでモデルの複雑さを抑えますが，ラッソ回帰ではなるべく少数の変数でモデルを表すことでモデルの複雑さを抑えます．このように少数の変数で表されたモデルをスパースモデルと呼びます．
3)　損失関数を含めて全体として最小化あるいは最大化すべき関数を表します．
4)　切片は出力の基準となる値を表しますが，切片に正則化を適用するとその基準を適切に定めることができなくなるため，正則化の対象から除きます．

X と y はそれぞれ訓練データを表す行列とベクトルを表します[5]. I は単位行列を表します[6]. 正則化係数 α は,変数の数が増えモデルが複雑化した際に正規方程式の解が不安定になることを防ぐことに寄与しています.

11.2 モデル選択

11.2.1 ハイパーパラメータ

多項式回帰では多項式関数の次数を増やすことにより,重回帰では入力の変数の数を増やすことにより,モデルを複雑にすることで訓練誤差を小さくすることができます.しかし,モデルを複雑にしすぎると過学習によりモデルの汎化性能が失われてしまいます.そこで,訓練誤差を小さくしながらかつ汎化性能を持つようなモデルを得るため,モデルの複雑さを適切に選択する**モデル選択**が必要になります.具体的には,多項式回帰では適切な次数を,重回帰では適切な変数の数をそれぞれ選択するということになります.このとき,次数や変数の数などモデルの学習において事前に選択しておく学習アルゴリズムのパラメータのことを**ハイパーパラメータ**または調整パラメータと呼ぶことがあります.

ハイパーパラメータの選択はモデルの複雑性に影響します.たとえば,正則化付き回帰では正則化係数もハイパーパラメータの1つとなります.正則化係数を大きくしていくことでモデルの複雑化を抑えることができますが,大きくしすぎるとモデルが単純化しすぎてしまい,そもそも訓練データにも適合しなくなる**適合不足**となってしまいます.

11.2.2 バイアスとバリアンス

モデルの適合不足の状態を**バイアス**が大きい状態,モデルの過学習の状態を**バリアンス**が大きい状態と呼びます.バイアスは学習したモデルの期待予測値と真の値の差を表します.バリアンスは学習したモデルの予測に対する訓練データの変動の影響を表します.

モデルの誤差を平均二乗誤差で評価する回帰において,期待される汎化誤

---

[5] p.177 の X と y と同様.
[6] ただし,最初の対角要素のみは 0.

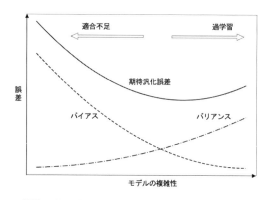

図 11.5　期待汎化誤差をバイアスとバリアンスに分解したときの関係

差（期待汎化誤差）はバイアスとバリアンスに分解することができます[7]が，バイアスとバリアンスはトレードオフの関係にあります．モデルが単純である，あるいは訓練データに対してモデルの学習が不十分である場合は，図 11.5 に示すように期待汎化誤差は主にバイアスに占められることになります．このときは，たとえば変数を増やすなどモデルを複雑にすることで，バイアスを抑えるようなモデルを選択することを考えます．一方，モデルが複雑である，あるいは訓練データに対してモデルの学習が過剰である場合は，期待汎化誤差は主にバリアンスに占められることになります．このときは，たとえば訓練データの量を増やす，モデルの変数を減らす，正則化を行うなどモデルの複雑さを減らすことでバリアンスを抑えるようなモデルを選択することを考えます．

　このように，モデル選択では，バイアスが大きい適合不足やバリアンスが大きい過学習の状態にモデルがならないように，適切にモデルの複雑さを決定する必要があります．理想的には，バイアスとバリアンスが共に適切に小さく全体として期待汎化誤差が最も小さくなるようなモデルを選択できるとよいですが，期待汎化誤差を計算するための未知のデータの分布を扱うことはできません．そこで実際には，以下で説明する交差検証をもとに推定された期待汎化誤差がなるべく小さくなるようにモデルの適切な複雑さを決定することでモデル選択を行います．

---

7)　正確にはバイアスの 2 乗とバリアンスとノイズに分解できます．

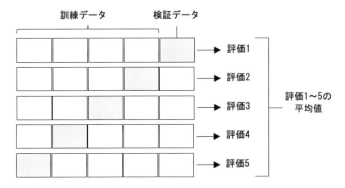

図 **11.6** 交差検証（データセットを 5 分割した例）

11.3 交差検証

　モデルの学習に利用可能なデータセットを，実際にモデルの学習に用いる訓練データと汎化誤差の推定に用いる**検証データ**に分ける方法を**ホールドアウト法**と呼びます．あるモデルの複雑さのもとで，訓練データを用いてモデルの学習を行い，検証データでモデルの評価を行います．このとき，検証データによるモデルの評価結果を汎化誤差の推定値と考えると，モデル選択は，モデルの複雑さを変えながらモデルの訓練と評価を行うことで，最も評価がよいモデルを選ぶということになります．

　ホールドアウト法では，元のデータセットの量が十分にない場合は，その一部を検証データに利用することで訓練データの量が減ることになり，モデルの汎化性能に影響することになります．そこで，**交差検証法**では，図 11.6 に示すようにデータセットを K 個の部分集合に分割します[8]．そこから 1 つの部分集合を検証データとして除き，残りの $K-1$ 個の部分集合を訓練データとして用いモデルを学習します．そして，除いておいた検証データを用いて，学習したモデルの評価を行い汎化誤差の推定を行います．この手続きを，K 個の各部分集合を検証データとして K 回繰り返すことで，汎化誤差の推定を K 回行い，それらの推定値の平均値を期待汎化誤差の推定値として計算

---

8) 分割数 K に基づき K-fold 交差検証法と呼びます．

することができます．このとき，モデル選択は，モデルの複雑さを変えなが
ら交差検証を行うことで，期待汎化誤差の推定値が最小となるモデルを選ぶ
ということになります．交差検証の結果選択されたモデルの複雑さのもとで，
分割前のデータセット全体で最終的にモデルの学習を行います．交差検証に
よるモデルの選択では，モデルが検証データの情報を反映してしまうことに
なるため，選択したモデルに対して訓練データ・検証データとは別のテスト
データを用いてモデルの汎化性能について最終的に評価を行います．

11.4　交差検証によるモデル選択の例

以下では，California Housing データセットを用いて，不動産区画の所得
の中央値の特徴からその区画の不動産価格の中央値を予測するような多項式
回帰のモデルを学習することを考えます．

まず，第 10 章のプログラムでインポートしたライブラリと関数に加えて，
以下の関数をインポートします．

コード **11.1**　ライブラリのインポート

```
from sklearn.preprocessing import PolynomialFeatures
from sklearn.linear_model import Ridge
from sklearn.pipeline import make_pipeline
from sklearn.model_selection import GridSearchCV
from sklearn.model_selection import cross_validate
```

次のように，第 10 章のプログラムと同様にデータセットを訓練データとテ
ストデータに分割します．

コード **11.2**　訓練データとテストデータ

```
california = fetch_california_housing()
X = california.data
y = california.target
X_train, X_test, y_train, y_test = train_test_split(
  X, y, test_size=0.2, random_state=10
)
```

その上で以下では，不動産区画の特徴として所得の中央値を選択し，訓練

データの第 1 四分位数 [9]，第 3 四分位数，四分位範囲をもとに外れ値の処理
を行い，訓練データを表す 2 次元配列 X_train，テストデータを表す 2 次元
配列 X_test を作成します．

コード **11.3** 外れ値の処理

```
feature = 0
X_train = X_train[:, feature]
X_test = X_test[:, feature]
q1 = np.percentile(X_train, 25)
q3 = np.percentile(X_train, 75)
iqr = q3 - q1
lower_bound = q1 - 1.5 * iqr
upper_bound = q3 + 1.5 * iqr
mask_train = (
  (X_train >= lower_bound) & (X_train <= upper_bound)
)
mask_test = (
  (X_test >= lower_bound) & (X_test <= upper_bound)
)
X_train = X_train[mask_train].reshape(-1, 1)
y_train = y_train[mask_train]
X_test = X_test[mask_test].reshape(-1, 1)
y_test = y_test[mask_test]
```

PolynomialFeatures クラス [10]は，scikit-learn ライブラリの preprocess-
ing モジュールに含まれ，入力の特徴から多項や交差項の特徴を新たに生成
することができます．たとえば，次のように多項式の次数として引数 degree
に 3 を指定して，同クラスのオブジェクトの **fit_transform** メソッドに入
力に対応する行列を表すデータを与えると，入力の特徴 x に対して，x, x^2,
x^3 の多項式の特徴が生成されます．

コード **11.4** 多項式の特徴の生成

```
features = PolynomialFeatures(degree=3, include_bias=False)
features.fit_transform([[2], [5], [8]])
```

実行結果
```
array([[  2.,    4.,    8.],
       [  5.,   25.,  125.],
       [  8.,   64.,  512.]])
```

---

9)　NumPy の関数 percentile を用いて，指定した分位数の値を計算しています．

10)　sklearn.preprocessing.PolynomialFeatures

　以下では，モデルの適切な複雑さを決定するために多項式の次数を変えながら，5 分割交差検証によりモデルの学習と評価を繰り返す手続きを行っています．scikit-learn の関数 make_pipeline [11]を用いると，データに対して複数の変換とモデル作成の処理をまとめて適用できます．ここでは，入力に対して標準化と多項式の特徴の生成の処理を行った上で LinearRegression クラスのオブジェクトを作成する処理をまとめています．

コード 11.5　多項式の次数を変えたときの交差検証

```
train_mse = []
valid_mse = []

for degree in range(1, 16):
  model = make_pipeline(
    StandardScaler(),
    PolynomialFeatures(degree=degree, include_bias=False),
    LinearRegression()
  )
  scores = cross_validate(
    model, X_train, y_train, cv=5,
    scoring='neg_mean_squared_error',
    return_train_score=True
  )
  train_mse.append(-scores['train_score'].mean())
  valid_mse.append(-scores['test_score'].mean())
```

scikit-learn の関数 cross_validate [12]を用いると，交差検証を行うことができます．

- ここでは，引数 cv に 5 を指定することで，作成した線形回帰のモデルについて訓練データをもとに 5 分割の交差検証を行います．

- 引数 scoring にはモデルの評価に用いる指標を指定します．ここでは平均二乗誤差の負数 'neg_mean_squared_error' を用います．負数のため，値が大きいほど評価が良いことになります．

- 同関数が返す辞書のキー 'train_score' とキー 'test_score' に対応するバリューは，それぞれ各検証時の訓練データの評価結果を要素とする配列，各検証時の検証データの評価結果を要素とする配列となります．それぞれの配列の要素の平均値を計算することで，交差検証の訓練データ誤差，検証データ誤差を求めることができます．

---

11)　sklearn.pipeline.make_pipeline
12)　sklearn.model_selection.cross_validate

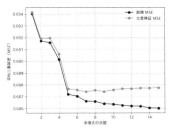 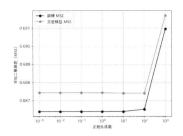

図 11.7 正則化付き多項式回帰のモデルの多項式の次数を変化させたときの交差検証における訓練データ誤差と検証データ誤差

図 11.8 正則化付き多項式回帰のモデルの正則化係数を変化させたときの交差検証における訓練データ誤差と検証データ誤差

図 11.7 は，モデルの多項式の次数を変化させたときの交差検証における訓練データ誤差と検証データ誤差を示しています．多項式の次数を増やしていくと訓練データ誤差は小さくなっていきますが，次数を増やしすぎるとモデルの過学習により訓練データ誤差と比べて検証データ誤差は大きくなっています．

ここで，モデルの過学習に対応するために正則化を行うことを考え，リッジ回帰のモデルを提供する scikit-learn の Ridge クラス [13] を用いて，正則化付きの多項式回帰のモデルの学習を行うことを考えます．Ridge クラスの引数 alpha にはリッジ回帰における正則化係数を指定します．以下では，正則化係数を変えながら，交差検証によりモデルの学習と評価を繰り返す手続きの一部を示しています．交差検証は関数 cross_validate を用いて，先の多項式の次数をハイパーパラメータとしたときと同様に行うことができます．

コード 11.6 正則化係数を変えたときの交差検証

```
degree = 9
for alpha in np.logspace(-3, 3, 7):
  model = make_pipeline(
    StandardScaler(),
    PolynomialFeatures(include_bias=False, degree=degree),
    Ridge(alpha=alpha)
  )
  # 以降コード 11.5 の関数 cross_validate による交差検証と同様の手続き
```

図 11.8 は，先の交差検証において検証誤差が小さくなった 9 次の多項式関

---

13) sklearn.linear_model.Ridge

数のモデルについて，正則化係数を変化させたときの交差検証における訓練
データ誤差と検証データ誤差を示しています．正則化係数を大きくしすぎる
と，モデルの適合不足により訓練データ誤差と検証データ誤差がどちらも大
きくなっています．

　正則化付き多項式回帰のモデルでは，多項式の次数と正則化係数がともにモ
デルの複雑さを定めるハイパーパラメータとなっています．このとき，モデル
がデータによく当てはまるように多項式の次数を増やしすぎるとモデルは過
学習となり，一方，過学習を防ぐために正則化係数を大きくしすぎるとモデル
は適合不足となります．以下では，多項式の次数と正則化係数の組み合わせを
変えながら交差検証を行うことで，それらのハイパーパラメータによって定め
られるモデルの適切な複雑さを決定します．scikit-learn の model_selection
モジュールの **GridSearchCV** クラス [14] を用いると，次のように複数のハイ
パーパラメータを変えながら交差検証を行うことができます．

コード **11.7**　ハイパーパラメータのグリッドサーチによる交差検証

```
model = make_pipeline(
  StandardScaler(),
  PolynomialFeatures(include_bias=False),
  Ridge()
)
param_grid = {
  'polynomialfeatures__degree': np.arange(1, 15),
  'ridge__alpha': np.logspace(-3, 3, 7)
}
best_model = GridSearchCV(
  model,
  param_grid=param_grid,
  cv=5,
  scoring='neg_mean_squared_error'
)
best_model.fit(X_train, y_train)
print('Best parameters: ', best_model.best_params_)
```

実行結果
```
Best parameters:  {
  'polynomialfeatures__degree': 9,
  'ridge__alpha': 10.0
}
```

---

14)　sklearn.model_selection.GridSearchCV

- 引数 param_grid にはハイパーパラメータの名称とその値の範囲を指定します.
- 変数 best_model には，交差検証において評価結果が最良となったハイパーパラメータが定めるモデルに対応するオブジェクトが代入されます．同オブジェクトの best_params_ 属性により，そのハイパーパラメータを確認することができます.

ここでは，多項式の次数を 9, 正則化係数を 10 としたとき，交差検証による期待汎化誤差の推定値が最小となります．交差検証の結果により選択されたモデルを用いて，次のように元の訓練データでそのモデルの学習を行い，最終的にテストデータを用いてモデルの汎化性能について評価を行います [15].

コード 11.8　モデルの学習とテストデータによる評価

```
train_score = best_model.score(X_train, y_train)
test_score = best_model.score(X_test, y_test)
print(f'train score: {-train_score:.3f}')
print(f'test score: {-test_score:.3f}')
```

実行結果
```
train score: 0.686
test score: 0.695
```

演習問題

問 1　交差検証によるモデル選択の例に用いた California Housing データセットについて，特徴の多項式や組み合わせを考えない単純な l_2 正則化付きの重回帰のモデルによるリッジ回帰を考え，交差検証によりモデルの適切な正則化係数を決定してください．また，その最適な正則化係数のもとで学習したモデルのテストデータに対する性能を評価してください.

問 2　問 1 において，l_1 正則化付きの重回帰のモデルによるラッソ回帰を考え，交差検証によりモデルの適切な正則化係数を決定してください．また，その最適な正則化係数のもとで学習したモデルのテストデータに対する性能を評価してください.

問 3　第 10 章のプログラミング演習で実装した関数 gradient_descent について，引数に正則化係数を与えられるようにし，正則化付き回帰のモデルの目的関数を最小化するようなパラメータを勾配降下法により計算できるように改良してください.

---

15)　モデルの評価指標として用いた平均二乗誤差の負数を正数にして出力しています.

第 **12** 章

ロジスティック回帰

本章ではロジスティック回帰の基礎について学びます．ロジスティック回帰は，入力に対して離散値を予測する教師あり学習のタスクである分類に適用することができます．たとえば，機械学習を応用した画像認識，機械翻訳，音声認識などでは対象の問題を分類として解くことをしており，分類は実社会のさまざまな実問題に適用することができます．以下ではまず，ロジスティック回帰モデルによる分類の基本的な考え方について学びます．次に，1つの入力の変数に基づく2クラス分類の例から始め，勾配降下法を用いたロジスティック回帰モデルのパラメータの推定について学びます．その上で，2クラス分類のための一般的なロジスティック回帰モデルのパラメータの推定について学びます．また，発展的な内容として多クラス分類に適用可能な多項ロジスティック回帰モデルとそのパラメータの推定について学びます．最後に，分類のモデルの評価方法について学びます．

プログラミング演習では，ロジスティック回帰モデルのパラメータを勾配降下法により推定する手続きをプログラムとして実装した上で，国勢調査に関するデータセットをもとに個人の特徴から所得の大小を予測するような分類のモデルの学習と評価を実際に行います．本章の学習を通して，ロジスティック回帰の基本的な考え方および勾配降下法によるパラメータの推定方法について理解し，実問題を分類の問題として解く際にデータをもとに実際にロジスティック回帰モデルの学習と評価が適切にできるようになることを目標とします．

12.1 ロジスティック回帰モデルによる分類

分類は，学習を行うモデルが予測すべき値が離散値の場合の教師あり学習のタスクでした．予測対象の離散値となるクラスの数が2つの場合の2クラ

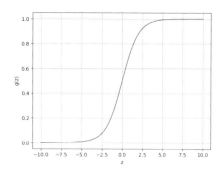

図 **12.1**　ロジスティック関数

ス分類では，ラベルの集合を，たとえば $\{0,1\}$ のように表すことができます．このような 2 クラス分類を行うため，入力に対して確率を出力するような関数を考え，その確率に基づいて分類を行うことを考えます．たとえば，患者の特徴から疾患の発症の有無を予測するようなモデルを考えたとき，モデルを表す関数がたとえば 0.5 より大きい確率を出力すれば発症するというルールを定めることにより確率に従って分類を行うことができます．

　ここでは，そのような関数として，入力 $z \in \mathbb{R}$ の値に対して 0 から 1 の間の値を出力する関数 $g(z)$ $(0 < g(z) < 1)$ として次のようなロジスティック関数を考えます [1]．

$$g(z) = \frac{1}{1 + \exp(-z)}$$

ロジスティック関数は，図 12.1 に示すように S 字型の曲線を表す**シグモイド関数**の一種であり [2]，入力を 0 から 1 の間の値に変換します．このとき，$g(z)$ の値は z の値が 0 の辺りで急激に変化し，z の値が 0 から離れるほど $g(z)$ の値が 0 または 1 に近い値となるように変換されます．

　ここで，$x \in \mathbb{R}$ を入力となる変数，$w \in \mathbb{R}$ と $b \in \mathbb{R}$ をパラメータとして，線形回帰のモデルを表す次のような関数 $f(x)$ を考え，

$$f(x) = wx + b$$

---

1)　$\exp(x)$ はネイピア数 e を底とする指数関数 e^x を表します．
2)　ある事象の生起確率 p について，p と $1-p$ の比 $\frac{p}{1-p}$ をオッズ比と呼びます．ロジスティック関数は，オッズ比の対数をとったロジット関数 $\log\frac{p}{1-p}$ の逆関数となっています．

$f(x)$ の出力を次のようにロジスティック関数の入力とすることで，入力 x に対する $f(x)$ の出力を 0 から 1 の間の値として変換することができます．

$$g(f(x)) = \frac{1}{1 + \exp\left(-(wx + b)\right)}$$

このモデルを**ロジスティック回帰モデル**と呼びます [3]．入力 x に対するロジスティック回帰モデルの出力 $g(f(x))$ が確率を表すと考えると，0 から 1 の間の任意の値，たとえば 0.5 をしきい値として，そのしきい値に対する $g(f(x))$ の値の大小に基づいて分類を行うことができます．このとき，しきい値に対応する入力 x の値を**決定境界**と呼びます．たとえば，推定されたパラメータを $\hat{w}, \hat{b}$ とし，しきい値を 0.5 とすると $\hat{w}x + \hat{b} = 0$ を満たす $-\frac{\hat{b}}{\hat{w}}$ が決定境界となり，ある入力 $x^{(i)}$ を分類する場合は，決定境界に対する $x^{(i)}$ の値の大小に基づいて分類を行うことができます．

12.2 ロジスティック回帰モデルのパラメータ推定

ロジスティック回帰モデルのパラメータの推定について，ラベルの集合が $\{0, 1\}$ で表される 2 クラス分類を考え，入力が 1 つの変数で表された m 個の事例からなる訓練データ $\mathcal{D} = \{(x^{(i)}, y^{(i)})\}_{i=1}^{m}$ が与えられているとします．ここで，ラベル 1 のクラスであることを表す確率変数として y を考え，入力 x に対するロジスティック回帰モデルの出力 $g(f(x))$ が条件付き確率 $P(y = 1|x)$ を表すと考えます．このとき，$P(y = 1|x)$ と $P(y = 0|x)$ は次のように表すことができます．

$$P(y = 1|x) = g(f(x))$$
$$P(y = 0|x) = 1 - P(y = 1|x)$$

ここで，$\mathcal{D}$ の各事例 i に対して $y^{(i)}$ が独立と仮定すると，$\mathcal{D}$ に対するパラメータの尤度は次のように表すことができます [4]．

---

3) 単調の微分可能な関数 $g^{-1}(\cdot)$ の逆関数 $g(\cdot)$ について，$\boldsymbol{x}$ を入力，$\boldsymbol{w}$ をパラメータとして $g(\boldsymbol{w}^{\top}\boldsymbol{x})$ で表されるモデルを一般化線形モデルと呼びます．このとき，$g^{-1}(\cdot)$ をリンク関数と呼び，ロジスティック回帰モデルはロジット関数をリンク関数とした一般化線形モデルと考えることができます．

4) Y が 0 か 1 の値をとる離散型の確率変数であり，Y が 1 となる確率を P，Y が 0 となる確率を $1 - P$ とすると，その確率分布は $P^t(1-P)^{1-t}$ $(t \in \{0, 1\})$ で表されるベルヌーイ分布で

$$\prod_{i=1}^{m} P(y = y^{(i)}|x^{(i)}) = \prod_{i=1}^{m} P(y = 1|x^{(i)})^{y^{(i)}}(1 - P(y = 1|x^{(i)}))^{1-y^{(i)}}$$

最尤法によるパラメータの推定を考えると，この尤度を $\mathcal{D}$ を所与としたときの w, b に関する関数である尤度関数として考え，尤度関数を最大にするようなパラメータを求める問題を解けばよいことになります．ここでは，この問題を扱いやすくするために，先の尤度関数の対数を取った負の対数尤度関数を，訓練データの事例の数 m で割った次のような関数を考え，

$$-\frac{1}{m}\sum_{i=1}^{m}\left[y^{(i)}\log\left(P(y = 1|x^{(i)})\right) + (1 - y^{(i)})\log\left(1 - P(y = 1|x^{(i)})\right)\right]$$

この関数を損失関数 $L(w, b)$ として，$L(w, b)$ を最小化するようなパラメータを求めることを考えます [5]．$P(y = 1|x^{(i)})$ がロジスティック回帰モデルで表されることから，$L(w, b)$ は次のように表すこともできます．

$$L(w, b) = -\frac{1}{m}\sum_{i=1}^{m}\left[y^{(i)}\log\left(g(f(x^{(i)}))\right) + (1 - y^{(i)})\log\left(1 - g(f(x^{(i)}))\right)\right]$$

$$= \frac{1}{m}\sum_{i=1}^{m}\left[-y^{(i)}f(x^{(i)}) + \log\left(1 + \exp(f(x^{(i)}))\right)\right]$$

w, b に関して $L(w, b)$ は連続で微分可能な下に凸の関数であり，勾配降下法を用いて，次のようなパラメータの更新手続きを繰り返すことで $L(w, b)$ を最小化するようなパラメータ $\hat{w}, \hat{b}$ を計算することができます [6]．

$$\hat{w} \leftarrow \hat{w} - \eta\left.\frac{\partial L}{\partial w}\right|_{w=\hat{w}} = \hat{w} - \frac{\eta}{m}\sum_{i=1}^{m}(g(\hat{f}(x^{(i)})) - y^{(i)})x^{(i)}$$

$$\hat{b} \leftarrow \hat{b} - \eta\left.\frac{\partial L}{\partial b}\right|_{b=\hat{b}} = \hat{b} - \frac{\eta}{m}\sum_{i=1}^{m}(g(\hat{f}(x^{(i)})) - y^{(i)})$$

η は勾配降下法のステップ幅，$g(\cdot)$ はロジスティック関数，$\hat{f}(x^{(i)})$ は更新前のパラメータが定める線形回帰のモデル $\hat{w}x + \hat{b}$ の入力 $x^{(i)}$ に対する出力です．

与えられます．

[5]　$L(w, b)$ は，$y^{(i)}$ が 1 のときに $P(y = 1|x^{(i)})$ が 1 に近い値であれば損失は小さくなることを表しているとみることができます．同様に，$y^{(i)}$ が 0 のときは $1 - P(y = 1|x^{(i)})$ が 1 に近い値であれば損失は小さくなります．

[6]　$\frac{\partial L}{\partial w}$ と $\frac{\partial L}{\partial b}$ は連鎖律を用いた合成関数の微分により，それぞれ $\frac{\partial L}{\partial g}\frac{\partial g}{\partial f}\frac{\partial f}{\partial w}$，$\frac{\partial L}{\partial g}\frac{\partial g}{\partial f}\frac{\partial f}{\partial b}$ のように計算することができます．

12.3　ロジスティック回帰モデルのパラメータ推定の一般化

入力が n 個の特徴からなる特徴ベクトル $(x_1, x_2, \ldots, x_n)^\top \in \mathbb{R}^n$ と切片で表される次のような関数 $f(\boldsymbol{x})$ をロジスティック関数の入力として考えたロジスティック回帰モデルについても，同様にパラメータの推定を行うことができます．

$$f(\boldsymbol{x}) = w_0 x_0 + w_1 x_1 + w_2 x_2 + \cdots + w_n x_n = \boldsymbol{w}^\top \boldsymbol{x}$$

$\boldsymbol{x} = (x_0, x_1, x_2, \ldots, x_n)^\top$ は $f(\boldsymbol{x})$ の入力の特徴ベクトル（x_0 は常に値が 1 である定数），$\boldsymbol{w} = (w_0, w_1, w_2, \ldots, w_n)^\top \in \mathbb{R}^{n+1}$ は入力の各特徴のパラメータを成分とするベクトル（w_0 は切片に対応するパラメータ）をそれぞれ表します．このとき，m 個の事例からなる訓練データ $\mathcal{D} = \{(\boldsymbol{x}^{(i)}, y^{(i)})\}_{i=1}^m$ をもとに損失関数 $L(\boldsymbol{w})$ を次のように表すことができます．

$$
\begin{aligned}
L(\boldsymbol{w}) &= -\frac{1}{m} \sum_{i=1}^m \left[y^{(i)} \log \left(g(f(\boldsymbol{x}^{(i)})) \right) + (1 - y^{(i)}) \log \left(1 - g(f(\boldsymbol{x}^{(i)})) \right) \right] \\
&= -\frac{1}{m} \sum_{i=1}^m \left[y^{(i)} \log \left(g(\boldsymbol{w}^\top \boldsymbol{x}^{(i)}) \right) + (1 - y^{(i)}) \log \left(1 - g(\boldsymbol{w}^\top \boldsymbol{x}^{(i)}) \right) \right] \\
&= \frac{1}{m} \sum_{i=1}^m \left[-y^{(i)} \boldsymbol{w}^\top \boldsymbol{x} + \log \left(1 + \exp(\boldsymbol{w}^\top \boldsymbol{x}) \right) \right]
\end{aligned}
$$

ここで，訓練データ $\mathcal{D}$ を表すサイズが $m \times (n+1)$ の次のような行列 $\boldsymbol{X}$ とベクトル $\boldsymbol{y} \in \{0,1\}^m$ を考えると，

$$
\boldsymbol{X} = \begin{pmatrix} \boldsymbol{x}^{(1)\top} \\ \boldsymbol{x}^{(2)\top} \\ \vdots \\ \boldsymbol{x}^{(m)\top} \end{pmatrix}, \ \boldsymbol{y} = (y^{(1)}, y^{(2)}, \ldots, y^{(m)})^\top
$$

勾配降下法に基づくパラメータの更新手続きを，次のように行列の演算として表すことができます．

$$\hat{\boldsymbol{w}} \leftarrow \hat{\boldsymbol{w}} - \eta \left. \frac{\partial L}{\partial \boldsymbol{w}} \right|_{\boldsymbol{w}=\hat{\boldsymbol{w}}} = \hat{\boldsymbol{w}} - \frac{\eta}{m} \boldsymbol{X}^\top (g(\boldsymbol{X}\hat{\boldsymbol{w}}) - \boldsymbol{y})$$

$\left. \frac{\partial L}{\partial \boldsymbol{w}} \right|_{\boldsymbol{w}=\hat{\boldsymbol{w}}} = (\frac{\partial L}{\partial \hat{w}_0}, \frac{\partial L}{\partial \hat{w}_1}, \cdots, \frac{\partial L}{\partial \hat{w}_n})^\top$ は，損失関数 $L(\boldsymbol{w})$ のある点 $\hat{\boldsymbol{w}}$ の各パ
ラメータに関する偏微分係数を成分とする勾配ベクトルです．この更新の手
続きを，パラメータが収束する，あるいは勾配のノルムが十分小さくなるま
で繰り返すことで，$L(\boldsymbol{w})$ を最小化するようなパラメータ $\hat{\boldsymbol{w}}$ を計算すること
ができます．

l_2 正則化を用いる場合は，次のように損失関数 $L(\boldsymbol{w}, b)$ と正則化項 $\|\boldsymbol{w}\|^2$
からなる目的関数 $J(\boldsymbol{w}, b)$ を最小化するようなパラメータを推定することに
なります．

$$J(\boldsymbol{w}, b) = L(\boldsymbol{w}, b) + \frac{\alpha}{2m} \|\boldsymbol{w}\|^2$$

ここでは，$\boldsymbol{w} = (w_1, w_2, \ldots, w_n)^\top \in \mathbb{R}^n$ は関数 $f(\boldsymbol{x})$ の切片を除く入力の各
特徴のパラメータを成分とするベクトル，b は切片のパラメータを表します．
このとき，$J(\boldsymbol{w}, b)$ のある点 $\hat{\boldsymbol{w}}$ の各パラメータに関する偏微分係数を成分と
する勾配ベクトルを $\left. \frac{\partial J}{\partial \boldsymbol{w}} \right|_{\boldsymbol{w}=\hat{\boldsymbol{w}}} = (\frac{\partial J}{\partial \hat{w}_1}, \frac{\partial J}{\partial \hat{w}_2}, \cdots, \frac{\partial J}{\partial \hat{w}_n})^\top$ として，勾配降下法
を用いると，次のようなパラメータの更新手続きを繰り返すことで $J(\boldsymbol{w}, b)$
を最小化するようなパラメータを計算することができます．

$$\hat{\boldsymbol{w}} \leftarrow \hat{\boldsymbol{w}} - \eta \left. \frac{\partial J}{\partial \boldsymbol{w}} \right|_{\boldsymbol{w}=\hat{\boldsymbol{w}}} = \hat{\boldsymbol{w}} - \eta \left(\left. \frac{\partial L}{\partial \boldsymbol{w}} \right|_{\boldsymbol{w}=\hat{\boldsymbol{w}}} + \frac{\alpha}{m} \hat{\boldsymbol{w}} \right)$$

$$\hat{b} \leftarrow \hat{b} - \eta \left. \frac{\partial L}{\partial b} \right|_{b=\hat{b}}$$

12.4　【発展】多クラス分類

12.4.1　多項ロジスティック回帰モデル

クラスの数が 3 つ以上の場合の分類である多クラス分類においても，入力
が，あるクラスである確率をクラスごとに出力するような関数を考えること
ができれば，その確率に基づいて入力を一番大きな確率のクラスに分類する
ことができます．

ここで，K 個のクラスがある多クラス分類を考え，クラスを表す K 個の
ラベルの集合を $\{C_k\}_{k=1}^K$ とします．単純のため，1 つの特徴で表された入力

x について, ラベル C_k のクラスであることを表す確率変数として y を考え, x に対する条件付き確率 $P(y = C_k|x)$ を次のような関数で表すことを考えます.

$$P(y = C_k|x) = \frac{\exp(w_k x + b_k)}{\sum_{j=1}^{K} \exp(w_j x + b_j)}$$

このモデルを**多項ロジスティック回帰モデル**と呼び, $w_k \in \mathbb{R}$ と $b_k \in \mathbb{R}$ はラベル C_k のクラスに関するモデルのパラメータを表します.

多項ロジスティック回帰モデルでは, 各クラスについて入力 x に対する線形回帰のモデルの出力 $z_k = w_k x + b_k$ を要素とするベクトル $\boldsymbol{z} = (z_1, z_2, \ldots, z_K)^\top \in \mathbb{R}^K$ を考え, 次のような関数 $g_k(\boldsymbol{z})$ の入力とすることで, 入力 x に対する z_k を 0 から 1 の間の値に変換していると考えることができます.

$$g_k(\boldsymbol{z}) = \frac{\exp(z_k)}{\sum_{j=1}^{K} \exp(z_j)} \ (k \in \{1, 2, \ldots, K\})$$

$g_k(\boldsymbol{z})$ は, $0 \leq g_k(\boldsymbol{z}) \leq 1$ であり, $\sum_{k=1}^{K} g_k(\boldsymbol{z}) = 1$ となります. 入力 $\boldsymbol{z}$ に対してこのような $g_k(\boldsymbol{z})$ を要素とするベクトル $(g_1(\boldsymbol{z}), g_2(\boldsymbol{z}), \ldots, g_K(\boldsymbol{z}))^\top \in \mathbb{R}^K$ を出力する関数を**ソフトマックス関数**と呼びます. ソフトマックス関数は入力を離散型の確率分布に変換していると考えることができます.

12.4.2　多項ロジスティック回帰モデルのパラメータの推定

入力が 1 つの特徴で表された事例からなる訓練データを用いて, 多項ロジスティック回帰モデルのパラメータを推定することを考えます. ここで, ある事例の $x^{(i)}$ のクラスが C_k であるとき, $x^{(i)}$ に対応するラベルをベクトル $\boldsymbol{y}^{(i)} = (y_1^{(i)}, y_2^{(i)}, \ldots, y_K^{(i)})^\top \in \mathbb{R}^K$ で表します [7]. このベクトルは k 番目の要素のみが 1 でそれ以外の要素が 0 であるようなものです. 例として, クラスの数が 5 つの 5 クラス分類においてある事例の $x^{(i)}$ のクラスが C_3 であるとき, $x^{(i)}$ に対応するラベル $\boldsymbol{y}^{(i)}$ を $(0, 0, 1, 0, 0)^\top$ と表します.

このとき, m 個の事例からなる訓練データ $\mathcal{D} = \{(x^{(i)}, \boldsymbol{y}^{(i)})\}_{i=1}^{m}$ について, 各事例 $(x^{(i)}, \boldsymbol{y}^{(i)})$ に対するパラメータの尤度は次のように表すことができます.

---

7)　このように 1 つの要素のみが 1 でそれ以外の要素が 0 であるようなベクトルを, 一般に **one-hot**（ワンホット）ベクトルと呼びます.

$$\prod_{k=1}^{K} P(y = C_k | x^{(i)})^{y_k^{(i)}}$$

$y_k^{(i)}$ は $\boldsymbol{y}^{(i)}$ の k 番目の要素を表します．これにより，$\mathcal{D}$ の各事例 i に対して $\boldsymbol{y}^{(i)}$ が独立と仮定すると，$\mathcal{D}$ に対するパラメータの尤度は次のように各事例に関する尤度の積として表すことができます．

$$\prod_{i=1}^{m} \prod_{k=1}^{K} P(y = C_k | x^{(i)})^{y_k^{(i)}}$$

ここで，先の多項式ロジスティック回帰モデルの各クラスに関するパラメータを要素とするベクトル $\boldsymbol{w} = (w_1, w_2, \ldots, w_K)^{\top} \in \mathbb{R}^K, \boldsymbol{b} = (b_1, b_2, \ldots, b_K)^{\top} \in \mathbb{R}^K$ を考え，この尤度を $\mathcal{D}$ を所与としたときの $\boldsymbol{w}, \boldsymbol{b}$ に関する関数である尤度関数として考えます．その上で，この尤度関数の対数をとった負の対数尤度関数を訓練データの事例の数 m で割った次のような損失関数 $L(\boldsymbol{w}, \boldsymbol{b})$ を考えます [8]．

$$\begin{aligned}
L(\boldsymbol{w}, \boldsymbol{b}) &= -\frac{1}{m} \sum_{i=1}^{m} \log \left(\prod_{k=1}^{K} P(y = C_k | x^{(i)})^{y_k^{(i)}} \right) \\
&= -\frac{1}{m} \sum_{i=1}^{m} \sum_{k=1}^{K} y_k^{(i)} \log \left(P(y = C_k | x^{(i)}) \right) \\
&= -\frac{1}{m} \sum_{i=1}^{m} \sum_{k=1}^{K} y_k^{(i)} \log \left(g_k(\boldsymbol{z}^{(i)}) \right)
\end{aligned}$$

$\boldsymbol{z}^{(i)} \in \mathbb{R}^K$ は入力 $x^{(i)}$ に対する線形回帰のモデルの出力 $z_k^{(i)} = w_k x^{(i)} + b_k$ $(k \in \{1, 2, \ldots, K\})$ を要素とするベクトルを表しています．このとき，勾配降下法を用いて各クラスに関する次のようなパラメータの更新手続きを繰り返すことで，$L(\boldsymbol{w}, \boldsymbol{b})$ を最小化するようなパラメータ $\hat{\boldsymbol{w}} = (\hat{w}_1, \hat{w}_2, \ldots, \hat{w}_K)^{\top}, \hat{\boldsymbol{b}} = (\hat{b}_1, \hat{b}_2, \ldots, \hat{b}_K)^{\top}$ を計算することができます．

---

8)　この損失関数を交差エントロピー誤差と呼ぶことがあります．

$$\hat{w}_k \leftarrow \hat{w}_k - \eta \left.\frac{\partial L}{\partial w_k}\right|_{w_k=\hat{w}_k} = \hat{w}_k - \frac{\eta}{m} \sum_{i=1}^m (\hat{g}_k(\boldsymbol{z}^{(i)}) - y_k^{(i)}) x^{(i)}$$

$$\hat{b}_k \leftarrow \hat{b}_k - \eta \left.\frac{\partial L}{\partial b_k}\right|_{b_k=\hat{b}_k} = \hat{b}_k - \frac{\eta}{m} \sum_{i=1}^m (\hat{g}_k(\boldsymbol{z}^{(i)}) - y_k^{(i)})$$

η は勾配降下法のステップ幅を表します. $\boldsymbol{z}^{(i)}$ は入力 $x^{(i)}$ に対して更新前のパラメータ $\hat{\boldsymbol{w}}$, $\hat{\boldsymbol{b}}$ によって定められ, $\hat{g}_k(\boldsymbol{z}^{(i)})$ は $\boldsymbol{z}^{(i)}$ に対応したソフトマックス関数の出力の k 番目の要素を表しています. 2 クラス分類のロジスティック回帰モデルのパラメータの更新と比べると, ロジスティック関数をソフトマックス関数に置き換えた上で, クラスごとのパラメータについてロジスティック回帰モデルと同様のパラメータの更新の形となっています.

入力が常に値が 1 である定数 x_0 と n 個の特徴からなる特徴ベクトル $\boldsymbol{x} = (x_0, x_1, x_2, \ldots, x_n)^\top$ で表され, ラベル C_k のクラスに関するモデルのパラメータを表すベクトルを $\boldsymbol{w}_k = (w_{k0}, w_{k1}, \ldots, w_{kn})^\top \in \mathbb{R}^{n+1}$ とすると,

$$z_k = w_{k0}x_0 + w_{k1}x_1 + \cdots + w_{kn}x_n = \boldsymbol{w}_k^\top \boldsymbol{x}$$

を要素とするベクトル $\boldsymbol{z} = (z_1, z_2, \ldots, z_K)^\top \in \mathbb{R}^K$ をソフトマックス関数の入力として考えた多項ロジスティック回帰モデルについても同様に, 次の損失関数,

$$L(\boldsymbol{w}_1, \boldsymbol{w}_2, \ldots, \boldsymbol{w}_K) = -\frac{1}{m} \sum_{i=1}^m \sum_{k=1}^K y_k^{(i)} \log(P(y = C_k | \boldsymbol{x}^{(i)}))$$

を最小化するようなパラメータ $\hat{\boldsymbol{w}}_k$ を, 勾配降下法を用いて次のようなパラメータの更新手続きを繰り返すことで求めることができます.

$$\hat{\boldsymbol{w}}_k \leftarrow \hat{\boldsymbol{w}}_k - \eta \left.\frac{\partial L}{\partial \boldsymbol{w}_k}\right|_{\boldsymbol{w}_k=\hat{\boldsymbol{w}}_k} = \hat{\boldsymbol{w}}_k - \frac{\eta}{m} \sum_{i=1}^m (\hat{g}_k(\boldsymbol{z}^{(i)}) - y_k^{(i)}) \boldsymbol{x}^{(i)}$$

12.5 分類結果の評価

12.5.1 混同行列

分類ではデータセットの各事例について, モデルによって予測されたクラスと実際のクラスの情報に基づいて分類の結果を評価することができます.

ここでは 2 クラス分類を考え，クラスを表すラベルの集合がたとえば $\{0, 1\}$ と表されるとき，事例がクラス 1 であることを positive（**陽性**），事例がクラス 0 であることを negative（**陰性**）と呼ぶことにします．このとき，2 クラス分類の結果を次のような**混同行列**として表すことができます．

		実際のクラス		合計
		positive	negative	
分類結果	positive	TP	FP	TP+FP
	negative	FN	TN	FN+TN
	合計	TP+FN	FP+TN	TP+FP+FN+TN

　混同行列において，TP（true positive：**真陽性**）は，モデルが陽性と分類した事例のうち実際に陽性のクラスである事例の数を表します．一方，FP（false positive：**偽陽性**）は，モデルが陽性と分類したが実際は陰性のクラスである事例の数を表します．同様に，TN（true negative：**真陰性**）は，モデルが陰性と分類した事例のうち実際に陰性のクラスである事例の数，FN（false negative：**偽陰性**）は，モデルが陰性と分類したが実際は陽性のクラスである事例の数をそれぞれ表します．

12.5.2　分類結果の評価指標
　混同行列の情報をもとに，次のような評価指標を定義することができます．

正解率（accuracy） ：$\frac{TP+TN}{TP+TN+FP+FN}$

適合率（precision） ：$\frac{TP}{TP+FP}$

再現率（recall） ：$\frac{TP}{TP+FN}$

F1 スコア ：$\frac{2 \times precision \times recall}{precision+recall}$

正解率は，モデルによって予測された分類結果が正解（TP または TN）である割合を表します．**適合率**は，モデルが陽性と分類した事例のうち実際に陽性のクラスである事例の割合を表します．一方，**再現率**は，実際に陽性のクラスである事例のうちモデルが陽性と正しく分類した事例の割合を表します．**F1 スコア**は，適合率と再現率の調和平均に基づく評価指標となっています．

適合率と再現率はトレードオフの関係にあります．分類の用途によっては，モデルの適合率または再現率のどちらかを優先することになります．たとえば，分類の医療診断への応用において悪性の疾患の有無を予測するような場合では，なるべく疾患の見落としが起こらないように，モデルの再現率を可能な限り高くする必要があります．

適合率と再現率の関係について，たとえばロジスティック回帰において決定境界を定める確率のしきい値を変化させることで，それらの関係を **P-R 曲線**（precision-recall curve）として表すことができます．また，実際に陰性のクラスである事例のうちモデルが陽性と誤って分類した事例の割合である FPR（false positive rate：偽陽性率）を横軸に，実際に陽性のクラスである事例のうちモデルが陽性と正しく分類した事例の割合である TPR（true positive rate：真陽性率）を縦軸にとり，しきい値を変化させることで曲線として表したものを **ROC 曲線**（receiver operating characteristic curve）と呼びます．ROC 曲線の下側の領域の面積を **AUC**（area under the curve）と呼び，AUC が 1 に近いほど分類の性能がよいことを表します．

12.5.3 多クラス分類結果の評価指標

多クラス分類においては，それぞれのクラスを順番に陽性とみなしていくことでクラスの数だけ混同行列が得られます．このとき，各混同行列からクラスごとの適合率と再現率を計算し，それらを平均した値を計算することを**マクロ平均**と呼びます．マクロ平均によって計算される適合率と再現率をそれぞれ**マクロ適合率**，**マクロ再現率**と呼び，これらの調和平均として**マクロ F1 スコア**を計算することができます．一方，各混同行列の TP, FP, TN, FN の値を平均した値に基づき適合率と再現率を計算することを**マイクロ平均**と呼びます．このときの適合率と再現率をそれぞれ**マイクロ適合率**，**マイクロ再現率**と呼び，これらの調和平均として**マイクロ F1 スコア**を計算することができます．マクロ平均またはマイクロ平均によって計算される評価指標は，どちらも多クラス分類の結果のクラス全体の評価指標となっています．なおマイクロ平均に基づく評価指標はクラスごとの事例の数の偏りの影響を受けることになります．

12.6　プログラミング

準備

図 12.2 に示すような Census Income データセット [9]には，国政調査の
データベースから抽出された情報に基づき匿名化された個人について，年齢
（age），職種（workclass），学歴（education）と教育年数（education-num），
1 週間の労働時間（hours-per-week）などの特徴の情報が含まれています．各
人には所得が年間 5 万ドルを超えるかどうかのラベルが付与されています．
同データセットは，機械学習のさまざまなデータセットを公開している UC
Irvine Machine Learning Repository [10]から取得可能です．以下では，同
データセットをもとに，個人の特徴から所得が年間 5 万ドルを超えるかどう
かを予測するようなロジスティック回帰のモデルを学習することを考えます．

　まず，必要なライブラリをインポートします．

コード **12.1**　ライブラリのインポート

```
import numpy as np
import pandas as pd
import  matplotlib.pyplot  as plt
from sklearn.model_selection import train_test_split
from sklearn.preprocessing import StandardScaler
from sklearn.linear_model import LogisticRegression
from sklearn.metrics import accuracy_score, precision_score
from sklearn.metrics import recall_score, f1_score
from sklearn.metrics import confusion_matrix
from sklearn.metrics import ConfusionMatrixDisplay
```

　次のように，UC Irvine Machine Learning Repository から Census In-
come データセットを取得しデータフレームを作成します．

---

9)　https://archive.ics.uci.edu/dataset/2/adult

10)　https://archive.ics.uci.edu/

	age	workclass	fnlwgt	education	education-num	marital-status	occupation	relationship	race	sex	capital-gain	capital-loss	hours-per-week	native-country	income
0	39	State-gov	77516	Bachelors	13	Never-married	Adm-clerical	Not-in-family	White	Male	2174	0	40	United-States	0
1	50	Self-emp-not-inc	83311	Bachelors	13	Married-civ-spouse	Exec-managerial	Husband	White	Male	0	0	13	United-States	0
2	38	Private	215646	HS-grad	9	Divorced	Handlers-cleaners	Not-in-family	White	Male	0	0	40	United-States	0
3	53	Private	234721	11th	7	Married-civ-spouse	Handlers-cleaners	Husband	Black	Male	0	0	40	United-States	0
4	28	Private	338409	Bachelors	13	Married-civ-spouse	Prof-specialty	Wife	Black	Female	0	0	40	Cuba	0
...	...	...	...	...	...	...	...	...	...	...	...	...	...	...	...

図 **12.2**　Census Income データセット

コード **12.2**　データセットの取得とデータフレームの作成

```
URL = (
  'https://archive.ics.uci.edu/ml/'
  'machine-learning-databases/adult/adult.data'
)
df = pd.read_csv(URL, header=None)
df.columns = [
  'age', 'workclass', 'fnlwgt',
  'education', 'education-num', 'marital-status',
  'occupation', 'relationship', 'race',
  'sex', 'capital-gain', 'capital-loss',
  'hours-per-week', 'native-country', 'income'
]
```

データフレームの "income" の列は，個人の所得が年間 5 万ドルを超える場合は>50K, 超えない場合は<=50K という文字列でそれぞれ表されています．ここでは，それぞれを 2 クラス分類におけるラベル 1 のクラス，ラベル 0 のクラスとするために，次のように元の文字列を数値 1 と 0 で置き換えます．

コード **12.3**　ラベルの数値表現

```
df['income'] = (df['income'] == ' >50K').astype(int)
```

作成したデータフレームは図 12.2 に示すように，各行が個人に対応しており，個人は 14 の特徴で表され，その所得について "income" の列にクラスを表す 1 か 0 のラベルが付与されています．データセットには 3 万 2561 個の事例が含まれています．

以下では，ある個人の特徴を入力として，その個人の所得が年間 5 万ドルを超える確率を出力するようなロジスティック回帰モデルを考え，先のデータセットをもとにモデルのパラメータを推定することを考えます．パラメータ

を推定する方法として勾配降下法による最適なパラメータの計算を考えます.

勾配降下法の実装

　以下では, 複数の特徴で入力が表されるロジスティック回帰モデルを考え, データセットをもとにモデルの最適なパラメータを勾配降下法により計算するため, 以下の仕様の関数 gradient_descent_lr を定義します.

引数	X	データセットの事例を行とする行列 ([事例の数] × [切片を含む特徴の数] のサイズ) を表す 2 次元配列
	y	データセットの事例のラベルを要素とするベクトルを表す 1 次元配列
	eta	勾配降下法のステップ幅
	n_iter	パラメータの更新手続きの繰り返し回数
返り値	w	入力の各特徴と切片のパラメータの値を要素とする配列
	history	パラメータの更新手続きの繰り返しごとの損失関数の値を要素とするリスト

補助関数として関数 sigmoid も併せて実装します. 同関数は, 引数 x に与えられた実数値を要素とする配列の各要素に対するロジスティック関数の出力を要素とする配列を返り値として返します.

プログラム 12.1　関数 gradient_descent_lr: 勾配降下法

```
1  def sigmoid(x):
2    return 1 / (1 + np.exp(-x))
3
4  def gradient_descent_lr(X, y, eta, n_iter):
5    m = X.shape[0]
6    w = np.zeros(X.shape[1])
7    history = []
8
9    for _ in range(n_iter):
10     g = sigmoid(X @ w)
11     error = g - y
12     w = w - eta * (1 / m) * (X.T @ error)
13     cost = (-1 / m) * (
14       np.sum(y * np.log(g) + (1 - y) * np.log(1 - g))
15     )
16     history.append(cost)
17
18   return w, history
```

プログラムの説明

2	ユニバーサル関数 exp を用いて配列 x の各要素に対する ロジスティック関数の出力を要素とする配列を作成
5	データセットの事例の数を変数 m に代入
6	入力の各特徴と切片のパラメータの値を要素とする配列 w
9	パラメータの更新手続きを n_iter 回繰り返し
10	データセットのすべての事例について，入力に対するモデルの出力を 要素とする形状 (m,) の 1 次元配列 g
11	実際のラベルを要素とする形状 (m,) の 1 次元配列 y と g の要素ごとの差を要素とする形状 (m,) の 1 次元配列 error
12	損失関数の勾配に基づく w の値の更新
13	損失関数の値を計算し変数 cost に代入
16	cost をリスト history に追加

10~16 行目が勾配降下法によるパラメータの更新手続きとなります．

- 10 行目では，データセットのすべての事例について，入力に対して現在のパラメータのもとでのモデルの出力を関数 sigmoid を用いて計算しています．

- 11 行目では，データセットのすべての事例について，実際のラベルとモデルの出力の差を計算しています．

- 12 行目の (1 / m) * (X.T @ error) は入力の特徴のパラメータに関する損失関数の勾配となり，ステップ幅 eta によりパラメータを更新しています．X.T @ error は，2 次元配列 X で表された行列と 1 次元配列 error で表されたベクトルの積が計算されます．

- 13~15 行目の y * np.log(g) では，1 次元配列 y と 1 次元配列 np.log(g) の対応する要素同士の積が計算されます．(1-y) * np.log(1 - g) の計算も同様です．

準備として，次のようにリスト features の要素として入力の特徴を 1 つ指定し，scikit-learn の関数 train_test_split を用いて，データセットを訓練データとテストデータに分割し，標準化を行っています．ここでは，特徴として年齢を表す 'age' を指定しています．また，切片に対応する特徴として，要素の値がすべて 1 となる列を訓練データの事例を行とする行列を表す 2 次元配列 X_train と，テストデータの事例を行とする行列を表す 2 次元配列 X_test のそれぞれの先頭列に追加しています．

コード **12.4**　訓練データとテストデータ

```
features = ['age']
# コード 12.7 の実行時は ['age', 'education-num'] を指定
X = df[features].values
y = df['income'].values
X_train, X_test, y_train, y_test = train_test_split(
  X, y, test_size=0.2, random_state=10
)

scaler = StandardScaler()
X_train = scaler.fit_transform(X_train)
X_test = scaler.transform(X_test)

X_train = np.insert(X_train, 0, 1, axis=1)
X_test = np.insert(X_test, 0, 1, axis=1)
```

　以下では，関数 gradient_descent_lr に，X_train と訓練データの事例のラベルを表す 1 次元配列として y, ステップ幅として 0.05, パラメータの更新手続きの繰り返し回数として 1000 をそれぞれ与えて呼び出しています．モデルの最適なパラメータとして勾配降下法によって計算された結果の返り値を変数 w に代入しています．

コード **12.5**　関数 gradient_descent_lr の実行

```
eta = 0.05
n_iter = 1000
w, history = gradient_descent_lr(
  X_train, y_train, eta, n_iter
)
print('w: ', np.round(w, 3))
```

　実行結果
```
w:  [-1.224   0.547]
```

　1000 回の繰り返し手続き後，入力の特徴のパラメータの値は約 0.547, 切片のパラメータの値は約 -1.22 となり，推定されたパラメータが定めるロジスティック回帰のモデルは $\frac{1}{1+\exp(-(0.547x-1.22))}$ のように表されます．図 12.3 は，このモデルに対応するロジスティック関数を訓練データと併せて可視化しています．分類を行うためのロジスティック回帰モデルの出力のしきい値を図中の灰色の破線で示すように 0.5 と定めると，決定境界は図中の灰色の実線で示すように入力（標準化された年齢の特徴）の約 2.23 の値に対応しま

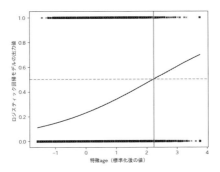

図 12.3 学習したモデルに対応するロジスティック関数と決定境界

す[11]．これにより入力について，その標準化された年齢の特徴の値が決定境界より大きければラベル 1 のクラス，決定境界より小さければラベル 0 のクラスという分類のルールを定めることができます．

評価指標の計算

プログラム **12.2** 関数 `calculate_metrics`: 評価指標の計算

```
1  def calculate_metrics(y, y_pred):
2    tp = np.sum((y == 1) & (y_pred == 1))
3    fp = np.sum((y == 0) & (y_pred == 1))
4    tn = np.sum((y == 0) & (y_pred == 0))
5    fn = np.sum((y == 1) & (y_pred == 0))
6
7    accuracy = (tp + tn) / (tp + fp + fn + tn)
8    precision = tp / (tp + fp)
9    recall = tp / (tp + fn)
10   f1 = 2 * precision * recall / (precision + recall)
11
12   return accuracy, precision, recall, f1
```

プログラムの説明

2　真陽性となる分類結果を集計して変数 `tp` に代入
3　偽陽性となる分類結果を集計して変数 `fp` に代入
4　真陰性となる分類結果を集計して変数 `tn` に代入
5　偽陰性となる分類結果を集計して変数 `fn` に代入
7　正解率を計算し変数 `accuracy` に代入
8　精度を計算し変数 `precision` に代入
9　再現率を計算し変数 `recall` に代入
10　F1 スコアを計算し変数 `f1` に代入

11)　$0.547x - 1.22 = 0$ となる x の値より．

　関数 `calculate_metrics` は，混同行列に基づき分類の評価指標の計算を行います．同関数は，事例の実際のラベルを要素とするベクトルを表す 1 次元配列が引数 y に，事例に対してモデルが予測した結果のラベルを要素とするベクトルを表す 1 次元配列が引数 y_pred にそれぞれ与えられます．このとき，同関数は分類の結果から混同行列の情報を集計し，それらの情報から評価指標として正解率 `accuracy`, 適合率 `precision`, 再現率 `recall`, F1 スコア `f1` それぞれの値を計算して返り値として返します．

　以下では，入力の特徴として年齢を指定して作成した，先の訓練データ X_train をもとに学習したパラメータ w が定めるロジスティック回帰モデルについて，テストデータ X_test に対する出力を計算し，しきい値を 0.5 としてテストデータの各事例のクラスのラベルを予測し分類を行っています．その上で，分類の結果について評価指標の値を計算しています．

コード **12.6**　評価指標の計算の実行

```
y_pred = sigmoid(X_test @ w) > 0.5
results = calculate_metrics(y_test, y_pred)
print(
  f'Accuracy: {results[0]:.2f}',
  f'Precision: {results[1]:.2f}',
  f'Recall: {results[2]:.2f}',
  f'F1: {results[3]:.2f}'
)
```

実行結果

```
Accuracy: 0.74, Precision: 0.15, Recall: 0.01, F1: 0.02
```

　Census Income データセットでは，ラベル 1 のクラスの事例の数と比べるとラベル 0 のクラスの事例の数が多くあります．ここでは，テストデータについてモデルの予測結果が真陰性となる事例が多く，正解率は 74% となる一方で，精度や再現率は非常に低い値となっています．入力の特徴として年齢だけから予測を行うことは難しいことがわかります．

　以下では，コード 12.4 で入力の特徴として年齢を表す 'age' と教育年数を表す 'education-num' の 2 つを指定し X_train と X_test を作成し，ロジスティック回帰モデルの入力の特徴の数を増やした上で，関数 `gradient_descent_lr` に X_train と y を与えて実行します．

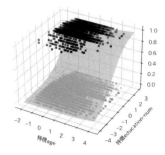

図 **12.4** 学習したモデルに対応す
るロジスティック関数

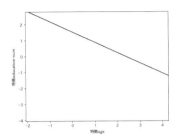

図 **12.5** 標準化された年齢と教育年
数の特徴の空間における決定境界

コード **12.7** 関数 `gradient_descent_lr` の実行

```
alpha = 0.05
n_iter = 2000
w, history = gradient_descent_lr(
  X_train, y_train, alpha, n_iter
)
print('w: ', np.round(w, 2))
```

実行結果
```
w:  [-1.43   0.6    0.93]
```

ステップ幅 0.05 で 2000 回のパラメータの更新手続きの繰り返し手続き後，入力の標準化された年齢の特徴 x_1 のパラメータの値は約 0.60，入力の標準化された教育年数の特徴 x_2 のパラメータの値は約 0.93，切片のパラメータの値は約 -1.43 となり，推定されたパラメータが定めるロジスティック回帰のモデルは $\frac{1}{1+\exp(-(0.6x_1+0.93x_2-1.43))}$ のように表されます．図 12.4 は，このモデルに対応するロジスティック関数を訓練データと併せて可視化しています．分類を行うためのロジスティック回帰モデルの出力のしきい値を 0.5 と定めると，決定境界は年齢と教育年数の特徴の空間において図 12.5 に示すように $0.6x_1 + 0.93x_2 - 1.43 = 0$ に対応する直線として表すことができます．これにより入力について，その標準化された年齢と教育年数の特徴の値と決定境界の関係により分類のルールを定めることができます．

以下では，入力の特徴として年齢と教育年数を指定して作成した先の訓練データ X_train をもとに学習した，パラメータ w が定めるロジスティック回

帰モデルについて，テストデータ X_test に対する出力を計算し，しきい値を
0.5 としてテストデータの各事例のラベルを予測し分類を行っています．そ
の上で，分類の結果について評価指標の値を計算しています．

コード **12.8**　評価指標の計算の実行

```
y_pred = sigmoid(X_test @ w) > 0.5
results = calculate_metrics(y_test, y_pred)
print(
  f'Accuracy: {results[0]:.2f}',
  f'Precision: {results[1]:.2f}',
  f'Recall: {results[2]:.2f}',
  f'F1: {results[3]:.2f}'
)
```

実行結果

```
Accuracy: 0.78, Precision: 0.60, Recall: 0.25, F1: 0.35
```

テストデータに対するモデルの予測結果の正解率は 78%，適合率は 60%，再
現率は 25%，F1 スコアは 35% となっており，入力の特徴として年齢だけを用
いたときの結果と比べると教育年数の特徴もモデルの入力とすることで，ラ
ベル 1 のクラスの事例についても一定程度予測ができるようになっています．

ライブラリを用いた実装

コード **12.9**　scikit-learn の LogisticRegression クラスによるロジスティック回帰

```
model = LogisticRegression()
model.fit(X_train, y_train)
print(model.coef_)
print(model.intercept_)
y_pred = model.predict(X_test)
y_pred_proba = model.predict_proba(X_test)
accuracy = accuracy_score(y_test, y_pred)
precision = precision_score(y_test, y_pred)
recall = recall_score(y_test, y_pred)
f1 = f1_score(y_test, y_pred)
print(accuracy, precision, recall, f1)
print(confusion_matrix(y_test, y_pred))
```

scikit-learn ライブラリの linear_model モジュールの **LogisticRegression** クラス [12]は，ロジスティック回帰のモデルのパラメータを求める機能を提供します [13]．ここでは，同クラスを用いて，ロジスティック回帰による分類を行うための手順を示しています．

- **LogisticRegression** クラスのオブジェクトの **fit** メソッドに，データセットの事例を行とする行列を表す 2 次元配列 **X_train** とデータセットの事例のラベルを要素とするベクトルを表す 1 次元配列 **y_train** を与えて呼び出すことで，パラメータの推定を行います [14]．

- **coef_**属性は各特徴のパラメータの値をリストで持ちます．

- **intercept_**属性は切片のパラメータの値を持ちます．

- **predict** メソッドに事例を行とする行列を表す 2 次元配列を与えて呼び出すことで，推定されたパラメータが定めるモデルに基づく各事例に対するクラスのラベルを要素とする 1 次元配列を返します．

- **predict_proba** メソッドに同様の 2 次元配列を与えて呼び出すことで，各事例に対するクラスごとの確率値を要素とする 1 次元配列を返します．

- **accuracy_score**, **precision_score**, **recall_score**, **f1_score** はそれぞれ正解率，精度，再現率，F1 スコアを計算する scikit-learn の関数 [15]です．

- 混同行列を計算する関数 **confusion_matrix** [16]が返す NumPy の配列をもとに，scikit-learn の **ConfusionMatrixDisplay** クラス [17]を用いて次のように混同行列を可視化することができます．

コード **12.10** 混同行列の可視化

```
cm = confusion_matrix(y_test, y_pred)
disp = ConfusionMatrixDisplay(
  confusion_matrix=cm, display_labels=model.classes_
)
disp.plot()
plt.show()
```

[12] sklearn.linear_model.LogisticRegression
[13] LogisticRegression クラスでは，パラメータを推定するための最適化の手法を solver 引数に指定することができます．デフォルトでは準ニュートン法の一種である L-BFGS 法が最適化の手法となっています．
[14] デフォルトでは切片に対応する特徴が自動的に作成されます．
[15] sklearn.metrics の accuracy_score, precision_score, recall_score, f1_score
[16] sklearn.metrics.confusion_matrix
[17] sklearn.metrics.ConfusionMatrixDisplay

演習問題

問 1　プログラミング演習に用いた Census Income データセットについて，年齢（age）と教育年数（education-num）の特徴に加えて，資産益（capital-gain），資産損失（capital loss），1 週間の労働時間（hours-per-week）の特徴を用いて，訓練データをもとにロジスティック回帰モデルを学習してください．その上で，モデルの出力のしきい値を 0.5 として，テストデータに対する分類を行ったときの正解率，適合率，再現率，F1 スコアの評価指標をそれぞれ計算してください．

問 2　問 1 においてモデルの出力のしきい値を変更したとき，適合率と再現率がそれぞれどのように変化するか観察し，適合率と再現率のトレードオフについて考察してください．

問 3　問 1 において正則化付きのロジスティック回帰モデルを学習することを考えます．scikit-learn の **LogisticRegression** クラスでは l_2 正則化が有効になっており，引数 **C** に正則化係数の逆数の値を指定することができます．第 11 章の交差検証によるモデル選択の例を参考に，モデルの評価指標を正解率として 10 分割の交差検証を行い，分類の評価結果が最良となるように最適なハイパーパラメータとして正則化係数の逆数の値を決定してください．scikit-learn の関数 **cross_validate** を用いると，たとえば次のように交差検証を行うことができます．

コード **12.11**　交差検証の例

```
for c in np.logspace(-3, 3, 7):
  model = LogisticRegression(C=c)
  scores = cross_validate(
    model, X_train, y_train, cv=10,
    scoring='accuracy',
    return_train_score=True
  )
  ...
```

最適なハイパーパラメータのもとで訓練データをもとにモデルを学習し，モデルの出力のしきい値を 0.5 として，テストデータに対する分類を行ったときの正解率，適合率，再現率，F1 スコアの評価指標をそれぞれ計算してください．

第 13 章

ニューラルネットワークの基礎

　本章ではニューラルネットワークの基礎について学びます．ニューラルネットワークは，神経細胞の間の情報伝達の仕組みをコンピュータでモデル化したものです．ニューラルネットワークのモデルは入力に対して多段の変換を行うことで任意の関数を近似的に表現することができ，そのモデルをたとえば機械学習の回帰や分類などのタスクに用いることができます．特に，深い多層のニューラルネットワークである深層ニューラルネットワークに基づく機械学習の技術は，深層学習として近年著しく発展し実社会のさまざまな実問題を解くために利活用されています．以下ではまず，ニューラルネットワークとその基本的な構成要素であるユニットについて基本的な考え方を学びます．次に，ニューラルネットワークのモデルの代表的な構造として多層ニューラルネットワークについて学んだ上で，ニューラルネットワークが全体として任意の関数を近似的に表現することを学びます．次に，ニューラルネットワークのモデルの学習の基本的な考え方について学びます．特に，これまでに学んだ勾配降下法によるパラメータ推定の考え方が，ニューラルネットワークのモデルのパラメータ推定にも適用できることを学びます．最後に深層学習を含め，近年のニューラルネットワークに関する技術の発展について学びます．本章の学習を通して，ニューラルネットワークの基本的な考え方について理解することを目標とします．

13.1　ニューロンとニューラルネットワーク

　生物の神経ネットワークでは，相互に接続された神経細胞（ニューロン）[1]
が他の神経細胞に神経伝達物質を送ることで，神経細胞間で電気信号として
情報の伝達を行っています．神経伝達物質は神経細胞の電位の変化をもたら
し，その電位が，あるしきい値を超えることで神経細胞の活性化が起こりま
す．神経細胞の活性化は他の神経細胞へ神経伝達物質へ送ることを促すこと
になります．人工ニューラルネットワーク（以下，**ニューラルネットワーク**）
は，人工ニューロン（以下，**ニューロン**）を基本的な構成要素であるユニッ
トとして，このような神経細胞の間の情報伝達の仕組みをコンピュータでモ
デル化したものです．

　ニューラルネットワークを構成する要素であるユニットとしてのニューロ
ンは，図 13.1 に示すように，他のニューロンから受け取った入力について，
それらの重み和の値をしきい値と比べた上で，ニューロンの活性を表す**活性
化関数**を通した値を出力する，というようにモデル化をすることができます．
あるニューロンの出力は他のニューロンの入力として伝播することになりま
す．ここで，n 個の入力からなるニューロンについて，入力を表すベクトル
を $\boldsymbol{x} = (x_1, x_2, \ldots, x_n)^\top \in \mathbb{R}^n$，入力の重みを表すパラメータのベクトルを
$\boldsymbol{w} = (w_1, w_2, \ldots, w_n)^\top \in \mathbb{R}^n$，しきい値を b とし [2]，活性化関数として次の
ような単位ステップ関数 $u(x)$ を考えると，

$$u(x) = \begin{cases} 0 & \text{if } x < 0 \\ 1 & \text{if } x \geq 0 \end{cases}$$

ニューロンの出力 y は次のように表すことができます．

$$y = u\left(\sum_{i=1}^{n} w_i x_i + b\right)$$

---

1)　外部からの刺激や他の神経細胞からの情報を受け取る樹状突起，情報を神経細胞の末端に伝
達する軸索，情報を他の神経細胞に伝達するシナプスからなります．
2)　b はニューロンのモデルの切片の重みを表すパラメータとして考えることができます．

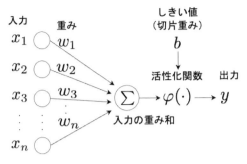

図 **13.1** ニューロンのモデル

このときニューロンは，n 個の入力の重み和の値 $\sum_{i=1}^{n} w_i x_i + b$ が 0 より大きければ 1 を出力することで，ニューロン間での情報の伝達を表すことができます．一方，$\sum_{i=1}^{n} w_i x_i + b$ が 0 より小さければ 0 が出力され，ニューロン間の情報の伝達が行われないことになります．

　ロジスティック回帰モデルで用いた入力の値を 0 から 1 の間の値に変換するロジスティック関数も，次のように活性化関数の 1 つとして用いることができます．

$$y = \frac{1}{1 + \exp\bigl(-(\sum_{i=1}^{n} w_i x_i + b)\bigr)}$$

しきい値において不連続である単位ステップ関数は，しきい値に対する入力の重み和の値をもとに 0 か 1 の値を出力しますが，活性化関数としてのロジスティック関数は，しきい値に対する入力の重み和の値をもとに 0 から 1 の間の値を出力することになります．

13.2 多層ニューラルネットワーク

　神経細胞が神経ネットワークを構成するように，ニューロンのモデルをユニットとしてニューラルネットワークのモデルの構造を形成することができます．特に，ユニットを多層の構造として連結することで形成した**多層ニューラルネットワーク**[3] は，ニューラルネットワークのモデルの代表的な構造の

3）　1 つ以上の中間層からなる多層の順伝播型のニューラルネットワークを**多層パーセプトロン**（multilayer perceptron, **MLP**）とも呼びます．ここでは，多層ニューラルネットワークを MLP と同義なものとして扱います．

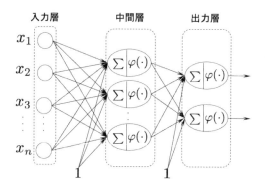

入力層　　　　　中間層　　　　　出力層

図 **13.2**　多層ニューラルネットワークの例

1 つです．図 13.2 に示すように，多層ニューラルネットワークは入力となる
層である**入力層**，出力となる層である**出力層**，入力層と出力層の中間の層で
ある**中間層**（または**隠れ層**）から構成されます．多層ニューラルネットワー
クは複数の中間層から構成することができます．一方，中間層を持たず入力
層と出力層のみから構成される単純なニューラルネットワークの構造を**単層
ネットワーク**と呼びます．

　多層ニューラルネットワークの各層は**ユニット**から構成されます．入力層
の各ユニットは入力となる各変数に対応し，各ユニットからは各変数の値がそ
のまま出力されます．入力に対するニューラルネットワーク全体の最終的な
出力となる値は出力層の各ユニットから出力されます．多層ニューラルネッ
トワークでは，各層のユニットが連結する次の層のユニットとある重みを持っ
て結合します．このとき，各ユニットが手前の層のすべてのユニットと結合
しているような層を**全結合層**と呼びます．

　中間層や出力層の各ユニットでは，ユニットを表すニューロンのモデルに
基づいて，結合元のユニットから受け取った入力の重み和の値としきい値に
対して活性化関数を通した出力の値が計算されます．たとえば，ある層 l の
i 番目のユニットが図 13.1 で示されるニューロンのモデルに対応しており，
その 1 つ手前の n 個のユニットからなる層 $l-1$ の出力を表すベクトルを
$a = (a_1, a_2, \ldots, a_n)^\top \in \mathbb{R}^n$ とすると，入力 a に対してユニットでは次のよ
うな計算が行われることになります．

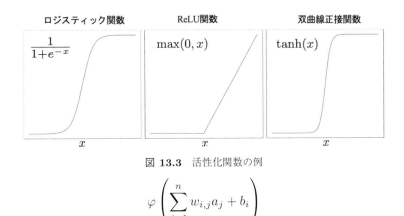

図 **13.3** 活性化関数の例

$$\varphi\left(\sum_{j=1}^{n} w_{i,j} a_j + b_i\right)$$

$w_{i,j}$ と b_i はそれぞれ，層 l の i 番目のユニットと層 $l-1$ の j 番目のユニットと間の重みを表すパラメータ，層 l の i 番目のユニットの切片の重みを表すパラメータです．

　中間層のユニットでは一般に，先のロジスティック関数や図 13.3 に示す ReLU 関数や双曲線正接（tanh）関数のような入力に対して非線形の変換を行う活性化関数を用います[4]．出力層のユニットに用いる活性化関数は，ニューラルネットワークのモデルを適用するタスクに応じて選択します．たとえば，モデルの出力が連続値となる回帰のタスクでは，出力層の活性化関数として入力に対して線形の変換を行う関数（たとえば，恒等関数）を用います．また，モデルの出力が離散値となる分類のタスクでは，ロジスティック回帰のようにモデルの出力を確率として，その確率に従って分類を行うことができます．このとき，出力層の活性化関数としてロジスティック関数やソフトマックス関数のような確率を出力する関数を用います．

13.3　【発展】ニューラルネットワークによる関数の表現

　以下では，多層ニューラルネットワークが全体として表現する関数を考えます．具体的に，入力層と L 個の全結合層からなる多層ニューラルネットワー

---

4)　**普遍近似定理**では，ユニットの活性化関数が非線形であり十分な数のユニットからなる 1 つの中間層から構成される多層ニューラルネットワークは，任意の連続関数を近似的に表現可能であることが示されています．

クを考え，同一層内でのユニット間の結合や隣接していない層間での結合はない
いものとします．ここで，l 番目の層のユニットの数を d_l として，l 番目の層
と $l-1$ 番目の層の間の結合の重みを表すパラメータを次のような $d_l \times d_{l-1}$
のサイズの行列 $\boldsymbol{W}^{[l]} \in \mathbb{R}^{d_l \times d_{l-1}}$ で表します．

$$\boldsymbol{W}^{[l]} = \begin{pmatrix} w_{1,1}^{[l]} & w_{1,2}^{[l]} & \cdots & w_{1,d_{l-1}}^{[l]} \\ w_{2,1}^{[l]} & w_{2,2}^{[l]} & \cdots & w_{2,d_{l-1}}^{[l]} \\ \vdots & \vdots & \ddots & \vdots \\ w_{d_l,1}^{[l]} & w_{d_l,2}^{[l]} & \cdots & w_{d_l,d_{l-1}}^{[l]} \end{pmatrix}$$

$\boldsymbol{W}^{[l]}$ の i 行 j 列の要素 $w_{i,j}^{[l]}$ $(1 \leq i \leq d_l, 1 \leq j \leq d_{l-1})$ は，l 番目の層の i 番
目のユニットと $l-1$ 番目の層の j 番目のユニットの間のパラメータを表し
ます．また，l 番目の層の各ユニットを表すニューロンのモデルの切片のパラ
メータを要素とするベクトル $\boldsymbol{b}^{[l]} \in \mathbb{R}^{d_l}$ を次のように表します．

$$\boldsymbol{b}^{[l]} = (b_1^{[l]}, b_2^{[l]}, \ldots, b_{d_l}^{[l]})^\top$$

ここで，l 番目の層の各ユニットは共通の活性化関数 $\varphi^{[l]}(\cdot)$ を持ち，ベクトル
$\boldsymbol{z} = (z_1, z_2, \ldots, z_d)^\top \in \mathbb{R}^d$ の各要素を $\varphi^{[l]}(\cdot)$ に入力したときの出力を要素と
するベクトルを $\varphi^{[l]}(\boldsymbol{z}) = (\varphi^{[l]}(z_1), \varphi^{[l]}(z_2), \cdots, \varphi^{[l]}(z_d))^\top \in \mathbb{R}^d$ とします．
このとき，d_l 個のユニットの出力を表すベクトルを $\boldsymbol{a}^{[l]} \in \mathbb{R}^{d_l}$ として，l 番
目の層の入力を表すベクトル $\boldsymbol{a}^{[l-1]} \in \mathbb{R}^{d_{l-1}}$ に対する変換 $g^{[l]} \colon \mathbb{R}^{d_{l-1}} \to \mathbb{R}^{d_l}$
を次のように表します．

$$\boldsymbol{a}^{[l]} = g^{[l]}(\boldsymbol{a}^{[l-1]}) = \varphi^{[l]}(\boldsymbol{W}^{[l]}\boldsymbol{a}^{[l-1]} + \boldsymbol{b}^{[l]})$$

l 番目の層の i 番目のユニットの出力 $a_i^{[l]}$ は，次のようにユニットへの入力の
重み和の値 $\sum_{j=1}^{d_{l-1}} w_{i,j}^{[l]} a_j^{[l-1]}$ に $b_i^{[l]}$ を加えた値を $\varphi^{[l]}(\cdot)$ により変換した値と
なっています．

$$a_i^{[l]} = \varphi^{[l]} \left(\sum_{j=1}^{d_{l-1}} w_{i,j}^{[l]} a_j^{[l-1]} + b_i^{[l]} \right)$$

このとき，d_0 個の変数からなる入力を表すベクトルを $\boldsymbol{x} \in \mathbb{R}^{d_0}$ とすると，多
層ニューラルネットワークが全体として表現する関数 $f(\boldsymbol{x})$ は，次のように

L 個の各層の変換を表す関数 $g^{[l]}(\cdot)$ $(l = 1, \ldots, L)$ の合成関数として表されます.

$$f(\boldsymbol{x}) = g^{[L]}(g^{[L-1]}(\cdots g^{[2]}(g^{[1]}(\boldsymbol{x}))))$$

このように,多層ニューラルネットワークは入力 $\boldsymbol{x}$ を各層で順番に変換していくことで,全体として任意の関数を近似的に表現しています.多層ニューラルネットワークにおける,入力のこのような変換の過程を**順伝播**と呼びます.

13.4 【発展】ニューラルネットワークの学習

ニューラルネットワークのモデルを回帰や分類のタスクに用いることを考えると,線形回帰やロジスティック回帰のときと同様に,訓練データをもとに損失関数を最小化するようなパラメータを求めればよいことになります.たとえば,先のような入力層と L 個の全結合層からなる多層ニューラルネットワークでは,L 個の行列 $\boldsymbol{W}^{[l]}$ $(l = 1, 2, \ldots, L)$ と L 個のベクトル $\boldsymbol{b}^{[l]}$ $(l = 1, 2, \ldots, L)$ の要素となるパラメータについて,損失関数の勾配を考え,勾配降下法によって損失関数を最小化するようなパラメータを計算することが考えられます.しかし,層の数,ユニットの数,活性化関数など柔軟にその構造を変更可能でかつ複雑な構造を作ることが可能なニューラルネットワークでは損失関数は非常に複雑な関数となり,そのような損失関数に対してパラメータに関する勾配を逐一導出して計算していくことは現実的ではありません.そこで,ニューラルネットワークでは,**誤差逆伝播法**と呼ばれる方法を用いて,損失関数の勾配の情報を順伝播の逆の方向,つまりニューラルネットワークの出力の層から手前の層へ向かって順に伝播させることで,その情報をもとに効率的にパラメータの更新を行います.

以下では,単純化のため訓練データのある 1 つの事例 $(\boldsymbol{x}^{(i)}, y^{(i)})$ について計算した損失をもとに,ニューラルネットワークのモデルのパラメータを誤差逆伝播法に従って更新することを考えます.ここでは,ニューラルネットワークのモデルが表す関数として,先のような L 個の関数 $g^{[l]}(\cdot)$ $(l = 1, \ldots, L)$ を合成した関数 $f(\boldsymbol{x}) = g^{[L]}(g^{[L-1]}(\cdots g^{[2]}(g^{[1]}(\boldsymbol{x}))))$ を考え,入力 $\boldsymbol{x}^{(i)}$ に対するモデルの出力 $f(\boldsymbol{x}^{(i)})$ と実際の出力 $y^{(i)}$ に基づく損失を表す関数 $loss(y^{(i)}, f(\boldsymbol{x}^{(i)}))$

を考えます. $loss(y^{(i)}, f(\boldsymbol{x}^{(i)}))$ は,たとえば回帰のタスクであれば二乗誤差,分類のタスクであれば交差エントロピー誤差を考えることができます.

このとき, l 番目の層と $l-1$ 番目の層の間のパラメータを表す行列 $\boldsymbol{W}^{[l]} \in \mathbb{R}^{d_l \times d_{l-1}}$ の各パラメータに関する損失関数の偏微分係数を要素とする行列を $\frac{\partial loss}{\partial \boldsymbol{W}^{[l]}} \in \mathbb{R}^{d_l \times d_{l-1}}$ とすると,合成関数の微分の連鎖律を用いて, $\boldsymbol{W}^{[l]}$ に関する損失関数の勾配を次のように表すことができます.

$$\frac{\partial loss}{\partial \boldsymbol{W}^{[l]}} = \frac{\partial loss}{\partial \boldsymbol{a}^{[L]}} \frac{\partial \boldsymbol{a}^{[L]}}{\partial \boldsymbol{a}^{[L-1]}} \cdots \frac{\partial \boldsymbol{a}^{[l+1]}}{\partial \boldsymbol{a}^{[l]}} \frac{\partial \boldsymbol{a}^{[l]}}{\partial \boldsymbol{W}^{[l]}}$$

$\frac{\partial loss}{\partial \boldsymbol{W}^{[l]}}$ は,多層ニューラルネットワークの出力層の出力 $\boldsymbol{a}^{[L]}$ に関する損失関数の勾配 $\frac{\partial loss}{\partial \boldsymbol{a}^{[L]}}$ および, k 番目の層の変換を表す関数 $g^{[k]}(\cdot)$ についてその入力 $\boldsymbol{a}^{[k-1]}$ に関する勾配 $\frac{\partial g^{[k]}}{\partial \boldsymbol{a}^{[k-1]}}$ $(k = L, L-1, \ldots, l+1)$ の積の形で表されています.ここで,入力 $\boldsymbol{x}^{(i)}$ を順伝播したときの k 番目の層の出力を $\boldsymbol{a}^{[k](i)}$ として,たとえばニューラルネットワークを回帰のタスクに適用し損失関数として二乗誤差 $\frac{1}{2}(y^{(i)} - f(\boldsymbol{x}^{(i)}))^2$ を考えると, $\frac{\partial loss}{\partial \boldsymbol{a}^{[L]}}$ は次のように実際の出力の値とモデルの出力の値の差となります [5].

$$\frac{\partial loss}{\partial \boldsymbol{a}^{[L]}}\bigg|_{\boldsymbol{a}^{[L]}=\boldsymbol{a}^{[L](i)}} = -(y^{(i)} - \boldsymbol{a}^{[L](i)})$$

また, k 番目の層の各ユニットの活性化関数を $\varphi^{[k]}(\cdot)$ とすると, $\frac{\partial \boldsymbol{a}^{[k]}}{\partial \boldsymbol{a}^{[k-1]}}$ は, $\varphi^{[k]}(\cdot)$ の入力 $\boldsymbol{z}^{[k]} = \boldsymbol{W}^{[k]}\boldsymbol{a}^{[k-1]} + \boldsymbol{b}^{[k]}$ に関する活性化関数の微分 $\varphi^{[k]\prime}(\boldsymbol{z}^{[k]})$ と $\boldsymbol{W}^{[k]}$ の積から計算することができます.このように,事例 $(\boldsymbol{x}^{(i)}, y^{(i)})$ について,勾配 $\frac{\partial loss}{\partial \boldsymbol{a}^{[L]}}, \frac{\partial \boldsymbol{a}^{[L]}}{\partial \boldsymbol{a}^{[L-1]}}, \cdots$ を計算し,それらの値から連鎖律を用いて計算できる $\boldsymbol{W}^{[l]}$ に関する損失関数の勾配をもとに,勾配降下法を用いて $\boldsymbol{W}^{[l]}$ の各パラメータを更新することができます.

このように誤差逆伝播法では,ニューラルネットワークの各層のパラメータに関する損失関数の勾配を計算するために,損失関数,出力層,出力層の手前の層,さらにその手前の層の順にそれぞれの勾配の情報を伝播させていま

---

5) 同様に,ニューラルネットワークを 2 クラス分類のタスクに適用し損失関数として交差エントロピー誤差,出力層の活性化関数としてロジスティック関数を考えると,ロジスティック回帰のモデルのパラメータ推定で示したように $\frac{\partial loss}{\partial \boldsymbol{a}^{[L]}}$ は実際の出力の値とモデルの出力の値の差となります.

す．これにより，ある層のパラメータに関する損失関数の勾配計算には上位の層での勾配計算に用いた情報を再利用することができ，効率的に勾配降下法によるパラメータの更新を行うことが可能になります．

実際のニューラルネットワークのパラメータの学習においては，パラメータに関する損失関数の勾配の計算は，計算グラフという仕組みに基づき計算された偏微分係数をもとに行われます．**計算グラフ**は，関数の変数や定数間の演算をノードとして，演算の過程をグラフ構造として表したものです．ニューラルネットワークのモデルと損失関数が表すような合成関数を計算グラフとして表すことで，合成関数を構成する各関数について関数の値を計算する順伝播の計算を行うことができます．その上で，各関数の偏微分係数の値を計算し，それらを掛け合わせることで連鎖率により勾配を計算する方法を**自動微分**と呼びます．計算グラフの仕組みに基づく自動微分により，先のような誤差逆伝播法による損失関数の勾配の計算を容易に行うことができます．機械学習のためのいくつかのライブラリ [6]では，ニューラルネットワークの構造を記述することで計算グラフを自動的に構築し，それに基づき複雑な勾配計算を自動化するための機能が提供されています．

13.5 確率的勾配降下法

損失関数を最小化するようなパラメータを考えたとき，ニューラルネットワークの損失関数では，それを最小化する点ではないが周囲の点よりも関数の値が小さく勾配が 0 となるような点である局所最適解を複数持つ場合があります．そのため，ニューラルネットワークのパラメータの学習では，損失関数を最小化するような点である大域的最適解を計算するために，確率的勾配降下法を用いた最適化が行われます．勾配降下法では，訓練データのすべての事例に基づく損失関数を考え，その勾配をもとにパラメータの更新を行いました．これに対して，パラメータの更新時に訓練データをミニバッチと呼ばれる部分集合にランダムに分割し，各ミニバッチに基づく損失関数の勾

---

6) PyTorch や TensorFlow などのライブラリがあります．

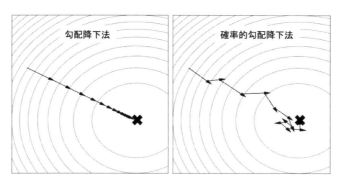

図 13.4　勾配降下法と確率的勾配降下法によるパラメータの更新の過程

配をもとにパラメータの更新を行う方法を**確率的勾配降下法**と呼びます[7].
ミニバッチに含まれる事例の数を**バッチサイズ**と呼び，バッチサイズは一般
に元の訓練データの事例の数に比べて少ない数が設定されます．

　確率的勾配降下法では，パラメータの更新のたびに異なるミニバッチの事
例集合が損失関数を定めることになり，勾配降下法に確率的な変動を加えた
ものと考えることができます．このことはパラメータの更新を不安定にし，
元の訓練データに基づく損失関数の上で考えると，図 13.4 に示すようにパラ
メータが振動しながら更新されていくことになります．確率勾配降下法にお
いてパラメータの更新時に加えられるこのような確率的な変動は，特に損失
関数が複雑となり複数の局所最適解を持つような場合に，損失関数の大域的
な最適解に到達するために重要となります．

　たとえば，損失関数を最小にするような"谷底"である大域的な最適化に至
る過程の"浅い谷"として局所最適解を考えると，確率的勾配降下法ではパラ
メータの更新時に確率的に変動が繰り返し加わることにより局所最適解を抜
け出し，さらに深い谷へ向かって降下を続けるということが起こります．こ
れにより，大域的最適解に到達することが可能になります．

　確率的勾配降下法のもう 1 つの利点として，パラメータの更新の計算の効
率化があります．通常の勾配降下法ではパラメータの更新のたびに訓練デー
タのすべての事例を用いるため，大規模な訓練データを用いてモデルを学習

---

　7)　確率的勾配降下法では学習率を適切に調整すること（学習率のスケジューリング）が重要に
　なります．たとえば，パラメータの更新が進むごとに学習率を減衰させるなどの方法があります．

する場合はその計算の量が非常に大きくなります．これに対して確率的勾配降下法では，パラメータの更新は元の訓練データと比べて極めて小規模なミニバッチを用いて行われるため計算のコストが大幅に軽減されることになります[8]．

13.6 深層ニューラルネットワーク

　ニューラルネットワークの基礎的な研究は古くから行われており，単層ニューラルネットワークのパーセプトロンのモデルとその学習アルゴリズムは 1958 年に提案されています[9]．1980 年代になると多層ニューラルネットワークのモデルとその学習アルゴリズムとして誤差逆伝播法が提案されます[10]．当時のニューラルネットワークの応用の 1 つとして画像認識がありました．特に，視覚神経生理学における視覚情報の処理に着想を得たニューラルネットワークのアーキテクチャーである**畳み込みニューラルネットワーク**（covolutional neural network, **CNN**）は手書き文字の認識に応用されました．

　このように実応用を期待されたニューラルネットワークですが，多層ニューラルネットワークのモデルを学習するには当時の計算機の性能では限界がありました．また，初期の構造やパラメータを適切に決定する課題や層の数が増えるほど誤差逆伝播法における勾配の情報が途中で失われてしまう，**勾配消失**といった課題が存在しました．これによりニューラルネットワークの研究は一時下火となることを経ますが，その間，先の課題の克服を含め，深い多層のニューラルネットワークである**深層ニューラルネットワーク**（ディープニューラルネットワーク）のモデルを学習するためのさまざまな技術の研究が行われてきました[11]．そのように培われてきた技術が，現代の計算機の

---

8) GPU (Graphics Processingn Unit) のような行列の演算を並列に実行可能なプロセッサを用いることで，パラメータ更新の計算をミニバッチの単位で効率的に行うことができます．

9) F. Rosenblatt, The Perceptron: A Probabilistic Model for Information Storage and Organization in the Brain, 1958

10) 誤差逆伝播法の考え方自体は，それ以前にも提案されていました（S. Amari, A Theory of Adaptive Pattern Classifiers, 1967）．

11) 深層学習技術の発展に特に貢献したジェフリー・ヒントン，ヨシュア・ベンジオ，ヤン・ルカンの 3 名は，その功績により 2018 年にチューリング賞を受賞するに至りました．

性能の大幅な向上，大規模なデータ [12]) が学習に利用可能になったことと相まって，深層ニューラルネットワークに基づく機械学習の技術である**深層学習**として近年著しい発展を遂げるに至りました [13])．2012 年には画像認識のタスクにおいて，深層の畳み込みニューラルネットワークに基づく手法がそれまでの従来手法の精度を大きく更新することで，深層学習が大きく注目を集めることになりました．

　現在，深層学習の技術は画像，言語，音声などさまざまなデータの解析に活用されており，主に画像データに対して用いられる畳み込みニューラルネットワークの他にもさまざまなアーキテクチャーが提案されています．たとえば，言語，信号などの系列データに対しては**リカレントニューラルネットワーク**（recurrent neural network, **RNN**）が用いられます．近年では，**トランスフォーマー**（**Transformer**）と呼ばれるアーキテクチャーをもとに，画像，言語，音声など複数のモダリティからなる**マルチモーダル**なデータを統一的に解析するための**基盤モデル**（foundation model）が研究されています．トランスフォーマーは，ニューラルネットワークの入力や内部状態を構成する要素を適切に選択する仕組みである**アテンション機構**（attention mechanism）に基づくアーキテクチャーです．トランスフォーマーをアーキテクチャーとして，大規模なテキストデータをもとに学習された**大規模言語モデル**（large language model, **LLM**) は言語処理のさまざまなタスクにおいて高い性能を達成し，実社会において利活用が始まっています．

---

12)　たとえば，ImageNet と呼ばれる画像認識のためのデータセットでは，1000 万を超える画像データについて，各画像にどのような物体が写っているかを示すラベルが 2 万を超えるカテゴリから選ばれ付与されています．

13)　機械学習においてタスクを解くためのよい特徴を人が設計することを特徴エンジニアリングと呼びます．これに対して，深層ニューラルネットワークでは，そのような特徴のよい表現をデータから自動的に学習（特徴学習あるいは**表現学習**）を行っています．具体的には，深い多層を通してデータを変換していくことで，タスクに応じてデータの低次の特徴表現をより高次の特徴表現に変換しています．

付録

Python のプログラミング環境

付.1 Colaboratory

付.1.1 Colab ノートブック

Colaboratory（略称「Colab」）[1] は，ブラウザ上で Python のプログラミング環境を提供します．Colab では，Colab ノートブック（以下，ノートブック）と呼ばれる環境で対話的に Python のプログラムを記述し実行できます．Colab は，Google LLC（グーグル）が提供するサービスであり，利用するには Google アカウントが必要になります．Google アカウントにログインし，Colab の URL（`https://colab.research.google.com/`）をブラウザに入力すると，図 14.1 に示すようなノートブックが開きます．すでにノートブックを作成したことがある場合は，保存されているノートブックの一覧が表示され，その中からノートブックを選択して開くことができます．ノートブックが開かない場合は Colab のインストールが必要となります．図 14.2 に示すように，Google Workspace Marketplace [2] で「Colaboratory」と検索し，検索結果から Colaboratory アプリを選択してインストールすることができます．

図 **14.1** Colaboratory

---

1) `https://colab.research.google.com/`
2) `https://workspace.google.com/marketplace`

図 **14.2**　Colaboratory のインストール

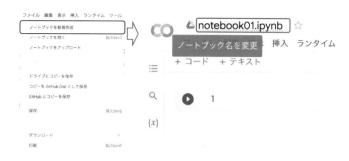

図 **14.3**　ノートブックの新規作成

付.1.2　ノートブックの作成と編集

(a)　ノートブックの作成

Colab のノートブックは，Jupyter プロジェクトによる Jupyter ノートブックを
Colab でホストしたものとなっています．Colab では，図 14.3 に示すように「ファイ
ル」メニューから「ノートブックを新規作成」を選択し，ノートブックを新たに
作成できます．ノートブックの拡張子は「ipynb」となります．図 14.3 中の「ノー
トブック名を変更」に示すように，ノートブックには任意の名前を付けることがで
きます．

(b)　コードセルとテキストセル

ノートブックは，セルという単位から構成されます．Colab では，コードセルと
テキストセルという 2 種類のセルがあります．それぞれのセルはノートブック上部
の「+コード」，「+テキスト」をクリックすることで作成できます．セルは複数作
成できます．

図 14.4 では，テキストセルに続くコードの説明として「2 の 10 乗を計算」と入
力しています．次のコードセルに 2 の 10 乗を計算する Python の式である 2 **

図 14.4 コードセルとテキストセル

10 を入力し実行しています．セルの下部にコードの実行結果である「1024」が表示されます．

- コードセルには Python の式（もしくは文）をコードとして入力します．セルの先頭にある右向きの三角形で表される実行ボタンを押すことで，入力したコードをプログラムとして実行できます．コードは Shift キーと Enter（または Return）キーを押すことでも実行できます．コードの実行結果はそのコードを入力したセルの下部に表示されます．コードの実行後にはそのコードを入力したセルの先頭にあるかっこ [ ] の中に番号が割り振られます．この番号は，セルのコードを実行した順番を表しています．

- テキストセルには任意のテキストを入力できます．テキストセルを編集するには，セルをダブルクリックするかセルを選択して Enter（または Return）キーを押します．テキストは Markdown（マークダウン）記法[3]で記述することもできます．

Colab では，セルに入力されたコードを実行する処理系をランタイムと呼びます．ノートブックでコードを実行した際にランタイムが異常となった際は，Colab の「ランタイム」メニューから「ランタイムを再起動」を選択することで，ランタイムの再起動を行います．

（c） ノートブックの保存

ノートブックの編集後，「ファイル」メニューから「保存」を選択し，作業内容を保存します．「ドライブにコピーを保存」を選択するとノートブックのコピーが作成され保存されます．ノートブックはドライブのマイドライブ以下の「Colab Notebooks」フォルダ内に保存されます．

「ファイル」メニューから「ダウンロード」を選択し，作成したノートブックをダウンロードすることもできます．ノートブックは拡張子が「ipynb」形式のほか，Python のプログラムファイルの拡張子である「py」形式でもダウンロードできます．

---

3) https://colab.research.google.com/notebooks/markdown_guide.ipynb

図 **14.5**　ファイルのアップロード

付.1.3　ファイルのアップロード

　図 14.5 に示すように，Colab ノートブックの左側にある「ファイル」のアイコンをクリックすることで開くペインにファイルをドラッグ・アンド・ドロップすることで，ファイルをアップロードすることができます．アップロードしたファイルは，現在開いている Colab ノートブック内のプログラムで入出力ができるようになります．

付.2　Anaconda

　Anaconda は，データサイエンスを含む科学計算のためのプログラミング環境の配布形態（ディストリビューション）です．Anaconda は，Windows, Mac, Linux のオペレーティングシステムごとに準備されたインストーラをダウンロードして実行することでインストールすることができます[4]．Anaconda には Python の環境も含まれており，Anaconda をインストールすることで，ローカルに Python のプログラミング環境を構築することができます．

　Anaconda に含まれるデスクトップグラフィカルインタフェースである Anaconda Navigator からは，JupyterLab または Jupyter ノートブック[5]のノートブック環境を立ち上げることができます．これにより，Colab ノートブックと同様にノートブック環境で対話的に Python のプログラムを記述し実行できます．なお，Anaconda では，パッケージ管理システムとして conda を用います．Anaconda のインストールと利用についての詳細は，公式のドキュメント[6]を参照してください．

---

4)　https://www.anaconda.com/download
5)　https://jupyter.org/
6)　https://docs.anaconda.com/free/anaconda/

さらに勉強するために

本書の内容について，さらに勉強にするために参考となる文献を以下に挙げます．

本書の前提となる知識である大学初年次・2年次で学ぶ数学，特に線形代数学，確率・統計学，解析学について．

1) 清智也「数学基礎」北川源四郎，竹村彰通（編），赤穂昭太郎，今泉允聡，内田誠一，清智也，高野渉，辻真吾，原尚幸，久野遼平，松原仁，宮地充子，森畑明昌，宿久洋（著）『応用基礎としてのデータサイエンス』講談社サイエンティフィク pp.101–136, 2023.

2) 東京大学数学部会（編），松尾厚（著）『大学数学ことはじめ』東京大学出版会，2019.

3) 藤原毅夫，藤堂眞治『データ科学のための微分積分・線形代数』東京大学出版会，2021.

4) 久保川達也『データ解析のための数理統計入門』共立出版，2023.

5) 東京大学教養学部統計学教室（編）『統計学入門』東京大学出版会，1991.

6) 倉田博史，星野崇宏『入門統計解析 第2版』新世社，2024.

7) G. Strang（著），松崎公紀，平鍋健児（訳）『ストラング：教養の線形代数』近代科学社，2023.

8) M. P. Deisenroth, A. A. Faisal, and C. S. Ong, *Mathematics for Machine Learning*, Cambridge University Press, 2020.

Python の基礎（第2章）ならびに NumPy, pandas, Matplotlib, scikit-learn などの Python のモジュール（第3章）について．

9) 東京大学 数理・情報教育研究センター『Python プログラミング入門』，2020-2023. `https://utokyo-ipp.github.io/`，（参照 2024-04-01）.

10) J. VanderPlas（著），菊池彰（訳）『Python データサイエンスハンドブック 第2版』O'Reilly Japan，2024.

11) A. Géron（著），下田倫大（監訳），長尾高弘（訳）『scikit-learn, Keras, TensorFlow による実践機械学習 第2版』オライリー・ジャパン，2020.

データ分析の基礎（第4章）について．

12) 東京大学 数理・情報教育研究センター『数理・データサイエンス・AI 応用基礎レベル教材』，2021. `http://www.mi.u-tokyo.ac.jp/6university_consortium.html`，（参照 2024-04-01）.

13) F. Provost, T. Fawcett（著），竹田正和（監訳），古畠敦，瀬戸山雅人，大木嘉人，藤野賢祐，宗定洋平，西谷雅史，砂子一徳，市川正和，佐藤正士（訳）『戦略的データサイエンス入門』オライリー・ジャパン，2014.

テキストデータ分析の基礎（第 5 章）について.

14) 黒橋禎夫『自然言語処理 三訂版』放送大学, 2023.

15) C. D. Manning, H. Schütze（著）, 加藤恒昭, 菊井玄一郎, 林良彦, 森辰則（訳）『統計的自然言語処理の基礎』共立出版, 2017.

ネットワークデータ分析の基礎（第 6 章）について.

16) 増田直紀, 今野紀雄『複雑ネットワーク』近代科学社, 2010.

17) A.-L. Barabási（著）, 池田裕一, 井上寛康, 谷澤俊弘（監訳）, 京都大学ネットワーク社会研究会（訳）『ネットワーク科学』共立出版, 2019.

第 7 章から第 13 章のデータ解析の各手法を含む多変量解析・データマイニング・機械学習などの関連分野について.

18) 佐和隆光『回帰分析 新装版』朝倉書店, 2020.

19) 小西貞則『多変量解析入門』岩波書店, 2010.

20) G. James, D. Witten, T. Hastie, R. Tibshirani（著）, 落海浩, 首藤信通（訳）『R による統計的学習入門』朝倉書店, 2018.

21) 東京大学工学教程編纂委員会（編）, 中川裕志（著）『機械学習』丸善出版, 2015.

22) K. P. Murphy, *Probabilistic Machine Learning: An Introduction*, MIT Press, 2022.

23) K. P. Murphy, *Probabilistic Machine Learning: Advanced Topics*, MIT Press, 2023.

24) T. Hastie, R. Tibshirani, J. Friedman（著）杉山将, 井手剛, 神嶌敏弘, 栗田多喜夫, 前田英作（監訳）, 井尻善久, 井手剛, 岩田具治, 金森敬文, 兼村厚範, 烏山昌幸, 河原吉伸, 木村昭悟, 小西嘉典, 酒井智弥, 鈴木大慈, 竹内一郎, 玉木徹, 出口大輔, 冨岡亮太, 波部斉, 前田新一, 持橋大地, 山田誠（訳）『統計的学習の基礎』共立出版, 2014.

データセット

25) 北海道大学 数理・データサイエンス教育研究センター『教育用データ提供システム』, https://data.mdsc.hokudai.ac.jp/,（参照 2024-04-01）.

26) Kaggle, *Datasets*, https://www.kaggle.com/datasets,（参照 2024-04-01）.

27) Google, *Dataset Search*, https://datasetsearch.research.google.com/,（参照 2024-04-01）.

索引

[著者略歴]

博士（情報理工学）

2007 年　東京大学大学院情報理工学系研究科電子情報学専攻
　　　　　博士課程修了

現　在　東京大学大学院情報理工学系研究科 准教授

Python データ解析入門

2024 年 5 月 30 日　初　版

著　者　森 純一郎
　　　　もり じゅんいちろう

発行所　一般財団法人 東京大学出版会

　　　　代表者 吉見俊哉

　　　　153-0041 東京都目黒区駒場 4-5-29
　　　　電話 03-6407-1069／FAX 03-6407-1991
　　　　振替 00160-6-59964

印刷所　三美印刷株式会社
製本所　誠製本株式会社

Python によるプログラミング入門 　東京大学教養学部テキスト 　アルゴリズムと情報科学の基礎を学ぶ	森畑明昌	A5 判/2,200 円
教養としての機械学習	杉山　将	四六判/2,600 円
考え方から学ぶプログラミング講義 　Python ではじめる	森畑明昌	A5 判/2,200 円
14 歳からのプログラミング	千葉　滋	A5 判/2,200 円
情報科学入門　　Ruby を使って学ぶ	増原英彦 他	A5 判/2,500 円
MATLAB/Scilab で理解する数値計算	櫻井鉄也	A5 判/2,900 円
情報　　第 2 版　東京大学教養学部テキスト	山口和紀 編	A5 判/1,900 円
並列プログラミングのツボ 　数値計算から機械学習まで	片桐孝洋	A5 判/3,200 円
スパコンプログラミング入門 　並列処理と MPI の学習	片桐孝洋	A5 判/3,200 円
並列プログラミング入門 　サンプルプログラムで学ぶ 　OpenMP と OpenACC	片桐孝洋	A5 判/3,400 円

ここに表示された価格は本体価格です．御購入の
際には消費税が加算されますので御了承下さい．